도서출판 대장간은
쇠를 달구어 연장을 만들듯이
생각을 다듬어 기독교 가치관을
바르게 세우는 곳입니다.

대장간이란 이름에는
사라져가는 복음의 능력을 되살리고,
낡은 것을 새롭게 풀무질하며, 잘못된 것을
바로 세우겠다는 의지가 담겨져 있습니다.

www.daejanggan.org

생태영성의 이해

지은이	김대식
초판발행	2014년 3월 21일
펴낸이	배용하
책임편집	이상희
등록	제364-2008-000013호
펴낸곳	도서출판 대장간
	www.daejanggan.org
등록한곳	대전광역시 동구 삼성동 285-16
편집부	전화 (042) 673-7424
영업부	전화 (042) 673-7424전송 (042) 623-1424
분류	기독교 | 생태영성
ISBN	978-89-7071-320-5

이 책은 저작권법에 의해 보호를 받는 출판물입니다.
기록된 형태의 허락 없이는 무단 전재와 복제를 금합니다.

값 10,000원

생태영성의 이해

김 대 식

차례

말머리 | 9

1장 · 환경 위기와 인간학적 물음 ·················· 23
1.1. 칸트의 인간학에서 두 번째 물음과 도덕적 인간 | 23
1.2. 윤리적 행위자인 인간 | 26
1.3. 인간의 선험적 이해 – '생태적 양심'을 지닌 인간 | 28
1.4. 생태적 인간을 위한 종교적 성찰 | 32

2장 · 이원론의 극복을 위한 생태학적 신론의 재구성 ·············· 40
2.1. 제1유형 : 초월과 배타적 신론^{K. Barth} | 40
2.2. 제2유형 : 참여와 생성적 신론^{W. Pannenberg} | 47
2.3. 제3유형 : 예수의 하나님 나라 지향^{八木誠一} | 50
2.4. 제4유형 : 종교현상학적 방법을 통한 생태종교학의 모색^{M. Eliade} | 55

3장 · 현대 사회의 소비문제와 성 프란치스코의 생태영성 ·········· 61
3.1. 성 프란치스코의 청빈의 영성 | 61
3.2. 성 프란치스코와 생명교감의 영성 | 63
3.3. 소비의 해체와 청빈의 영성 | 66
3.4. 성 프란치스코와 소비 아스케제 | 69
3.5. 성 프란치스코의 자연해방 | 73

4장 · 환경문제에 대한 종교적 생태 담론과 생태학적 미학의 요청 ······ 78
4.1. 종교적 생태학이기 위한 미학적 인식 | 78
4.2. 성서를 통해 본 생태학적 성찰 | 82
4.3. 종교적 생태윤리를 위한 생태학적 미학 | 86

5장 · 인간의 욕망과 고통에 대한 종교·생태학적 인식 ············ 95
5.1. 고통에 대한 종교적 이해 | 95
5.2. 고통의 원인으로서의 소외 | 101
5.3. 인간의 욕망으로 인한 고통 | 104
5.4. 하나님의 선물인 대지의 고통 | 106
5.5. 고통의 인식론적 의미와 극복 방안 | 109

6장 · 예수 사건과 세계 긍정 : 환경위기시대의 생태학적 그리스도론과 생태학적 시간관 ······ 113

- 6.1. 그리스도의 육화에 대한 생태신학적 이해 | 113
  - 6.1.1. 포스트모더니즘과 그리스도론 | 113
  - 6.1.2. 로고스 찬가의 생태신학적 독해 | 117
  - 6.1.3. 자연을 배려하는 영성 | 121
- 6.2. 십자가 사건과 우주적 구원 | 122
  - 6.2.1. 십자가 사건과 피조세계의 구원 | 124
  - 6.2.2. 예수의 자기 비움을 통한 우주적 구원 | 127
- 6.3. 자연과 인간의 현실 극복 – 생태적 삶을 위한 시간 의식 | 128
  - 6.3.1. 시간의 아포리아 | 128
  - 6.3.2. 아인슈타인의 상대성 이론과 시간 개념 | 130
  - 6.3.3. 생태적 위기와 시간 – 생태적 시간 | 131

7장 · 로마노 과르디니 R. Guardini의 생태철학 ······ 137

- 7.1. 기계론적 세계관 비판 | 137
- 7.2. 정신의 몰락과 무의식의 요청 | 139
- 7.3. 미래에 대한 조망과 세계인식 비판 | 141
- 7.4. 기계와 인간, 그리고 환경문제를 극복하기 위한 방향설정 | 142

8장 · 성 아우구스티누스의 역사인식 비판과 종교생태학의 가능성 ······ 146

- 8.1. 역사의 자리 topos, 테라 terra에 대한 아우구스티누스의 인식 | 146
- 8.2. 세계 화해를 위한 아우구스티누스의 역사적 에티카 | 152
- 8.3. 아우구스티누스의 종교 생태학적 지평과 호모 렐리기오수스 | 158
- 8.4. 아우구스티누스의 역사철학에 대한 해석학적 반성의 요청 | 162

9장 · 종교적 생태담론의 현주소와 그 과제 ······ 167

- 9.1. 국외 생태신학의 동향들 | 167
- 9.2. 국내 생태신학의 동향들 | 176

10장 · 생태적 존재론과 비판적 사유 ······ 183

- 10.1. 포스트 그노시스, 그 아이러니, 그리고 적색병리적 주이상스 | 183
- 10.2. 녹색의 아방가르드와 타자인 프로메테우스 | 197
- 10.3. 녹색세계를 꿈꾸는 정치적 존재와 언어들 | 209
- 10.4. 녹색민주주의와 자연 본유적 삶 | 216
- 10.5. 녹색실존의 본질과 기계문명의 신화 | 226

말머리

　유사 이래로 우리가 살아가는 이 세계가 이렇게 힘겨운 때가 있었을까? 대부분의 과학자들은 현재 지구 이외에 어디에도 생명체가 존재하지 않는다고 말한다. 그러한 통념을 잘 알고 있는 인간들이 푸른 지구에서 자행되는 파괴적 행위로 인해 자신뿐만 아니라 모든 생명체를 죽이고 있으니 어찌 위기라 말하지 않을 수 있으랴. 이 땅 위에서 살아가는 모든 것들은 살고 싶은 욕구와 살아야만 하는 권리를 가지고 있다. 사실 인간이라는 종種은 다른 생물이나 무생물에 비해 생겨난 지 불과 200만 년 밖에 되지 않았다. 그럼에도 불구하고 인간은 이 땅을 지배하고 군림하는 존재가 되어 자신의 생명을 존속시키기 위해서 타자의 생명을 무참히 짓밟고 있는 것이다. 그러나 최근 들어 한때 지구를 지배했던 공룡의 역사를 기억이나 한듯 자연의 지배적 존재 방식이 인간의 미래를 불투명하게 만든다는 사실을 인식하기 시작했다. 이제는 다른 생명과 함께 공존을 모색하며 인간이 상처를 입힌 존재자들과 오히려 함께 하지 않고서는 인간의 지속적인 삶을 기약할 수 없다는 사실을 깊이 뉘우친 것이다.

　근대 이후로 이성적 사고, 기계적 사유가 물질과 세계를 지배해왔다.

그 이성적 사유를 발단으로 자본주의는 놀라운 속도로 발전하였고, 그 현상은 인간의 자본과 노동이 맞서고 인간이 노동으로부터 소외되며 빈부로 인한 계층간의 갈등은 깊어졌다. 자본주의는 인간과 자연의 존재 방식을 결정하는 힘으로 작용하여 주종의 관계를 더욱 확고히 하는 데 일조하였다. 게다가 근대적 산물인 이분법적 사유와 삶으로 인해 인간 스스로 타자가 되고 자연으로부터 소외되는 현실을 경험하게 되었다. 인간은 소외를 극복하기 위해 지속적으로 자신의 정체성을 확인하고 싶어 했고, 그럼으로써 대량생산과 대량소비를 통해 인간 본래의 모습을 형성하려 하였다. 하지만 그것이 오히려 본질적인 인간의 모습을 되찾게 해 주는 것이 아니라 지속 가능한 삶에서 더욱 멀어지게 되는 결과를 초래하게 되었다.

따라서 글쓴이는 환경문제의 배경에 인간의 왜곡된 사유와 실천들이 있다고 보고 이성과 감성, 정신과 물질의 올바른 균형을 이루어야 한다고 생각한다. 그래서 오늘날 위기에 처한 환경문제의 해결을 위한 한 시도로서 '이분법적 사유의 극복'을 선결과제로 삼고자 한다. 이원론적 사유야말로 오늘날 모든 세계가 처해져 있는 첨예한 양극화 현상-영과 육, 남과 여, 인간과 자연, 부자와 빈자, 백과 흑, 정상과 비정상 등-을 더욱 심화시켰다고 본다. 더불어 글쓴이는 이원론적 사유의 반성을 필두로 신학이 해야 할 향후 과제가 세계와 성서를 생태학적인 시각으로 읽어내는 일이며, 현대 자본주의 사회의 소비문제에 대한 극복이라고 생각한다. 산업혁명 이후 자본주의 사회에서는 소비가 인간의 자유를 상징하는 척도로 인식하게 되었고 그로 인해 자본주의는 생산과 소비 메커니즘을 더욱 부추겼다. 그에 따라 자연은 더욱 피폐되었고 인간이 살고 있는 총체적 환경은 날로 악화되었을 뿐만 아니라 부자와 빈자 사이의 물질적인 행복지수는 심각한 부익부 빈익빈 현상을 낳게 되었다.

그리스도교의 신론은 중세 이후로 형이상학적 개념으로 자리 잡으면서 신은 항상 초월적인 존재로 인식하게 되었다. 그 결과로 신이 창조한 이 세상은 더 이상 신의 현현 처소가 아닌 것으로 믿게 되어 자연은 마치 인간만을 위해 만들어 놓은, 인간을 위한 존재로서 착취와 지배의 대상으로 취급되었다. 그러므로 근본적으로 원죄와 타락은 인간과 자연의 고통을 가져왔으며 그 고통의 근원은 곧 도를 넘어서는hubris 욕망에서 기원했다는 창조 이야기를 다시 음미할 필요가 있다. 무엇보다도 이러한 성서의 사유는 오늘날의 현실을 고려하여 재해석되어야 하는 과제를 안게 되는데, 그 첫 번째 과제로 그리스도의 육화와 십자가 사건, 그리고 예수의 케노시스를 생태학적 해석학을 통하여 그의 우주적 구원과 생태영성적 의미를 새롭게 조명해보아야만 한다.

지금의 자연과 인간의 현실은 극복되어야 할 여러 문제를 안고 있다. 이에 생태적 문제의 해결책 중의 하나인 인간의 시간의식을 '생태적 시간'으로 전환하는 것이다. 시간성 안에 있는 존재인 인간은 임마누엘 칸트I. Kant의 인간학을 따라 도덕적인 인간을 통한 '생태적 양심'을 지향하는 인간이 되어야만 한다. 설령 이러한 생태학적 담론을 재구성한다고 하더라도 그리스도교적인 의미에서 생태영성적 실천이 이루어질 실마리를 찾지 못한다면 공허한 이론으로 그칠 수가 있을 것이다. 그러나 1세기 예수의 삶과 가장 근접해 있다고 보는 마가공동체의 청빈사상막10장을 통하여 우리는 예수의 가난이 단순히 적빈赤貧이 아니라 청빈이요, 나눔이라는 것을 어렴풋이 알게 된다. 더 나아가서 그러한 예수의 가난을 몸소 구현한 자발적 가난의 화신이자, 생태주보성인인 중세의 성 프란치스코를 만날 수가 있다. 우리는 그와 같은 생태적 삶을 추구했던 역사적 인물들을 통해서 인간의 소비 의식과 욕망을 제어하고 '생태적 소비'와 '생태적 욕망'으로 나아갈 수 있는 길을 찾을 수 있을 것이다.

글쓴이는 다양한 학문적 전통과 연계-철학, 물리학, 신학, 종교학, 윤리학 등-하여 삶의 세계 안에서 발생된 환경문제를 극복하기 위하여 생태학적 범주의 이론적 토대와 그 실천들이 어떻게 하나의 종교적 생태담론으로 구성할 수 있을 것인지를 고민하였다. 그 이유는 지금까지의 생태담론은 환경문제가 어떻게 정치와 경제를 통해서 발생했는지를 비판하고 그 대안을 제시하였는데, 그 이론적 접근과 토대가 개인의 영성 또는 정신적·사회적 차원에서 주류를 이루고 있었기 때문이다. 특히 아느네스A. Naess로 대표되는 심층생태학deep ecology은 '생태평등주의'를 주창하였는데, 모든 생명은 자신의 생명을 향유할 권리가 있다는 것이다. 그러나 심층생태학의 논리적 허점을 지적하는 학자들은 환경문제가 개인의 차원이 아닌 사회적 차원이라고 주장한다. 즉 심층생태학은 자본주의가 미치는 사회적 영향과 환경문제를 도외시 한다는 것이다. 이와 같은 입장을 견지하는 학자가 바로 머레이 북친M. Bookchin이라는 사회생태철학자이다. 북친은 환경문제의 직접적인 원인을 개인의 삶과 실천에 있다고 보지 않는다. 환경문제는 사회적인 것으로서 인간의 억압과 착취 관계에서 기인하여 고스란히 자연에까지 영향을 미친다는 것이다.

여기에서 더 진보적인 시각을 가지고 있는 마르쿠제H. Marcuse와 같은 생태마르크스주의자ecological marxist에 의하면, 인간은 노동을 통하여 자연을 변화시킨다. 그뿐만 아니라 변화된 자연에 의해서 인간과 사회도 변화된다. 그러므로 자연은 마르크스주의자에게 있어서도 필연적 존재가 되는 것이다. 자본주의는 인간의 노동과 생산을 통해 상품을 얻게 되는 체제이다. 하지만 궁극적으로 인간은 자신의 노동을 통한 상품이 자신의 것이 되지 못하고 물질로부터 소외를 경험하게 되었을 뿐만 아니라 그러한 자본주의 체제가 오늘날의 환경문제를 양산했다고 지적한다. 그러므로 자본주의가 종식되는 날에 환경문제가 해결될 것이라는 이상적인 생각을 가지고 있다. 물론 자본주의의 생산과 소비로 이어지는 체제가 자연의 무차별적인 파괴를 가져와 더 이상의 소비적 삶과 행복을 추구할 수 없다는 것은 사실이나 그렇다고 해서 환경문제가 반드시 서구 자본주의 국가에서만 발생되는 것은 아니다. 저개발 국가와 사회주의 국가에서도 환경문제로 인한 오염수위는 자본주의 국가 못지않음을 감안할 때 생태마르크스주의의 주장은 환경문제를 지나치게 정치경제적인 시각에서만 바라본 것은 아닌가 하는 반론을 면키 어려울 것이다.[1] 그러나 이와 같은 생태마르크스주의의 지적과 비판은 자본주의의 생산과 소비 체제가 더 이상 사연을 볼모 삼아 영속적으로 이루어질 수 없음을 깨닫게 해주는 예언자적 목소리임에는 틀림이 없다.

이러한 여러 생태담론의 형성이 새로운 학설과 주장 그리고 개념들을 통해 종래의 생태담론을 더 발전시킨 것은 사실이다. 그러나 최근에 생

---

[1] 조용래 외 공저, 『정치경제학 강의. 자본주의를 보는 두 시각』, 율곡출판사, 1994, 142-150쪽.

태담론은 더 이상 새로운 이론과 실천을 이끌어 내지 못하는 한계에 봉착한 것 같은 인상을 지우기가 어렵다. 이는 생태담론이 단지 이론적 담론으로 그치고 그 참여적 성격이 미진한 결과라고 생각한다. 네스의 심층생태학이 실효성을 거두지 못하는 이유도 한갓 개인의 윤리적, 수양적 성격이 짙기 때문이다. 앞에서 말한 바와 같이 생태마르크스주의의 주장도 지나치게 편중된 시선으로 자본주의 체제 전체를 비판하기 때문에 현실적 대안이 될 수가 없다. 따라서 담론의 실효성이 나타나기 위해서는 분명한 지침과 새로운 개념을 통한 확장된 담론 형성이 절실히 요구된다. 다시 말해서 급변하는 삶의 양식과 체제들에 민첩하게 대처할 수 있는 새로운 개념들이 전략적으로 만들어져야 한다는 것이다. 그래서 담론의 장이 그 변화를 주도해 나갈 수 있는 여건이 되어야만 한다.[2]

또한 자연과 미래 세대를 위한 환경의 정책 과정을 위한 시도로서 담론의 장을 마련하고 그 토론문화를 형성하는 데에 따른 문제가 있다. 하버마스J. Habermas에게 있어서 담론이론이란 의사소통이 가능한 주체, 대화와 토론이 가능한 주체를 전제로 한다. 그렇다면 합리적인 의사소통을 위해서 언어 능력이 전혀 없는 자연과 아직 태어나지 않은 미래 세대는 담론의 주체에서 배제될 수밖에 없다. 담론이론 혹은 담론윤리의 입장에서 보았을 때, 자연과 미래 세대가 담론의 주체가 될 수 없을지라도 그들이 도덕적·윤리적 주체와 대상이 아니라는 논리와 동일시하면 안 될 것이다.[3]

---

[2] 문순홍, "생태 패러다임, 생태담론 그리고 생태비평의 언어전략", 문순홍 편저, 『생태학의 담론. 담론의 생태학』, 솔, 1999, 33-49쪽.
[3] 김명식, "심의민주주의와 미래세대", 환경철학회 편, 『환경철학』, 철학과현실사, 2002,

따라서 이 책에서는 생태담론이 지닌 한계성들을 극복하기 위한 시도로서 생태적 범주를 재담론화하고 그 담론의 이론적 토대를 통하여 실천적 가능성들을 담론화해서 지속 가능한 삶의 세계를 구상하고자 한다. 그러기 위해서 먼저 그 담론의 장을 그리스도교 공동체에 한정하고 실천의 장을 교회와 신자들의 삶의 공동체로 보았다. 생태담론에 있어서 '종교의 몫'을 논구해 보자는 의미에서다. 이것은 종교적 담론을 통해서 생태담론의 새로운 방향과 개념을 종교적인 시각에서 바라보고 정교화 해야겠다는 생각 때문이다. 그 방향성은 '종교생태학'으로 나아가야 한다고 본다. 이른바 환경문제는 종교 간의 문제라는 인식에서 보자면 새로운 종교 간의 대화와 환경문제는 동전의 양면과 같아서 종교 간 대화가 이루어지지 않으면 생태적 문제의 해결이 요원해질 수밖에 없다. 더욱이 새로운 종교적, 정신적인 생태학적 범주를 위한 개념의 창출은 종교의 정신에서 출발해야 한다. 그러므로 환경문제 해결을 위한 적극적인 담론은 종교 간 대화를 기본 전제로 하고 각 종교의 삶의 내용들이 담론적 개념으로 형성이 되어 사회가 생태적으로 나아갈 수 있는 길을 제시해주어야 한다.

이제 우리는 생태신학적 사유에서 종교생태학적 사유와 실천으로 나아가야 한다. 그것은 종교의 문제가 환경문제 해결에 발목을 잡고 있다고 인식되기 때문이다. 현시점에서 종교 간의 화합이 이루어지지 않는 한 자연과의 평화도 이루기가 어려울 것이다. 그래서 종교는 생태학적이어야만 한다. 유기적 삶의 질서와 신앙의 판게기 바로 자연 안에서 그 진

27-28쪽.

리를 엿볼 수 있는 평범하면서도 실천하기 어려운 신의 현현과 바람을 말이다. 종교가 생태학적으로 변하지 않는 이상, 인간人間의 삶도 생태적으로 바뀌지 않을 것이다. 21세기의 모든 종교에 있어서 진리와 실천은 생태적인 데에 그 근본이 있다는 사실을 깨우치는 것은 매우 중요하다. 그런 의미에서 생태학적 종교학, 생태학적 종교신학, 생태학적 종교 간 대화 등을 지금 여기에 정착시켜야 미래가 희망이 있다고 말할 수 있을 것이다.

생태 위기가 지금처럼 생명의 큰 위협으로 자리 잡은 데에는 종교가 그 이데올로기를 제공하였기 때문이다. 물론 철학도 환경문제와 관련하여 이성적이고 합리적인 근거를 마련해준 것이 사실이다. 그러나 무엇보다도 신학에서 신론의 문제가 가장 큰 이슈가 되었는데 그 이유는 신론이 인간의 삶, 특히 신자의 삶을 규정했기 때문이다. 그뿐만 아니라 신학은 인간의 사유와 자연을 바라보는 시각에도 편협한 담론을 생산하였다. 그러나 그 담론이 21세기에 들어와서 우리에게 너무나도 큰 소외감과 삶의 위협으로 다가온다는 사실을 깨닫게 되었다. 그래서 생태학적 사유가 가능하고, 전일적인 실천이 가능한 사유의 전환으로서 초월적이면서 내재적인 신론을 정립해야만 했다. 그것은 다시 말하면 범재신론혹은 만유내재신론, panentheism적 신론인 것이다. 신론의 재해석과 올바른 정립이 없다면 더 이상 그리스도교적인 삶의 영위가 불가능하게 되고 하나님을 어떻게 바라보느냐에 따라 오늘날 처해진 생태 위기의 극복 여부가 판가름 난다고 볼 수 있다. 이러한 고민들 속에 지난 생태담론과 생태신학에서는 생태 위기에 대한 대안들을 여럿 제시를 했었다. 자연에 대한 사랑과 배려, 협력자로서의 인간, 자연의 연장으로서의 인간, 나와 너, 나에 대한 님, 생태 정의 등 나름대로 그 논리와 설득력을 가진 개념들이었다. 이러한 개념과 맥락을 같이 하여 생태학적 범주에 대한 종교적 담론에서 '종교의 몫'은 '비움'이라고 생각한다. 비움을 통해 타자적 존재인 자연을 품고 자연과 어우러지는 삶을 살아야 한다. 더불어 '자발적 가난'을 통하여 삶과 자연 사이에 여유와 여백이 있어야만 한다. 그것은 곧 예수의 자기 비움을 통한 사랑과 자기 헌신, 그리고 자비에서 오는 힘이다. 그 힘이야말로 오늘 우리가 처한 생태 위기적 상황을 희망으로 만들 수 있는 종교적 설득력이며 종교의 몫이라고 본다.

종교의 생명은 희망 만들기이다. 늘 그래왔듯이 교회는 임박한 종말론을 말하든지, 아니면 이미 와버린 내면의 실존적 종말을 통해서든지 간에 희망을 주는 종교였었고, 그 생명력은 역동적이었다. 현재의 종교들이 그 역동성을 잃어가고 있는 상황에서 현대인을 위한 그리고 미래를 위한 예수이기 위해 포스트모더니즘 시대에 걸맞은 현대의 언어로 해석되고 실천될 수 있는 '예수담론'이 이루어져야만 한다. 그것은 현대인의 병폐이자 자본주의의 정치경제적인 패러다임이라 할 수 있는 소비 양식과 소유 욕망들이 예수처럼 철저한 자기 비움을 통해 생태영성적으로 승화되는 것과 맥을 같이한다. 자기 비움을 통한 자기 절제와 수련Askese이 없다면 세계와 자연, 그리고 인간에게 희망은 없다. 희망은 저절로 생기거나 만들어지지 않는다. 생명적 세계를 위한 희망 만들기의 주체는 자연이 아니라 인간이기 때문이다.

이미 학습되고 타성에 젖게 만든 인간의 이분법적 사고, 이분화시키는 논리가 인간으로 하여금 희망을 만드는 일에 소극적이게 할 수 있다. 특히 그리스도인들의 피안성하나님의 나라, 달리 표현하면 하나님의 지배, 영원한 생명에 대한 이기적 관심들이 이 땅에서의 책임을 더 약화시킨다. 피안의 세계와 차안의 세계, 천국과 지옥, 구원과 멸망유기 등에 대한 이분법적 신앙의 사유는 그리스도인들로 하여금 생태학적 위기에 대해 더 무관심하게 만든다. 예수가 이 땅에 온 순간 하나님의 나라가 이미 여기에서 시작되었고 그것은 우리가 경험되어질 수 있는 실재라는 것을 말해준다. 예수의 하나님 나라 비유를 보면 그 언어들은 온통 자연의 요소들이다. 예수는 자연에서 하나님의 지배를 깨우치신 분이다. 이 땅에 있는 모든 만물이 다 그분에게는 소중한 하나님의 지혜였다. 예수는 자연도 인간만큼 소중하다는 사실을 일깨워주신 분이다. '하나님의 나라가 여기 있다 저기 있다 하지 말라 하나님의 나라는 너희 가운데 있다' 눅17:21고 말씀하신 것은 하나님의 나라가 이 땅 위에 살고 있는 우리 안에 존재한다는 말이다. 예수는 누룩의 비유, 겨자씨의 비유 등을 통해서 하나님의 나라가 저 위에만 있는 것이 아니라 여기에서 이루어질 수 있다고 설파하신 분이다. 당신이 하나님을 만났던 바로 그 자연의 지혜를 통해서 말이다.[4]

우리의 고통, 갈등, 전쟁들은 인간의 지혜였던 자연의 고통에서 연원한다. 그것을 불교에서는 연기緣起라고 말하지 않던가. 이것이 연하여 저것이 있고, 저것이 연하여 이것이 있다. 모두가 인드라망이다. 고통의 고리는 내 자신에게서 나온다. 또한 내 고통은 따지고 보면 나와 함께 하고

---

4) 박태식, 『나자렛 예수. 예수의 생애와 사상』, 바오로딸, 2000, 76-83쪽; 박태식, 『예수와 교회』, 우리신학연구소, 1999, 69-99쪽.

나와 인연을 삼고 있는 자연의 고통에서 나온다. 그러므로 이런 악순환의 카르마karma를 끊어야 한다. 그 고통의 사슬을 끊고 열반의 경지에 들어서기 위해서는 지금 여기 내가 살고 있는 이 땅을 고통이 없는 아름다운 곳으로 만드는 자비심이 있어야 한다.

나아가 더 이상 자연을 소비의 대상으로만 삼을 것이 아니라 사귐과 여백의 존재로, 이익과 지배의 관계에서 사랑과 관조의 존재로 인식해야 한다. 과학이 모든 것을 다 해결해줄 것이라는 과학만능주의에 사로 잡혀서도 안 될 것이다. 자연과 삶을 조각내는 도구적 이성과 분석, 그리고 기계적 사유에만 매달릴 일이 아니다. 오히려 생태적 직관과 감성, 즉 관상적 태도contemplative attitude가 필요하다. 이러한 것들은 총체적으로 '관계의 영성' spirituality of relation을 지향한다. 자연과 인간의 관계를 회복하는 영성, 종교와 종교 간의 배려와 화해라는 관계의 영성을 통하여 서로를 풍요롭게 해야 한다.

그런 의미에서 이러한 힘은 '연민' compassion을 통해서 구체화될 수 있을 것이다. 연민이란 '함께' com; cum '괴로워하는 것', '고통을 받는 것' passion; passio이다. 한마디로 타자를 측은히 여기는 것이다. 피조세계의 고통에 대해서 함께 고통을 감내하는 것, 다시 말해서 피조세계가 겪는 고통을 측은히 여기는 마음을 가지고 나의 욕구를 제어하여 피조세계와 함께 하고자 하는 욕구로 전회하는 것이 필요하다. 인간 자신의 연민이 자연에 대한 연민으로 확장되어가는 것이다.[5] 이는 예수가 민중을 불쌍히

---

[5] 진교훈, "환경과 생명윤리", 신사회공동선운동연합 엮음, 『더불어 살아가는 성숙된 시민』, 한울터, 1996, 177쪽.

여기시는 측은지심막6:34=마14:14: 그리스어 esplangchnisthe이며 성 프란치스코가 자신의 외부적, 강제적 욕구에서 피조세계를 사랑하는 욕구로 전회하여 자기포기적인 삶을 영위했던 생태영성이다.[6] 오늘날 지구는 우리에게 그러한 생태영성을 실천할 것을 요청하고 있음을 간과하지 말아야 할 것이다.

폴 리쾨르Paul Ricoeur가 "사유란 영혼들 사이의 내면적 대화"라고 했던가. 이 책은 공골찬 글들은 아니지만 글쓴이의 언어들을 통해 타자와 교감하고 소통하고자 했던 흔적들이다. 인간은 언어를 통해 자기 자신을 드러내며 비로소 자기를 발견한다. 또한 인간은 언어가 지시하는 대상을 통해 세계와 존재를 파악한다. 이른바 언어의 기호성과 지시성이다. 그것은 대상을 지칭하고 사물에 의미를 부여하여 그 의미의 관계 속에서 인간 자신의 삶을 형성해나간다. 그런데 인간 언어의 발생 가능 근거는 인간 정신의 전통과 현상계이다. 다시 말하면 언어는 현상계에 의존한다. 그러나 자연과 삶의 세계는 인간의 끝 모를 욕망으로 유린되고, 언어는 상실되고 있다. 이러한 상황 속에서 글쓴이는 자연환경과 인간 그리고 절대자와의 관계를 아우르는 그리스도교적 성찰에서 출발한다. 보다 정확하게 말한다면 이 관계적 사유가 잘못 정초되었기 때문에 근본적으로 인간 삶의 근간인 땅이 황폐하고 인간 자신에게는 삶의 위기를 가져왔다고 보는 것이다. 관계적 사유의 종언은 자연의 종말을 가져오며, 급기야 언어의 종말을 가져온다. 그러므로 자연의 종말은 인간의 전통과

---

6) Jose Ortega Y Gasset, Some Lessons in Metaphysics, Nonton, 1969, 설영환 옮김, 『이야기철학』, 우석, 1986, 21쪽.

문명의 종말을 뜻한다고도 볼 수 있다. 언어는 대지大地에서 배태되기 때문이다. 모름지기 이것은 인간이 대지와 상호의존적인 존재로 살아가야 하는 유한적 존재임을 말해주고 있는 것이다.

그리스도교적 입장에서 보자면 환경문제의 해결은 결국 인간 자신의 인간됨being human에 있다. 즉 그리스도를 통한 인간 자신의 내면적 성찰은 인간이 자연 세계와 벗하지 않고서는 살아갈 수 없음을 깨닫는 것이며, 그러기 위해서는 지난至難한 자기수련Askese이 필요한 것이다. imitatio Christi 더불어 그것은 그리스도교의 성서와 신앙적 전통에 맞닿아 있었던 생태적 삶사유을 현재적 삶과 미래 세대를 위한 생태적인 재해석이 요구된다. 이렇게 재해석된 생태영성적 사유가 종교와 세계, 그리고 신앙적, 보편적 삶으로 뿌리 내려 새로운 지구이야기, 새로운 우주 이야기가 발생할 수 있기 때문이다. 생태영성적 사유는 절대자와 자연, 그리고 인간이 서로 불가분리의 존재로서 '함께 놀이하는 존재'라는 것을 일깨워준다는 점에서 모든 종교와 세계가 그 의식을 공유해야 한다고 본다. 그 공통적인 의식들이 사회와 우주를 위한 범실천적인 행위가 되려면, 위에서 말한 것처럼 종교적 연대가 반드시 필요하다는 것은 두말할 필요도 없겠다. 종교religion는 분리된 모든 것을 다시 관계 맺어주는religare 역할을 담당해야 하겠기에 말이다.

설익은 사유와 언어가 아름다운 모습으로 탈바꿈될 때까지는 많은 분들의 고마운 격려와 노고가 있었다. 먼저 글쓴이로 하여금 삶과 신앙의 자유를 경험하게 해 주시고 박사학위논문을 지도해 주신 전헌호 신부님, 그리고 글쓴이의 삶을 이해하고 헤아려 주셨을 뿐만 아니라 종교학적 시각을 갖게 해주신 금강대학교의 최종석 교수님, 서강대 시절 신약학의 기틀을 다져 주신 박태식 신부님 등으로부터 은혜를 입은 바가 크다. 그 무엇보다도 가족은 글쓴이의 사유를 끈기 있게 밀고 나가게 하는 힘이 되었다. 늘 그렇듯이 아내 고운은 원고를 읽어주며 논평자 역할을 해 주었다. 아무 탈 없이 잘 자라주는 아들 지원이는 글쓴이에게 큰 기쁨이고 자랑이기도 하다. 또한 이 책이 나오기를 함께 학수고대하였던 지인知人들의 진심어린 관심에 감사의 마음을 전한다. 출판계의 불황에도 불구하고 흔쾌히 글쓴이의 원고를 받아주신 대장간의 배용하 대표님께 심심한 감사의 말씀을 드린다.

2013년 8월
文軒 **金大植** 말-열음

1장
환경 위기와 인간학적 물음

1.1. 칸트의 인간학에서 두 번째 물음과 도덕적 인간

글쓴이는 오늘날 위기에 처한 환경 문제에 관한 비판적 인식과 그 해법을 '인간론'에서 출발해야 한다고 생각한다. 이 말은 환경 문제의 원인이 인간에게서 비롯되었지만 그 해답의 열쇠도 인간이 쥐고 있다는 의미다. 인간에 대한 문제 내지는 인간에 대한 물음은 고대 그리스 철학에서부터 현대철학에 이르기까지 지속적인 관심의 대상이 되어 왔고, 무엇보다도 그리스도교에서는 인간을 하나님의 형상imago Dei: 창1:26-28이며, 신과 천사의 중간자적 존재시8편로서 만물 위에 군림하는 자로 보고 있다. 철학적 사유를 통한 이성적 존재인 인간과 신앙적 고백을 통한 종교적 인간상은 세계 내에 존재하는 모든 것들 중에 인간이 가장 우월하다는 인식을 심어주었고 이러한 사유는 근대에 이르기까지 지배적인 사조였다. 포스트모더니즘 시대에 접어들어 학문의 사유는 인간의 '도구적 이성'에 대한 반성이 일기 시작하면서 '합리적 이성'의 자리를 되찾고자 하는 움직임이 일어나고 있다.

인간은 세계 내적 존재로서 스스로 자신에게 질문하는 존재이다.[7] 인간은 자신에게 던지는 질문에 답을 구하면서 살아가는 존재자로서, 미완성의 인간이며 동시에 도상적 존재, 혹은 생성적 존재轉化的 存在: becoming being이다. 그런데 인간에게 있어서 물음의 작용은 지성의 작용이자 이해의 작용이기도 하다. 인간 자신이 일정한 이해전이해가 없이는 질문이 불가능하기 때문이다. 또한 자신의 물음은 내면의 자아에 대한 물음인 동시에 인간 자신을 둘러싸고 있는 주변 환경과의 관계 속에서 도출되는 실존의 물음이다. 이 물음은 곧 자신의 물음에서 그치지 않고 타자를 지향하고 있다는 의미에서 그렇다. 다시 말해 인간이 사회적 동물이며 우주 속에 피투된 존재로 살아간다고 할 때에 의존적 존재로서 살아갈 수밖에 없음을 인정하는 것이다. 그러나 우리는 지금 인간이 무엇을 물을 것이냐 하는 난관에 봉착해있다. 그것은 도대체 인간이라는 존재가 무엇이기에 자연을 황폐화시키며, 물과 공기, 땅 그리고 심지어는 인간 자신까지도 오염시키는가를 심각하게 묻지 않을 수가 없기 때문이다. 따라서 포스트모더니즘 시대를 살아가는 인간은 '물음의 내용'을 달리해야 할 시점에 놓여 있다. 그것은 칸트가 제시한 네 가지 철학적 물음 속에서 그 해답을 찾을 수가 있다.[8] 첫째, 나는 무엇을 알 수 있는가?형이상학-인식론, 둘째, 나는 무엇을 해야만 하는가?도덕론-윤리적 행위, 셋째, 나는 무엇을 바

---

7) 심상태, 『인간. 신학적 인간학 입문』, 서광사, 1989, 17-56쪽 참조; 진교훈, 『철학적 인간학 연구(1)』, 경문사, 1988, 10-11, 70쪽; Emerich Coreth, *Was ist der Mensch?-Grundzüge einer philosophischen Anthropologie*, Innsbruck · wien · München: Tyrolia Verlag, 1973, 진교훈 옮김, 『철학적 인간학』, 종로서적, 1986, 4쪽; 송기득, 『인간. 그리스도교 인간관에 대한 인간학적 해석』, 한국신학연구소, 1989, 36쪽; J. Moltmann, *Mensch, Christliche Anthropologie in den Konflikten der Gegenwart*, Stuttgart·Berlin: Kreuz-Verlag, 1971, 전경연 外 옮김, 『인간-현대의 갈등 속의 기독교 인간학-』, 향린사, 1983, 12쪽.

8) F. Dessauer, *Was ist der Mensch. Die Vier Fragen des Immanuel Kant*, 1959, 황원영 옮김, 『인간이란 무엇인가. 칸트의 네 가지 물음』, 분도출판사, 1979, 9쪽.

랄 수 있는가?종교론-신앙, 마지막으로 인간이란 무엇인가?이다. 처음 세 가지 물음은 마지막 물음의 인간학과 연결이 되는 물음으로 칸트의 철학이 인간학에 정초하고 있음을 알 수 있다. 우리가 여기서 중요하게 다루어야 할 물음은 두 번째 물음인 윤리적 행위에 관한 물음이다. 인간 자신의 앎에 대한 물음은 계속적인 연구 과제임에는 틀림이 없다. 그러나 현재의 시대적 상황 속에서 우리에게 요청되는 물음은 무엇보다도 인간은 여전히 윤리적 행위가 가능한가이며 또한 윤리적 행위가 가능하다면 어떤 지향점을 가져야 하는가 하는 것이다.

인간은 살아가면서 독단적으로 살 수 없는 존재이다. 이것은 인간이 사회적 관계와 인간관계 그리고 자연과의 관계를 맺고 살아 가야함을 뜻한다. 관계 속에서 살아가는 인간은 윤리라는 규범이 필요하다. 이는 서로를 통제하고 억압하고자 하는 수단이 아니라 서로를 보호하고 신실한 약속을 위한 삶의 방편이다. 다시 말해 인간이 어떻게 올바르게 살아 갈 수 있으며 어떻게 살아가는 것이 바람직한 것인가를 의식하고 그 의식의 표현을 가치와 몰가치, 선과 악, 화합과 파괴 등의 극단의 문제를 풀어가는 열쇠로 윤리적 물음을 시도하고 그에 따라 윤리적 행위가 가능하게 된다는 것이다.[9] 이러한 윤리적 행위의 정언명령은 칸트에게서도 잘 나타나 있다. "언제나 너의 의지의 격률기준이 동시에 보편적인 입법의 원리로 통용될 수 있도록 행동하라."Handle so, dass die Maxime deines Willes jedezeit zugleich als Prinzip einer allgemeinen Gesetzgebung gelten könne 이처럼 칸트의 정언명령은 모든 사람에게 있어서 보편타당한 법칙과 윤리로서 반드시 지켜져야 하며 실천되어져야 한다는 것을 말하고 있다.[10]

물음은 존재하기 때문에 가능하다. 물음은 내가 고립되어 있지 않고

---

9) 김상태, 『인간과 윤리』, 형설출판사, 1977, 50쪽 참조.
10) F. Dessauer, 앞의 책, 41-42쪽; I. Kant, *Grundlegung zur Metaphysik*, 정 진 옮김, 『도덕철학원론』, 을유문화사, 1989, 79쪽.

이성과 언어를 통해 대화할 수 있다는 것을 시사한다. 물음은 관계적, 상황적인 삶에서 가능하다. 이러한 삶 속에서 물음은 서로 마주 보게 하고 관심을 갖게 한다. 그러므로 물음은 사람과 사람의 관계에서 빚어지는 윤리는 물론, 자신을 둘러싸고 있는 주변 환경과의 관계 속에서 작용하는 인지적 행위이다. 윤리적 물음은 자신을 세계에 개방하며 자신에게 타당한 물음은 마주 보는 대상에게 던진다. 내 물음이 타인 또는 타자에게 외재화되어 드러날 때 그것은 공동의 물음이 될 수 있다. 공동의 물음이 보편타당한 법칙과 윤리를 산출해낸다면 묻는 존재로서의 인간은 곧 스스로에게 물음을 던지고 다시 답을 구하는 존재로 살아갈 수 있는 것이다. 이는 다시 말하면 물음-관계-공동체-보편타당한 윤리-공동선-삶의 해답이라는 생활세계적·범주적 물음의 주체로서의 인간으로 자리매김 할 수 있는 것이고 더 나아가서 인간이 도덕적 존재를 지향할 수 있고 희망할 수 있다는 말이다.

1.2. 윤리적 행위자인 인간

윤리는 인간에게 필수 불가결한 삶의 규범이며,[11] 인간의 도덕적 삶과 실천행위를 가능케 하는 근거이다. 이는 곧 선과 악을 자유롭게 선택할 수 있는 존재로서의 인간이 선을 추구해야 하는 당위성 또한 배제할 수 없다 할지라도 삶 또는 생명, 미래, 후손, 타자 등에 대한 진지한 사유는 악이 아닌 선을 택하도록 하며 그에 따른 올바른 윤리적 행위를 가능케 한다. 모든 인간이 존재하는 이유가 타자에게도 충분히 존재하는 이유가 되는 공동의 윤리가 될 경우에, 또한 모든 살아 있는 것들에 대해서 '수단'으로 대하지 않고 '목적'으로 대할 수 있을 때 윤리는 가치가 있다.

---
[11] 김태길, 『한국윤리의 재정립』, 철학과 현실사, 1996, 28-29쪽.

이것은 인간 스스로 자신의 존재가 '본래적 가치' intrinsic value: 내재적 가치를 지닌 존재자로 인식하듯이 타자에게도 '도구적 가치' extrinsic value: 외재적 가치로 인식하는 것을 유보하도록 하는 힘, 곧 이성적 판단을 통한 선택에 이르게 한다.12) 이성적 선택은 깊이 있는 이성적 숙고를 통해서 타인을 폄하하고 자연을 착취하는 파괴적 욕구를 자제하게 한다.13) 그렇다고 해서 인간의 이성이 모든 문제를 해결해 준다는 이야기는 아니다. 사실 고대 그리스 철학자 아리스토텔레스 이후로 인간이 '이성적 동물' zoon logikon; animal rationale임을 자부하였고 그 결과로 빚어진 부정적 삶의 현실 때문에 혹독하게 비난을 받아왔다.

그럼에도 불구하고 인간의 의식과 인식은 이성의 작용에 의해 이루어지는 만큼 도덕성은 흔히 보편적인 것으로 생각된다. 어떤 것이 그르다면, 그것은 모든 사람들에게 보편타당한 그른 것이어야 한다.14) 예컨대, 누군가가 먹고살기 위해 환경을 파괴하는 것이 그릇된 것이라면, 당신이 그에게 신경을 쓰든 안 쓰든 그것은 그른 것이다. 따라서 우리는 민감한 윤리 · 도덕성을 견지해야만 한다. 이성의 민감함, 내면의 도덕적 움직임은 악을 행하도록 내버려두지 않을 뿐만 아니라 오히려 선을 추구하고 책무를 다하라는 참된 자기마음의 법: 도덕률 또는 신의 부르심에 응답하게 한다.15)

응답하는 존재인 윤리적 인간은 '생명을 선과 목적 그 자체'로 인식하

---

12) J. O. Urmson, *Aristotle's Ethics*, 장영란 옮김, 『아리스토텔레스 윤리학』, 서광사, 1996, 102쪽; Paul. W. Taylor, *Principle of Ethics*, Dickenson Publishing Company Inc., 1975, 김영진 옮김, 『윤리학의 기본 원리』, 서광사, 1985, 158-160쪽.
13) 김태길, 앞의 책, 30-33쪽.
14) T. Nagel, *What Does It All Mean? A Very Short Introduction to Philosophy*, 1987, 오영미 옮김, 『우리는 무엇을 아는가』, 동문선, 1998, 84쪽.
15) T. Hart, *Spiritual Quest. A Guide to the Changing Landscape*, Paulist Press, 1999, 최대용 옮김, 『현대인의 영성탐구』, 은성, 2000, 19쪽.

는 인격자이다.16) 감각과 쾌락을 추구하는 인간은 감각적 가치에 국한된 일차원적 인간이며 이는 생명적 가치 또는 생태적 가치를 도외시하고 만다.17) 고범서에 의하면, 생명가치를 단순히 인간의 생물 또는 감각적 가치와 동일시하는 것으로 국한시키고 있는데, 이는 생물권 영역에 이르는 생태적 가치를 인식하지 못하고 있는 것이다. 물론 그가 막스 셸러Max Scheler의 용어를 빌려 인간은 생명적 가치에서 더 나아가 인격적 가치종교적 가치를 추구해야만 그 궁극의 목표를 완성할 수 있다는 주장에는 글쓴이도 동의한다. 하지만 인격적 가치성스러운 것의 가치, die Werte des Heiligen의 풍요와 정신적 존재로서의 인간은 결국 생태적 가치를 지향하지 않고서는 인간의 궁극적 목표인 인격적 가치를 완전하게 이룰 수 없는 숙명에 처해져 있다.18) 이 생태적 가치는 인간의 인격뿐만 아니라 동물의 생존 본능, 세계의 평화 그리고 자연과의 조화로운 삶을 지향하는 가치이기 때문이다.

1.3. 인간의 선험적 이해 – '생태적 양심'을 지닌 인간

'인간이란 무엇인가?' 라고 물을 때 그 물음 속에는 이미 인간에 대한 이해 가능한 사유가 전제되어 있다. 다시 말해 우리가 인간과 사물 또는 현상에 대한 물음을 시도할 때 그 대상에 대한 전이해가 있어야만 질문할 수 있다는 말이다. 따라서 글쓴이는 인간을 규정할 때에 '양심적인 인간' 또는 '인간은 양심을 가지고 있다' 고 말할 것이다. 그러니까 양심이 인간을 규정하는 것이다. 양심良心: conscience이란, 어원을 살펴보면 "함께 안다"know with라는 라틴어 conscientia에서 파생된 말로서 그리스어로는

---

16) 이진우, 『도덕의 담론』, 문예출판사, 1997, 303쪽.
17) 고범서, 『가치관 연구』, 나남, 1992, 204-206쪽.
18) 위의 책, 211-213쪽.

syneidesis라고 한다.[19] 그러므로 양심은 누군가와 함께 아는 것, 내 안의 누군가와 함께 아는 것, 내면의 세계에서 들려오는 누군가의 음성을 들어서 더불어 아는 것을 뜻한다. 또한 양심이란 어떤 행동이 도덕적인지 비도덕적인지를 판단, 선과 악을 변별해서 행할 수 있도록 만드는 실천이성의 판단기준이며, "지금 여기 이 구체적 상황에서 나는 무엇을 해야 하는가"라는 실제적인 어떤 적극적인 행동을 유도하는 내면의 물음이다.[20] 이러한 양심을 구체적으로 표현하자면 절대적인 신의 소리, 참된 자기, 가장 내적인 자기, 법, 도덕률 등으로 말할 수 있다.[21]

그런데 이 양심은 고통을 수반한다. 신의 의지, 도덕률에 거슬러 행위하는 인간은 고통을 느낄 수밖에 없다.[22] 그 고통은 내 의지가 신의 의지 또는 도덕률에 위배되기 때문에 따라오는 감정과 징벌일 뿐만 아니라 후회를 통한 과거의 성찰인 것이다. 고통의 내면적 각성과 갈등은 인간의 육체적·심리적 고통을 동반한다. 이것은 인간의 윤리적 행위의 결과를 통해서 고통 받는 피조물들의 고통을 함께 겪기 때문이기도 하다. 양심을 통한 고통은 피조물의 고통이자 현실의 통회요 회심metanoia이다. 그런 의미에서 양심은 막스 셸러가 말한 바와 같이 우리 마음의 충고자이며 심판자이고 또한 선악의 인식기관이다.[23] 여기서 중요한 것은 후회이다. 특별히 이 후회라는 뉘앙스는 어떤 사건이나 어떤 현상이 발생한 후에 일어난 부정적negative; 소극적 감정이라 볼 수 있다. 양심을 통해서 후회

---

19) O. Hallesby, *Conscience*, 이현주 옮김, 『양심』, 대한기독교출판시, 1979, 8–9쪽; Paul L. Lehmann, *Ethics. In A Christian Context*, Harper & Row, 1963, 심일섭 옮김, 『기독교사회윤리원론』, 대한기독교출판사, 1988, 329–330쪽 참조.
20) 가톨릭대학교 인간학 교육원 편저, 『인간학. 대학생을 위한 교양교재』, 가톨릭대학교출판부, 1997, 116쪽.
21) 유준수, 『서구의 사고방식과 비판정신』, 경문사, 1985, 267쪽 참조.
22) Paul L. Lehmann, 앞의 책, 330–331쪽.
23) M. Scheler, *Reue und Wiedergeburt*, Vol. 5, Bern, 1954, 49쪽 재인용, 이을상, 『가치와 인격. 막스 셸러의 실천적 가치 윤리학』, 서광사, 1996, 194쪽.

의 행동에 이르게 되면 막스 셸러의 주장대로 '도덕적 세계의 강력한 자기 재생력'이 생긴다.[24] 그러나 지금 우리에게 필요한 생태적 양심은 사후약방문이나 망양보뢰亡羊補牢 식의 마음의 각오와 행동의 작용이 아니다. 다시 말해 '후속적 양심' conscientia consequens이 필요한 것이 아니라 '선행적 양심' conscientia antecedens이 절실히 요구되는 것이다.[25] 물론 양심의 결단하는 사유와 반성하는 사유가 전혀 필요 없다는 말이 아니다. 양심과 인간 행위를 위한 의지 결정 사이에 어떤 변증법적 과정을 통해서 인간의 도덕적 발전이 이루어지며 그 윤리적·실천적 의식은 세계의 역사를 진행시키는 힘이 된다.[26] 하지만 우리의 삶의 세계가 다 사라지고 더 이상 이 땅에 소망을 이룰 수 없는 지경에 이르도록 자연이 파괴된다면 후발의 생태적 양심은 소용없다. 따라서 인간은 아직 미완의 존재임을 겸허하게 깨닫고 신과의 관계 속에서 자신을 열어 놓아야 한다.[27] 또한 '선을 행하고 악을 피하라'는 신이 명령하는 목소리에 귀를 기울임으로써 생명이 최고의 선이며 가치가 됨을 인식하고 신으로부터 부여받은 정신적인 생명을 고양해야 한다.[28] 그렇게 함으로써 인간이 자신의 존재 이외의 타자적 존재를 파괴하고 업신여기는 것이 아니라 선에 대해서 민

---

[24] M. Scheler, *Die Formalismus in der Ethik und die materiale Wertethik*, Vol. 2, Bern, 1980, 이을상, 위의 책, 195-196쪽.
[25] 안명옥, 『윤리신학의 관심사』, 바오로딸, 1997, 78쪽 참조. '선행적 양심'(*conscientia antecedens*)이란 미래의 행동을 지향하고, 행동에 대해 적극적으로 경고한다. 이 양심은 하나의 행위가 옳은 것인지 또는 그른 것인지를 행동의 결단 이전에 판단한다. 반면에 '후속적 양심'(*conscientia consequens*)은 이미 내려진 결정에 대해 확인하며 자신의 과거에 대해 통회하는 것을 일컫는다.
[26] F. Kaulbach, *Ethik und Metaethik: Darstellung und Kritik metaethischer Argumete*, Darmstadt, 1974, 허영석 외 옮김, 『윤리학과 메타윤리학』, 서광사, 1995, 252-255쪽 참조.
[27] W. Schultz, *Philosophie in der veränderten Welt*, Verlag Günther Neske pfullingen, 1972, 송기득 옮김, 『달라진 세계와 철학. 제3권 정신화와 육체화의 동향-철학적 인간학의 과제-』, 현대사상사, 1984, 248쪽; N. Berdyaev, *The Destiny of Man*, 이 신 옮김, 『인간의 운명』, 현대사상사, 1984, 62쪽.
[28] A. Haentzschel, *The Great Quest*, 지원용 옮김, 『위대한 탐구. 인간의 갈망은 무엇인가』, 대한기독교서회, 1965, 114쪽; N. Berdyaev, 위의 책, 33쪽; 강영계 편저, 『종교와 인간의 삶』, 철학과 현실사, 1999, 16-17쪽.

감하여 타자적 존재와 공존Mitsein하지 않으면 안 된다는 것, 곧 자신이 의존적 존재이자 공존적 존재임을 깨닫는 일이 무엇보다 중요하다.[29]

황폐된 세계는 더 이상 생명력 있는 언어가 남아 있을 수가 없다. 언어는 생명을 창조하며 세계를 구성한다. 언어를 통해서 인간은 세계를 인식하며 나와 너의 만남을 가능하게 한다. 만남 속에서 세계 전체가 현현顯現한다.[30] 하지만 우리의 삶의 세계와 고향을 회복시킬 수 있는 여지가 전혀 없다면 '상징적 동물' animal symbolicum [31] 인 인간은 더 이상 지구상에서 존속할 수가 없게 된다. 문명의 전승 매체인 언어가 의미를 잃고, 고향을 통한 언어 생성 발원지를 잃어 버려 인간뿐만 아니라 신도 설자리를 찾지 못하는 세상은 더 이상 어떠한 피조물도 생존할 수 없기 때문이다.[32] 다시 말해 인간의 삶, 사랑, 생명, 가치, 종교, 자연, 새로움, 행복 등을 표현할 수 있는 상징적인 용어가 존재하지 않는 이상 인간의 미래는 불투명해진다. 공동의 삶을 묶어내며 서로 마주보고 있는 존재임을 인식하는 매개체는 언어이다. 그러나 그 언어는 자연이라는 터전을 상실하고 있는 지금 황폐화되고 있다.

따라서 생태적 양심을 지닌 인간은 우주 속에서 모든 사물들과 개체들이 서로 관계를 맺고 있는 존재, 자연과 일체이며 조화롭게 살아야 하는 존재임을 깨달아 '공생적 융합성' symbiotic interwovenness을 이루어내야 한

---

29) W. Pannenberg et al., *Gott, der Mensch und die Wissenschaft*, Pattloch Verlag, 1997, 여상훈 옮김, 『신, 인간 그리고 과학』, 시유시, 2000, 268–273쪽.
30) 서배식, 『인간과 윤리』, 청주대학교출판부, 1992, 176–186쪽 참조.
31) E. Cassirer, *An Essay on Man–An Introduction to a Philosophy of Human Culture*, Yale Univ. Press, 1944, 최명관 옮김, 『인간이란 무엇인가?』, 전망사, 1986, 38–42쪽 참조.
32) R. Guardini, *Das Ende der Neuzeit Die Macht*, Mainz: Mattias–Grünewald–Verlag, 1986, 전헌호 옮김, 『불완전한 인간과 힘』, 성바오로, 1999, 60쪽; 과르디니는 이미 사물과 언어의 황폐화에 대해서 선각이 있었다. 그는 언어가 과거의 세계를 재구성해낼 수 없다는 대해서도 한탄을 하였다. R. Guardini, *Die Technik und der Mensch*, Mainz: Mattias–Grünewald–Verlag, 전헌호 옮김, 『코모 호숫가에서 보낸 편지–기술과 인간–』, 성바오로, 1998, 90쪽, 107쪽 참조.

다.³³⁾ 그로인해 생태적 양심을 지닌 인간은 자신이 자연의 일부이며 자연과 더불어 살아야 할 존재임을 자각하는 '보다 큰 자아'임을 의식해야 한다. 또한 지구의 모든 생물의 삶과 죽음에 민감하며 지구의 미래를 가장 우선적인 관심사로 하고 그것을 최고의 가치로 여기는 인간이 되어야 할 것이다.³⁴⁾

1.4. 생태적 인간을 위한 종교적 성찰

'인간이 인간답다'³⁵⁾ 라는 말은 다른 이웃과 피조물에 눈뜨며 자신의 행위가 타자에게 부당하지 않도록 사는 존재이다.³⁶⁾ 이것은 자신을 위한 선$^{bonum\ sibi}$으로 인해서 타자의 선$^{bonum\ alteri}$이 묵살되지 않는 묵가적 상상력을 일컫는다.³⁷⁾ 묵자墨子에게 있어서 중요한 윤리 사상은 겸애兼愛와 교리交利로서, 남 사랑하기를 제 몸과 같이 하라는 것이다. 다시 말해

---

33) E. Fromm, *To Have or To Be*, 김진홍 옮김, 『소유냐 삶이냐』, 홍성사, 1978, 206-208쪽; 그리스도교 철학자 도예베르트는 이것을 enkapsis: 융합적-연계성이라고 부른다. J. M. Spier, *An Introduction to Christian Philosophy*, Nutley, NJ: The Craig Press, 1979, 246-250쪽 참조.
34) 장회익 외, 『인간이란 무엇인가』, 민음사, 1991, 25-28쪽.
35) 유교에서는 사람과 사람과의 관계 윤리를 '인'(仁)이라고 한다. 인간다움의 관계를 말하는 것인데, 이 인의 생태신학적 접목 가능성으로는 인의 해석학적 성찰을 통해 자연과의 관계성으로까지 확대하는 것이다. 「안연편」(顏淵篇)에 보면 '인이란 사람을 사랑하는 것'(愛人)이라 했다. 그런데 이 사랑이라는 것이 자기희생과 자기 포기가 없으면 실천되어질 수 없는 윤리이다. 그것은 곧 사회 속에서 너와 내가 함께 공존하기 위한 이타적인 사랑을 추구하지 않으면 이루어질 수 없는 덕행이다. 마찬가지로 자연과 인간과의 관계도 인간이 자기희생과 이타적 사랑, 자기 헌신이 없다고 한다면 관계적 삶을 통한 공존이 불가능할 것이다. 유명종, 『중국사상사(1). 고대편』, 이문출판사, 1995, 74쪽, 82쪽.
36) G. Breidenstein, *Humanization: Theological, Ethical and Socio-Political Reflections for Christians and Non-christians*, 박종화 옮김, 『인간화』, 대한기독교서회, 1988, 101-102쪽.
37) E. Coreth, 앞의 책, 138쪽; 묵가(墨家)에서 주장하는 대표적인 화두는 겸애설(兼愛說)이다. 요지는 만일 자신을 사랑하는 사람이 있다면 그만큼 이웃을 사랑해야 하는 것이고, 자신의 국가를 사랑하는 만큼 이웃의 국가도 사랑해야 하는 것이다. 이 지평을 넓혀 본다면 인간 자신을 사랑하는 만큼 우리의 이웃이자 공생 관계인 자연도 사랑해야 하는 것이다. 이러한 측면에서 보면 묵가의 겸애설은 공자의 인(仁)과도 일맥상통한다. 공자도 사람을 사랑하는 것을 인이라고 보았고 묵자의 겸애설 역시 인간이 서로 사랑하는 것을 골자로 하고 있기 때문이다. 이강수, 『중국 고대철학의 이해』, 지식산업사, 1999, 164-165쪽 참조.

남을 아껴주고 위해 주는 이타적利他的 사랑이며 자기희생이다. 이 세상에서 자연의 재앙과 삶의 부정적 힘들이 인간과의 관계, 자연과의 관계를 악화시키는 이유는 바로 서로 사랑하지 못하고 서로 이롭게 하지 못해서라 말할 수 있다. 인간이 자연을 사랑하게 되면 그만큼 인간도 그 사랑을 통해 자연으로부터 되돌려 받을 수 있는 상호 사랑과 상호 호혜를 추구하는 존재로서 살아간다는 점에서 묵가의 사상이 주는 생태적 의의가 있다.[38]

장자莊子의 사상에서도 자연과 인간이 서로 유리된 존재가 아니라 하나라는 사실을 잘 말해준다. 자연의 이치에 잘 순응하고 어떠한 사심과 집착으로부터 벗어나 자연스러움에 있게 되면 인간은 욕망을 버리고 비로소 자연과 조화를 이루는 평화를 이루게 된다. 그러므로 인간은 자연보다 위에 있다는 위계적 사유를 버리고 공존과 화해를 모색하는 장자의 좌망坐忘에 이르도록 노력해야 한다.[39] 좌망이란 글자 그대로 가만히 앉아 욕망과 사려, 아집과 독단 등 모든 것을 잊어버린다는 의미이다. 수양으로서의 좌망은 심재心齋, 즉 모든 감각과 사고 작용인 마음을 깨끗하게 비우는 것이다. 마음이 텅 빈 상태에서 수양을 하게 되면 좌망의 경지에 다다를 수 있다.[40] 인간이 지닌 사욕, 곧 인간만이 생존적 욕망을 지닌 것처럼 자신의 이기적 욕심을 채우느라 타자적 존재인 자연을 수단적 가치로 이용하고, 공존과 호혜의 삶을 포기하는 우매한 인간이 되어서는 안 될 것이다. 오히려 인간은 자신의 이기적 자아를 버려야 한다. 그래야만 인간의 삶과 인간의 마음에 타자를 포용할 줄 아는 지혜가 생긴다.

이슬람의 꾸란Quran에는 자연에 대한 서정적 묘사가 많이 나타나고 있

---

38) 김길환, 『동양윤리사상』, 일지사, 1981, 117쪽; 유명종, 앞의 책, 122쪽.
39) 김길환, 위의 책, 188-189쪽.
40) 김승혜, "신비주의 시각에서 본 도교", 이종은 편, 『한국도교문화의 초점』, 아세아 문화사, 2000, 530-531쪽; 김병찬, "장자의 이상적 인간상", 『철학적 인간상의 모색』, 전남대학교 출판부, 1992, 161-162쪽.

다. 이슬람의 경전인 꾸란에는 알라^Allah가 직접 자연 만물을 지었다고 하는 사상이 등장한다. 16장 3절에 보면 "그 분이 하늘과 땅을 창조하셨다"고 말하고 있다. 잘 아는 바와 같이 중세 유럽에서 유독 이슬람이 과학적, 수학적으로 탁월한 지식을 드러낸 데에는 물질의 실재를 긍정적으로 인식한 신학적인 배경이 깔려 있다. 이는 알라가 창조한 세상은 선하고 완전하다는 꾸란의 내용^surah 67,4에서도 엿볼 수 있다.[41]

꾸란에 의하면, 모든 인간은 절대자 알라와 특별한 관계를 갖는다. 알라가 인간을 흙으로 빚었고 또한 피조물들 가운데 가장 아름다운 존재로 만들었기 때문이다.[15,29; 95,4] 더욱이 이러한 인간은 지상에서 절대자를 대리^khalifah한다는 점에 있어서 특별하다. 신은 인간에게 지구를 위탁하였으며,[33,72] 인간은 신을 대리하므로[2,30; 35,39] 모든 피조물은 인간에게 순종하는 것이 신의 섭리이다.[16,12-14] 절대자인 알라는 인간에게 자신의 뜻을 성취하도록 정했기 때문에 인간의 책임과 사명은 우주의 조화를 성취하는 데 있다.[42] 따라서 이슬람의 생태적 사상도 그리스도교와 마찬가지로, 신이 인간에게 맡겨주고 선사한 땅을 잘 관리해야 하는 청지기적 사명이 있음을 말해준다고 볼 수 있다.[43] 그것은 땅과 하늘에 있는 모든 것들이 경이로운 것이며, 그 모든 것에 알라의 흔적이 묻어 있기 때문이다.[44] 또한 이슬람은 자연을 통하여 더 깊은 종교적 이해로 나아갈 수 있음을 말해주고 있고, 아울러 역사와 자연이 주는 경고가 올바른 길을 찾는 데 도움을 준다고 본다.^surah 41,53 [45] 이러한 통찰이 인간의 내면과

---

41) H. Smith, "힌두교", *The World's Religions*, Harper San Francisco. A Division of Harper Collins Publishers, 1993, 이종찬 옮김, 『세계의 종교』, 은성, 1991, 318-319쪽.
42) 김정위 편저, 『이슬람입문』, 한국외국어대학교출판부, 1993, 57-58쪽.
43) 최영길, 『이슬람문화의 이해』, 신지평, 1997, 137쪽.
44) Denise L. Carmody and John T. Carmody, *In the Path of the Masters. Understanding the Spirituality of Buddha, Confucius, Jesus, and Muhammad*, New York: M.E. Sharpe, 1996, pp. 147-149.
45) Annemarie Schimmel, *ISLAM. An Introduction*, State University of New York, 1992, 김영경 옮

외형적인 삶을 변화시켜 나가고 교정시킨다는 것은 말할 것도 없겠다. 자연이 황폐화되어짐에 따라 역사의 진행 과정이 불안해지면서, 우리는 미래의 삶을 예측하고 그에 따라서 종교가 우리의 삶에 올바른 인식을 부여해 주기를 기대하게 된다. 종교적 귀의라고 해야 할까.

유교는 가족 공동체간의 연대와 화합을 무엇보다 중요하게 여긴다. 부부와 자식 간의 사랑은 더 나아가서 이웃과 이웃 간의 사랑으로 확장된다. 유교의 수신제가치국평천하修身齊家治國平天下는 인간과 공동체의 구체적인 삶을 잘 표현해주는 말이다. 먼저 가족 공동체에서부터 화합과 사랑이 이루어지지 않는다면 사회와 국가 그리고 세계의 관계가 어긋나게 된다. 그래서 유교의 인간관은 '관계중심적' relationship-oriented, '상호호혜적' mutually benefitting, '상호의존적' inter-dependent이라 말할 수 있다.46) 이것은 무엇보다도 공동체 윤리가 발달한 동양의 특성이라 볼 수 있는데, 이 공동체 윤리는 개인보다는 전체를 먼저 생각하게 한다. 그러므로 전체 속에서 개인을 바라보는 사유를 지향하게 된다. 전체가 무너지면 개인도 의미가 없다는 윤리는 인간이 자연과 연대해야 하는 존재이며 자연의 한 부분이라는 시각을 갖게 해 준다. 자연이라는 전체, 우주라는 전체 속에서 인간이 차지하는 위치를 윤리적인 시각에서 바라보도록 해 주기 때문이다. 인간과 인간 사이의 상호의존성은 자연과 인간과의 상호 의존성을, 인간과 인간 사이의 관계성은 자연과 인간의 상호관계성을 인식하게 한다. 이것을 킨슬리D. Kinsley는 '우주적 인본주의' Cosmic Humanism라고 하였는데 마치 같은 부모 밑에서 태어난 자녀들처럼, 인간과 피조세계도 밀접한 연관성과 연속성을 가지고 있다는 것이다. 인간도 다른 피조물들과 마찬가지로 하늘과 땅의 자녀들이다. 그러므로 인간은 모든 피조물

김, 『이슬람의 이해』, 분도출판사, 1999, 50-51쪽.
46) 중국철학연구회 편저, 『중국의 사회사상』, 형설출판사, 1994, 47-49쪽.

과 연관되어 있는 유기적·책임적 존재이다.[47]

이를 반영하듯 하버드대학에서 신유학의 권위자로 우리에게 잘 알려진 뚜 웨이밍杜維明은 중국이 산업화가 시작되면서 고전적인 윤리와 가정 공동체가 붕괴되었다고 보고 신유학의 생태학적 전회를 주장한다. 마치 일반적인 상식으로 통하듯 '유교는 인간학이다' 라는 단편적 판단을 벗어나서 우주적 관계성의 통찰을 유교가 제시하고 있다는 것이다. 그에 따르면, 가정 공동체는 개인의 확대이며 개인은 우주적 과정에 능동적으로 참여하는 존재이다. 그는 욕망을 절제하는 아스케제askese가 유교 경전 여기저기서 발견되고 있음을 지적하면서 가족 공동체를 넘어서 친족 관계의 범위를 땅과 하늘에까지 확대하는 포괄적인 생태담론을 제시하고 있다.[48] 가족oikia을 나타내는 말과 생태학oikos을 나타내는 말의 어원이 같은 것은 우연의 일치일까. 이미 유교는 '생태적 인간' Homo Ecologicus을 알고 있었다. 자연을 돌보며 상호 관계를 인식한다는 것은 우리가 가족혹은 가정, oikia을 돌보고 봉사하듯 자연에게도 그렇게 하는 것이기 때문이다. 가족 공동체는 자기의 이익으로 구성된 집단이 아니요, 지배나 속박이 아니라 서로 배려하며 보호하고 돌보는 공동체라는 인식은 우리가 자연을 어떻게 대해야 하는가를 유교의 공동체 윤리를 통해서 깨닫게 된다.[49]

불교는 모든 만물에 불성佛性이 있다고 본다. 즉 인간뿐 아니라 생물, 심지어 무생물에게까지도 불성이 있다는 것이다. 따라서 불교는 인간중심적anthropocentrism 또는 생물중심적biocentrism 사고에서 한발 더 나아가서

---

47) David Kinsley, *Ecology and Religion, Ecological Spirituality in Cross-Cultural Perspective*, Prentice-Hall, Inc., 1995, pp. 77-78.
48) 杜維明, "현대 신유학인문주의의 생태주의의 전환: 중국 및 세계에 대한 함의", 「제5회 다산기념철학강좌」, 2001년 11월 2일, 서강대학교 종교학과 편, 『유교의 중심사상 사료집 2002년 2학기』, 서강대학교, 2000, 205-243쪽 참조.
49) Bruce R. Reichenbach and V. Elving Anderson, *On Behalf God. A Christian Ethic for Biology*, Grand Rapids, Michigan: William B. Eerdmans Publishing company, 1994, pp. 53-54.

생태중심주의ecocentrism를 표방하고 있다. 이것은 인간뿐 아니라 모든 생물 또는 무생물에게 이르기까지 그 나름대로 존재해야 할 당위와 권리가 있다고 하는 내재적 가치intrinsic value의 관용-사실 전체 지구적인 차원에서 본다면 관용이라는 말은 맞지 않지만-을 나타내고 있다. 따라서 연기설에서 밝히 드러나고 있는 것처럼 모든 것이 서로 연관된다는 상의적相依的 전체론의 입장에서 보면, 인간만이 존재론적 가치가 있다고 하는 것은 불교에서 설자리를 잃고 만다. 불교적 생태윤리의 토대는 중도中道의 실천적인 윤리인 팔정도八正道인데, 현상계의 모든 문제점들이 해결된 열반적정涅槃寂靜 상태인 이상적 세계의 건설을 위해서는 근본적인 무지인 무명無明을 타파해야만 한다. 그러기 위해서는 먼저 올바른 견해正見를 가져야 하고 그런 다음 올바른 행위,正業 올바른 노력正精進으로 나아가야 한다.50)

그뿐만 아니라 사성제四聖諦는 환경문제의 논리적 근거를 제공하고 있는 바, 먼저 현재의 지구상의 환경문제가 '시대적 괴로움'인 환경고苦로서 제기되고 있다. 그래서 환경문제 해결을 위한 시대적 요청으로서 우선 환경문제현황에 대한 명확한 인식을 바탕으로 '환경문제의 원인'을 규명하는 일集과 환경문제의 현황과 근본적인 원인 규명을 바탕으로 환경문제를 완전히 해결하여 정토淨土를 이룸으로써 환경문제를 해결하는 일滅이 가능할 수 있다. 이를 위하여 구체적 방안으로서의 일道을 통한다면 환경인식이 변하고 새로운 실천적 근거와 방향이 짜여 질 수 있을 것이다.51)

불교의 생태적 사유에서 한 가지 더 언급하고 싶은 것은 원효의 '화엄사상'이다. 화엄의 주된 사상은 법신불法身佛과 법계연기法界緣起인데 이

---

50) 이병인, "21세기의 불교와 환경문제", 한국교수불자연합회 편저, 『21세기 한국불교의 과제와 전망』, 불교춘추사, 2000, 247-248쪽.
51) 위의 책, 248쪽.

는 환경문제 해결을 위한 불교의 정수라 해도 과언은 아닐 것이다. 전자는 우리가 살고 있는 이 세상이 바로 부처의 몸이라는 사상이고, 후자는 존재하는 모든 만물이 서로 유기적인 상관관계를 가지고 있다고 하는, 다시 말해 거미줄처럼 서로 연결되어 있듯이 개체와 전체가 서로 관계를 맺고 있다는 것이다. 그래서 세상의 어떤 미물이라도 함부로 취급해서는 안 된다. 화엄의 사상뿐만 아니라 불교의 연기설은 만물의 상의상존적 관계相依相存的 關係를 잘 그리고 있는데 환경문제와 관련하여 큰 의의가 있다고 하겠다.

레비나스E. Lévinas가 "창조의 기적이 도덕적 존재를 창조한 데 있다"고 한 말은 무슨 의미일까?[52] 그것은 신이 '인간다운 존재'를 창조했다는 말이 아닐까.[53] 선을 추구하며 악과 분투하는 신의 형상imago Dei으로서의 인간은 신을 닮고 자연을 벗 삼은 존재로서, 미학적 아름다움에 자신을 내어 던진다. 그러기 위해서 도덕적 존재로서의 인간은 자신에게 묻고 대답한다. 그런데 오늘날 그 물음은 '인간인 우리가 무엇을 행위 할 수 있는가?', '우리가 어떻게 윤리적으로 행위 해야만 하는가?' 일 것이다. 그것의 해답은 '생태적 양심을 지닌 인간' 으로서의 행위가 되어야 한다.

올바른 인간상을 정립하기 위해서 다시 그리스도교의 신학적 의미를 재천명하면서 '하나님의 형상' 으로서의 인간과 철학적 화두의 모토가 되는 '이성적 인간' 을 깊이 있게 다루는 것도 중요할 것이다. 그러나 레비나스가 말한 것처럼 창조의 기적은 바로 도덕적 존재인 인간이 창조되었다는 데 있음을 깨닫고, 한 발 더 나아가 자연과 공존을 꾀하고 상생적 삶을 이어나가기 위해서는 무엇보다도 종교와 철학의 바른 인간상을 정

---

52) E. Lévinas, Ethique et Infini, 양명수 번역해설, 『윤리와 무한. 필립 네모와의 대화』, 다산글방, 2000, 6쪽.
53) 양명수, 『기독교사회정의론』, 한국신학연구소, 1997, 16-17쪽.

립해야 한다. 더욱이 그리스도교뿐만 아니라 이슬람교, 유교, 노장사상 그리고 불교에서는 인간이 자연을 가족과 같은 관계적 존재로 여기고, 하늘이 인간에게 부여해준 청지기적 의무를 성실하게 수행해야 할 것을 가르치고 있다. 이것을 실천하기 위해서는 여러 철학 사상과 종교들이 밝혀주고 있는 것처럼 나의 이기적인 욕심을 버려야 한다. 자연을 수단과 도구로 여기고 인간인 우리만 생존해야 한다는 과도한 욕망을 버려야만 한다.

우리는 황폐된 이 땅에서 아름다운 언어들을 잃어가고 있다. 그것은 사랑이니, 양심이니, 공존이니 하는 것들이다. 하지만 우리의 삶의 현실이 고통스러울수록 부정적이고 절망적인 언어만이 득세를 한다. 앞에서 이야기한 바와 같이, 자연과 언어와의 관계는 밀접한 관계를 가지고 있다. 그러므로 우리는 자연이 회복되어야만 우리의 삶의 언어 혹은 생명의 언어가 소생될 수 있다는 확신을 가져야만 한다.

이 땅의 모든 존재가 유기적 존재임을 깨우쳐 준 불교와 자연을 가족으로 여겨야 할 것을 일깨워 준 유교는 우리가 이 땅에서 아직 태어나지 않은 세대들을 위해서 어떤 인간으로 살아가야 할 것인가를 알게 해 준다. 그것은 앞에서도 말한 것처럼 새로운 인간상, 즉 생태적 양심을 지닌 인간상이다. 생태적 양심을 지닌 인간은 인간뿐만 아니라 자연 만물이 겪는 고통을 통해 자신과 주변을 성찰할 줄 알고 미래를 예견할 줄 아는 인간이다. 그리하여 생태적 양심을 지닌 인간은 모든 만물을 사랑할 줄 아는 마음을 지닌 인간으로서, 이러한 인간만이 이 세대와 미래의 희망을 가져올 수 있을 것이다.

2장
이원론의 극복을 위한 생태학적 신론의 재구성

2.1. 제1유형 : 초월과 배타적 신론 ^{Karl Barth : 위로부터의 그리스도론}

플라톤 철학 이후 사물의 본질과 세계를 이원론적 구조[54]로 설명하는 흐름이 생겨났다. 이러한 사상들이 중세 이전에는 신프로타고라스주의와 신플라톤주의에서 나타났는데, 이것은 신학적 이원론神學的 二元論에 지대한 영향을 주었다. 선과 악, 천상과 지상, 영과 육, 천국과 지옥, 천사와 사탄, 남자와 여자, 이성과 감성, 정신과 물질, 성과 속, 구원받을 자와 유기될 자 등으로 구분하는 것은 그와 같은 영향을 받은 것이다. 이

---

54) 배타적 이원론에 대한 사상이 나타나기 시작한 시점은 고대 철학자인 플라톤의 이데아의 세계와 현상계를 구분한 데서부터 시작한다. 그 후 중세에서는 교회와 속세, 현세와 내세, 영혼과 육체라는 이원론으로 발전하였고, 근대에서는 데카르트와 베이컨에 의해 정신과 물질로 위계적 이분법이 양산되었던 것이다. 이런 이분법적 사유는 이성과 감성, 자연과 인간이 서로 대립되는 배타적 이원론으로 굳어졌다고 본다. 이와 같은 서양의 사유와는 달리 동양의 사유에서는 음양이 서로를 보완해주고 공존하는 '대대적 이분법'이라고 볼 수 있겠다. 김용석·이승환, 『서양과 동양이 127일간 e-mail을 주고받다』, 휴머니스트, 2001, 110쪽 참조.

러한 이원론은 근대 이후에 더욱 심화되어, 물질세계와 정신세계혹은 영의 세계는 불연속성 또는 불일치 관계에 놓이게 되었다. 급기야 이런 사상의 흐름은 인간의 사고와 물질생활에 부정적 영향을 끼침으로써 극복할 수 없는 심연을 만들어, 어느 한쪽을 선택하면 반드시 다른 한쪽은 우리의 인식이나 실천과는 관계가 먼 것처럼 치부하는 결과를 초래했다.

이러한 이분법적 사유를 비판하기 위해서는 먼저 칼 바르트를 짚고 넘어가야 할 것이다.

칼 바르트[55]의 신학은 20세기 초 독일의 히틀러 정권 하에서 태동되었다고 해도 과언은 아니다. 특히 그의 대표적인 저서 『교회 교의학』Die Kirchliche Dogmatik은 그의 신학을 집대성한 걸작이라 할 수 있다.[56] 그는 고백교회의 멤버로서 정치 참여적 신학을 적극적으로 전개하며 그리스도 안에 나타난 하나님 계시의 유일성을 주장했을 뿐 아니라, 에밀 브루너Emil Brunner와의 논쟁을 통하여 자연신학을 부인하기도 했다. 물론 그 이면에는 예수 그리스도 이외의 어떤 교설과 계시로도 구원을 이룰 수 없다는 다분히 그 당시 정치적인 배경을 염두에 둔 신학적 결과라고 할 수 있다. 하지만 그가 주장한 예수 그리스도의 계시의 유일성과 자연신학의 부인은 곧 종교 간의 대화와 생태신학을 전개하는 데 한계를 안고 있다.[57] 비록 그가 세계 또는 자연이 하나님의 도구요, 봉사자라는 견

---

55) 당시의 개신교내에서 19세기를 풍미했던 자유주의신학(슐라이어마허, 스트라우스, 알브레히트 리츨, 에른스트 트뢸취)에 반기를 들고 태동한 하나의 신학적 사조를 형성시킨 인물들로서는 루돌프 불트만, 파울 틸리히, 라인홀드 니이버 등을 거론할 수 있는데 이들은 정통슈의이 배을 이있다 해서 '신정통주의 신학자'라고 부른다. 칼 바르트는 바로 개신교의 신학적 흐름 속에서 이러한 신정통주의에 속한다.

56) 글쓴이의 박사학위논문 지도교수였던 전헌호 신부는 『교회 교의학』이라는 제목보다는 『교회적 교의학』이라고 칭하는 것이 낫다고 본다. 이것은 바르트가 공동체로서의 교회를 위한 신앙고백적인 교의학을 썼다는 측면에서 본다면 타당하다고 여겨진다. 그러나 개신교에서 이미 '교회 교의학'이라는 제목으로 번역되어 학계에 통용되고 있는 바 여기에서는 개신교의 용례를 따르고자 한다.

57) 윤철호, 『예수 그리스도. 하권』, 한국장로교출판사, 1998, 73쪽; Ulrich Dannemann, 이신건 옮김, 『칼 바르트의 정치신학』, 한국신학연구소, 1991, 133쪽; T. F. Torrance, 최 영 옮김, 『칼 바르트. 성서적 복음주의적 신학자』, 한들출판사, 1997, 175쪽. 바르트는 에밀 브루너의 『자

해를 견지하면서 자연이 하나님의 대우주적 드라마의 일부라고 주장하였다 하더라도, 자연신학에 대하여 열린 마음을 나타낸다고는 볼 수 없다.[58]

이와 같은 바르트의 입장에 대해서 김균진은 다음과 같이 비판한다. "예수 그리스도의 구원의 역사이고, 하나님이 지으신 창조의 세계는 이 드라마가 연출되는 '무대와 틀, 장소와 배경'이다. 창조 세계의 무대와 하나님의 구원사의 드라마는 바르트에게서 엄격하게 구분된다. 이리하여 바르트의 신학에서 창조의 세계 곧 자연의 영역은 하나님의 구원사에 속하지 않는 것처럼 나타난다. 하나님의 구원사는 인간에게만 해당되는 것으로 생각"하기 때문이다.[59] 이것은 또한 1934년에 발표한 바르멘 신학 선언Die Barmer Theologische Erklrung 제1항에서 자연신학에 대해 거부하는 입장 표명을 한 것과 밀접한 연관이 있다. 문제의 바르멘 선언 제1항을 옮겨보면 다음과 같다.

"성서에서 증언되는 예수 그리스도는 하나의 하나님의 말씀이다. 우리는 우리가 듣는 그 말씀을 살든지 죽든지 신뢰하고 그 말씀에 순종해야 한다. 우리는 교회가 말씀 선포의 원천을 이 하나의 하나님 말씀 이외에 다른 사건들 그리고 세력들, 형태들과 진리들을 하나님의 계시로 받아들일 수 있으며 받아들여야만 한다는 이론은 잘못된 것으로 비판한다."[60]

연과 은총』이 나치 체제를 옹호하였기 때문에 반대하였다고 한다; 故 안병무 박사도 히틀러 정권이 계시와 독일 역사를 동일시하려고 했던 사실을 지적하고 있다. 안병무, 『해방자 예수』, 현대사상사, 1987, 243쪽; 바르트 자신도 예수 그리스도 안에서만 하나님을 알 수 있다는 이야기를 하고 있다. K. Barth, Church Dogmatics, Ⅱ/1., trans. G.W. Bromiley and others, Edinburgh: T. & T. Clark, 1957, p. 318. 이하 CD로 표기함.

58) 김도훈, "현대신학의 자연관", 「장신논단」, 16, 2000, 372-373쪽.
59) 김균진, "창조신학의 관점에서 본 자연과 인간의 관계-자연과 인간의 생명 공동체를 위하여", 「조직신학논총」, 제4집, 1996/6, 26쪽.
60) 정미현, "바르멘 선언 제1항과의 관련성에서 본 자연신학의 문제", 「조직신학논총」, 9, 1995, 85쪽 각주 1번.

그에게 있어서 하나님은 만물 안에 내재하신 분이 아닌, 절대타자 또는 초월적인 하나님이시다.[61] 바르트는 하나님이 세계를 창조하시고 세계가 그 없이 존재할 수 없다는 사실을 기술하면서 창조주이신 하나님은 예수 그리스도를 통해서만 드러나며 그 자신이 스스로 계시하지 않는다면 전혀 알 수가 없다고 말한다.[62] 이는 피조세계를 통해서는 하나님을 인식할 수 있는 가능성을 열어 놓지 않았음을 입증하는 것이다. 창조주이신 하나님이 피조세계를 만드신 이유는 단지 자신이 예수 그리스도를 통해서 피조세계와 교제하시기 위해서이다. 피조세계는 하나님 없이 결코 존재할 수가 없다.[63] 따라서 그의 전체적인 논지의 중심에는 항상 그리스도가 있다. 계시와 창조 그리고 하나님을 언급할 때도 예수와의 연결은 필수 불가결한 것이다. 그런 의미에서 본다면 바르트의 『교회 교의학』은 '그리스도론'이다.

여기에서 혹자는 오늘날 신학자들이 관심을 갖고 있는 바와 같이 피조세계 안에서 '성령'의 역할을 규명할 수 있을 거라 생각할 수도 있다.[64] 그러나 바르트는 피조세계 안에서의 성령의 임재, 즉 하나님의 내재는 너무나 취약하다. 바르트의 창조론 역시 하나님에 대한 신앙관과도 매우 밀접하게 연관되어 있다. "우리가 천지를 만드신 전능하신 하나님 아버지를 믿을 때 예수 그리스도를 믿게 된다."[65] 하나님의 존재 양태는 예수 그리스도를 통해서만 드러난다. 오직 예수 그리스도를 통해 드러나

---

61) T. F. Torrance, 앞의 책, 167-168쪽.
62) *CD*, Ⅲ/1, Edinburgh: T. & T. Clark, 1958, p. 7, p. 12.
63) *Loc. cit.*
64) 피조세계와 하나님의 영에 대한 관계 또는 성령의 현재적 활동에 대해 최근에 관심을 갖고 있는 학자는 위르겐 몰트만과 그의 제자인 미하엘 벨커(Michael Welker) 그리고 하버드 대학에서 교수 생활을 하고 있는 하비 콕스(H. Cox) 등이다. 특별히 몰트만은 삼위일체론을 중심으로 자신의 신학을 전개하면서 최근 생태계 문제와 관련하여 '성령론'을 통한 심도 있는 접근을 시도하고 있다.
65) *Op. cit.*, p. 19.

는 하나님만을 알뿐이다. 하나님에 대한 신앙은 오로지 예수 그리스도를 통해서만 확증되고 자란다. 우리의 신앙은 피조세계를 통해서도 그 깊이와 넓이가 더해질 수 있으나 바르트는 그것을 용납하지 않는다. 그에게 있어 하나님은 단지 그 자리에 계셔서 자신이 드러내고 싶을 때 자유로이 드러내는 항상 초월자이신 창조주일 뿐이다. 피조세계 안에서 하나님 자신의 신성을 드러내시어 우리의 신앙적 감성을 풍부하게 해줄 수 있는 영성적 사고의 틈새를 주지 않는다. 오늘날 그리스도인들이 동·식물을 함부로 대하는 인간의 야만성은 바로 이러한 생태영성적 감수성이 결여되어 있기 때문이다.

바르트는 하나님이 계시는 하늘과 하나님의 피조물인 인간이 거주하는 땅, 영혼, 몸이라는 신학적 구조에 대해서 이야기한다.[66] 그러면서 그는 창조의 중심에 인간이 있다고 주장한다. 이는 하나님의 창조 사역의 최종 중심에 인간이 있다는, 곧 인간이 '창조의 절정'이라는 인간중심주의의 신학적 사고를 피력한 것이다. 한편 바르트는 인간이 몸이 없으면 영혼도 없다고 지적하면서 몸의 물질성을 긍정하는 모순을 드러내는 듯하다. 몸과 영혼은 인간의 본질이다. 그러나 그것은 하나님의 말씀 가운데 거하는 실체가 되기 위한 전제조건에 불과하다.[67] 그러므로 인간의 본질적 속성인 몸과 영혼이 선험적 조건으로 존재하는 것이 아니라, 반드시 하나님의 말씀 안에서만 그의 실체로서 의미가 있는 것이다. 또 심지어는 동물에게도 정신spirit이 있다고 말하고 있지만 그 이면에는 인간과 동물이 성령의 담지자이냐 아니냐를 말하려고 하는 전제로서 다루고 있을 뿐이다. 마찬가지로 바르트의 이원화된 신학적 사유는 통합적 신학을 추구하며 '몸'이라는 전체적 관점holistic perspective에서 학문을 전개하

---

66) K. Barth, *CD*, Ⅲ/2, Edinburgh: T. & T. Clark, 1960, pp. 12–15.
67) *CD*, Ⅲ/2, pp. 366–398.

려고 할 때 생태신학의 방법론으로서는 적합하지 못하다.68) 이는 그의 신학이 계시특별히 예수 그리스도 안에서 성취된 하나님의 계시, 즉 예수 그리스도는 하나님의 계시자이다로부터 시작하는 '위로부터의 그리스도론'에 토대를 두고 있기 때문이다.69)

바르트에게 있어서 가장 중요한 문제는 '자연신학'의 부정이다. 특히 이 부분은 개신교 역사에서 가장 취약한 신학이기도 한데다가 대부분의 신학을 논하는 담론의 장에서는 자연신학을 논하는 것을 기피해왔다. 그 이유는 자칫 '범신론' pantheism으로 오해를 받아 이단으로 낙인찍힐 수가 있고 또한 특별계시예수사건을 통한 하나님의 계시이외는 자연계시일반계시는 거의 인정하지 않으려 했기 때문이다. 오히려 이 문제에 대해 가톨릭에서는 크게 문제가 되지 않았던 것 같다. '은총은 자연을 파괴하지 않고 완성한다' gratia non tollit naturam, sed perficit는 토마스 아퀴나스Thomas Aquinas의 논조로 보아 '자연계시'에 대해서 비교적 관대했다는 것을 알 수 있다. 이는 아리스토텔레스의 철학과 스콜라 신학의 영향이라 여겨진다. 이와 같은 신학은 가톨릭과 개신교간의 영성 생활에도 큰 차이를 가져왔던 것이 사실이다. 예컨대, 가톨릭은 자연 안에서의 하나님에 대한 관상, 혹은 자연묵상, 이콘icon을 통한 기도 등으로 그 영성의 폭이 매우 넓게 확장되어 있다.

반면에 개신교는 '오직 성서만으로' sola Scriptura라는 종교쇄신종교개혁의 구호에 갇혀 버리고, 오히려 하나님을 성서에만 가둬 두는 형국이 되어 버렸다. 이와 같은 종교쇄신의 정신적 세례를 깊게 받은 바르트는, 오직

---

68) 바르트가 인간을 단편적으로만 보는 것은 아니다. 다만 인간의 몸을 특별한 방식으로 인식하고 몸과 영혼의 불가분리성을 말하고 있는 것은 오직 성령을 통하여서고, 이것은 또 성령을 받아들인 인간일 때만이 합리성을 가진 존재라는 사실이다. 이로써 동물과의 구별이 생기면서 인간과 동물과의 차등이 생겨 성령을 받지 못한 동물과는 심연이 만들어지게 된다(CD, 1960: 398-416).
69) Horst G. Pöhlmann, 이신건 옮김, 『교의학』, 한국신학연구소, 1993, 265쪽.

성서만이 현안의 문제에 새로운 빛을 던져줄 뿐이라고 하면서 계시의 출발점과 원천을 성서에다 놓았기 때문에 자연신학을 전면부정하고 나선다.70) 게다가 그는 은총이 자연을 통해서 알 수 있다면 그것은 하나님의 은총이 아니며, 계시가 사람에 의해 알아차리게 된다면 하나님의 계시가 아니라고 한다. 하나님의 참된 계시는 인간에 의해 선택되어질 수가 없기 때문이다.71) 바르트에 의하면 은총이란 오직 하나님의 계시이고, 이 '하나님의 은총으로 말미암아' 라는 의미는 정확하게 '예수 그리스도를 통하여' 라는 말과 동의어다.72)

이렇듯 바르트의 '오직 은총만으로' sola gratia의 결과는 예수 그리스도 안에 있는 하나님의 은총만을 강조하면서 자연신학을 파기하고 말았다. 계시의 배타성이 역력히 드러난다. 인간은 다만 예수 그리스도 안에서만 존재한다. 그분 없이는 결코 존재할 수 없는 것이다. 하나님께서는 예수 그리스도에게만 계시하셨기 때문에 인간이 존재하기 위해서는 그로부터 분리되어서는 안 된다.73) 하나님은 자신을 인간에게 직접 현시하지 않으신다. 오직 예수 그리스도를 통해서만 드러내신다.74) 이와 같이 바르트에게서 두드러지게 나타나는 신학적 특성은 '계시의 배타성' 이다. 그에 따르면 한 인간으로서 단지 한 아버지만을 가진다는 '하나의 계시만' 을 철저하게 강조하고 있다. 그에게 있어서 계시의 다양성은 인정될 수 없다. 오직 그리스도교의 계시만 유일회적인 계시일 뿐이다. 이러한 계시의 주장도 역시 성서, 즉 하나님의 말씀 그 자체가 자신을 드러내는 온전한 지식이며 그 내용은 다름 아닌 예수 그리스도가 지식인 것이다.75) 그

---

70) *CD*, Ⅱ/1, pp. 124-138.
71) *Ibid.*, p. 139.
72) *CD*, Ⅰ/2, pp. 318-326.
73) *CD*, Ⅱ/1, p. 149.
74) *Loc. cit.*
75) T. F. Torance, 앞의 책, 118-119쪽.

러니까 인간이 구원받기 위해서는, 다시 말해, 하나님의 은총과 사랑을 경험하기 위해서는 예수 그리스도의 신앙 안에 머물러 있어야만 한다. 그 외의 어떠한 방법을 통해서도 하나님을 바로 알 수 없기 때문이다. 이러한 주장은 그리스도교가 계시를 독점하고 있는 듯한 인상을 주기 때문에 '종교 간의 대화'에도 장벽이 될 수 있을 뿐 아니라 구원의 범주를 매우 제한시키고 있다는 비판을 면키 어렵다.

이러한 계시적 배타성 때문에 오늘날 많은 신학자들과 교회는 자연계시 내지는 자연신학을 인정하려들지 않는 편협한 신앙적 아집과 독선을 드러내고 있는 것이다. 모든 피조세계는 구원을 기다리고 있다. 그것을 외면하고 '문자적 계시'에 치중한다면 자연의 신음 소리는 그칠 날이 없을 것이다. 자연의 고통을 치유하기 위해서는 우리의 올바른 계시 이해와 더불어 성서와 예수 그리스도를 넘어서 우주적 하나님의 무한한 사랑을 깨우쳐야 할 것이다. 더 나아가서 하나님의 구원계획을 자연을 통하여 직관할 수 있는 시각이 반드시 필요하다.

2.2. 제2유형 : 참여와 생성적 신론 Wolfhart Pannenberg: 아래로부터의 그리스도론

볼프하르트 판넨베르크는 칼 바르트와는 달리 '아래로부터의 그리스도론' From Below에서 자신의 신학을 전개한다. 그것은 신학의 근거가 역사적 예수로부터 시작해야 한다는 것을 의미한다. 그렇기 때문에 판넨베르크의 주요 저작 중의 하나인 *Jesus-God and Man*에서의 논쟁점은 부활하신 예수 그리스도를 통한 하나님의 계시이다. 바르트가 신적 계시와 보편 역사를 구분한 반면에, 판넨베르크에게서의 계시는 '보편적인 역사' universal history와 동일시된다.[76] 하나님은 역사 속에서 활동하시며 현

---
76) W. Pannenberg, 전경연 편집, 『역사로서 나타난 계시』, 한국신학대학출판부, 1979, 20-27쪽,

현하신다. 그러니까 역사 전체는 하나님이 누구인지를 간접적으로 보여주는 셈이다.

"판넨베르크는 역사 전체를 하나님의 계시 영역 즉 자기 전달의 공간으로 이해하고 있다. 그러므로 판넨베르크는 변증법적 신학사조가 부정했던 자연신학에 대한 이해를 새롭게 하고자 한다. 다시 말해 인간의 인식능력을 통해 신존재를 증명하려는 작업이 아니라, 하나님이 스스로 자기 자신을 나타내고 있음을 역사를 통해서 자연스럽게 아는 데에, 자연신학의 본질이 있다는 것이다. 인간이 생득적으로 하나님을 알만한 능력을 갖고 있는 것이 아니라, 세계 경험의 진행, 곧 역사 속에서 하나님에 대해 이해를 얻을 수 있다고 본다."[77]

물론 판넨베르크에게 있어서도 하나님의 최종적 계시는 예수 그리스도, 곧 부활하신 예수 그리스도이다.[78] 이 예수 그리스도는 창조의 중재자, 우주의 화해자이다.[79] 예수 그리스도는 또한 시간의 성취자이다. 그를 통한 세계 창조는 시작만을 말하는 것이 아니라 전체로서의 세계 과정이자 하나님의 영원하신 행위로서, 그분의 영원하신 창조 행위는 종말 eschaton에 완성된다.[80] 따라서 판넨베르크에 의하면 창조는 계속되고 있는 것이다. 그는 종말론적 시간의 완성인 예수를 통해 만물이 완성된다고 말하지만 과정신학이 주장하는 바와 같이 신의 발전을 인정하지 않는

115-129쪽 참조; 김이태, 『판넨베르크의 기독론의 방법론적 구조 비판』, 장로회신학대학 출판부, 1985, 92-104쪽 참조.
77) 이정배, "기독론의 한국적 이해-아래로부터의 기독론과 얼(생명)", 한국조직신학회, 『조직신학논총』, 제2집, 1996, 211쪽.
78) E. Frank Tupper, *The Theology of Wolfhart Pannenberg*, Bloomsbury street London: SCM Press LTD, 1973, p. 86, pp. 91-92.
79) W. Pannenberg, *Jesus—God and Man*, trans. Lewis L. Wilkins and Duane A. Priebe, philadelphia: The Westminster press, 2nd ed., 1977, p. 395.
80) *Ibid.*, p. 391.

다. 다만 피조세계는 하나님의 영과 참여적 실천을 통해 돌보아지고 계속적으로 창조가 발생한다.[81] 이러한 판넨베르크의 신학은 1995년에 자연과학자들과의 대화를 통해 창조신학과 자연과학의 심연을 좁혀 보려는 그의 노력에서 좀 더 진전되었다. 판넨베르크는 "생명은 되돌이킬 수 없는 방향으로 진화하며 그 과정에서 우연한 일들이 끊임없이 새롭게 일어난다. 우주의 역사도 마찬가지"[82]라는 말을 함으로써 창조신학이 자연과학의 연구를 통해 더 풍부해질 수 있음을 시사했다.

판넨베르크는 바르트와 달리, 역사historie 속에서 하나님을 경험할 수 있다고 말한다.[83] 더 나아가서 동·식물의 유기적 생명은 미래를 향한 분명한 목적을 가지고 전진하고 그것은 영혼이라는 것과 밀접한 어떤 관계가 있다고 본다. 하지만 이 미래에 대한 지각은 인간에게만 있다고 주장함으로써 인간과 동식물을 명확히 구분 짓고 있다.[84] 이것은 미래의 종말을 향해 나아가는 피조세계가 미래에 대한 인식을 공유하지 못한다는 또 다른 배타성 때문에 종말론적 구원의 포괄성을 약화시킨다. 더욱이 '하나님 나라의 미래가 세계 창조의 완성'이며 이 '세계가 미래를 지향' 한다는 주장은 모든 피조세계를 아울러야 설득력이 있을 것이다.[85] 그뿐만 아니라 성령을 통한 피조세계의 보전은 판넨베르크의 성령론과 종말론의 관계성을 나타내는 것으로, 종말은 성령의 간섭과 지속적인 피조세계의 개입으로 완성된다는 점에서 역사 속에서의 하나님 인식 또는 미

---

81) W. Pannenberg, *Toward a Theology of Nature. Essays on Science and Faith,* Louisville, Kentucky: Westminster/John Knox Press, 1993, pp. 11-12, pp. 34-35; 김이태, 앞의 책, 145쪽.
82) W. Pannenberg, 여상훈 옮김, 『신, 인간 그리고 과학』, 시유시, 2000, 312쪽.
83) W. Pannenberg, *Systematic Theology 1*, trans. Geoffrey W. Bromiley, William B. Eerdmans Publishing Com.: Grand Rapids, Michigan, 1991, pp. 115-118.
84) W. Pannenberg, 이병섭 역, 『신학과 하나님 나라』, 대한기독교서회, 1977, 94쪽.
85) W. Pannenberg, *Systematic Theology 3*, trans. Geoffrey W. Bromiley, William B. Eerdmans Publishing Com.: Grand Rapids, Michigan, 1998, pp. 540-541; 김이태, 앞의 책, 144쪽 참조.

래의 지각 영역에는 전체 세계, 우주 전체를 배제해서는 안 된다.[86]

2.3. 제3유형 : 예수의 하나님 나라[Herrschaft Gottes] 지향 八木誠一:內在와圓融

야기 세이이치[87]는 예수의 가르침, 특별히 율법, 삶, 그리고 사랑에 대한 가르침의 근거를 '하나님의 지배'[Herrschaft Gottes]로 본다. 이 '하나님의 지배'는 '사람의 아들' 人子과 '부활하신 그리스도'와 동일시되며,[88] 또한 '하나님의 나라'[basileia tou Theou]와도 동일한 개념이다. 그런데 이 '하나님의 나라'는 어떤 공간적·왕국적인 개념으로 생각할 여지가 있기 때문에 독일신학계에서는 Herrschaft Gottes, 즉 '하나님의 지배'로 보는 경향이 강하다.[89] 잘 알려진 바와 같이 '하나님의 나라'=하나님의 지배는 현재와 미래의 긴장을 담지하고 있는 용어이다. 다시 말해 '하나님의 나라'는 이미 예수의 활동 속에서 실현되었지만 여전히 그 완성은 미래의 종말에 속해 있다. [막4:26-29 90)] 누가복음 17장 20-21절에서 볼 수 있듯이

---

86) *Ibid.*, p. 555.
87) 야기 세이이치는 일본에서 고전학을 전공하다가 독일로 유학하여 괴팅엔에서 성서신학을 공부하였다. 그 후 다시 일본으로 돌아와 학위를 취득하고 현재 교수로 활동 중이다.
88) 八木誠一, 김승철 옮김,『바울과 정토불교, 예수와 선-공통의 뿌리를 찾기 위한 모색』, 대원정사, 1998, 157쪽; 사람의 아들(인자)은 예수 어록(Q)에 등장하지 않지만, 요한네스 바이스(Johannes Weiss)와 노만 페린(Normann Perrin)은 예수의 메시아 자의식과 밀접한 관계가 있는 것으로 보고 있다. 특히 페린은 맨슨(T.W. Manson)을 비판하면서 예수가 인자와 자신을 이사야53장의 고난당하는 종과 연결시키고 있다고 주장했다. 참고적으로 예수의 인자 전승은 세 가지로 나누어 볼 수 있는데, 에스겔서의 예언자적 의식, 에녹서의 묵시적 인물, 다니엘서 7,13의 전승들에서 기원한다. Norman Perrin, 이훈영·조호연 옮김,『예수의 가르침 속에 나타난 하나님의 나라』, 무림출판사, 1992, 138-147쪽 참조; Johannes Weiss, *Jesus' Proclamation of the Kingdom of God*, trans. & ed., Richard Hyde Hiers and David Larrimore Holland, London: SCM Press Ltd, 1971, pp. 129-134 참조.
89) *Ibid.*, pp. 199-200; Michael Lattke, "On the Jewish Background of the Synoptic Concept The Kingdom of God", Bruce Chilton, ed. *The Kingdom of God,* Philadelphia: Fortress press, 1984, p. 72. *basileia tōn ouranōn*=히브리어*malkūt schāmaiyim*(*Kingdom of God*)=*malkūt šāmayim*(*Kingdom of the heavens*).
90) 김균진,『역사의 예수와 하나님의 나라. 오늘의 그리스도론』, 연세대학교출판부, 1994,

'하나님의 지배'는 '내재적 현실성' "하나님의 지배는 너희들 가운데에"을 묘사하고 있다.[91] '사람의 아들'인 초월자가 세상에 침투하였다는 것이다. 이것은 이미 구체적인 역사 안에서 '하나님의 지배'가 시작되었다는 의미이다. 또한 고난 받는 종인 하나님의 아들[인자]은 만물을 위해 고난을 받으며 해방시키고 자유롭게 하신다.[92] 그러나 동시에 이 '사람의 아들'은 '역사적 예수'와 구별된다. '역사적 예수'의 말과 행동은 '사람의 아들'로부터 나오지만 그렇다고 해서 '역사적 예수'가 '사람의 아들'은 아닌 것이다.[93] 다만 예수는 하나님과 세상을 잇는 중재자라는 점에서 피조세계 안에 내재한다. 다시 말해서 '하나님의 지배의 인격화'가 '사람의 아들'을 통해서 역사적 예수에게서 이루어졌다는 말은 초월적 천상의 존재가 내재적 존재로 탈신성화되었다는 말이다. 또한 무시간적 존재無時間的 存在가 유시간적 존재有時間的 存在로, 무한적 존재無限的 存在가 유한적 존재有限的 存在로 변모되었다는 것이다. 그럼에도 불구하고 이 역사적 예수를 통한 '하나님 지배'의 인격화는 '사람의 아들'에게서 무시간과 유시간이 공존하고 무한과 유한 그리고 초월과 내재가 분리되면서 동시에 일치한다.

또 한 가지 중요한 사실은 '하나님의 지배'는 종말론적 구원의 성격을 띠고 있다는 것이다.[94] 예수를 통한 인간의 구원과 더불어 만물의 구원은 예수의 실존, 즉 말씀하시는 존재인 예수를 통해 인간은 구원을 자각할 뿐만 아니라 '하나님의 지배'의 작용을 통해 하나님의 현존을 체험하게 된다. 예수는 하나님이자 그분의 대리자이기 때문이다. 그럼으로써

152-155쪽; Norman Perrin, 앞의 책, 259-280쪽.
91) 八木誠一, 앞의 책, 203-204쪽.
92) L. Boff, *Trinity and Society*, trans. Paul Burns, Maryknoll, New York: Orbis Books, 1988, p. 216, pp. 229-230 참조.
93) 八木誠一, 앞의 책, 206-207쪽.
94) 위의 책, 209-210쪽.

인간이 지니는 긍정과 부정, 선과 악, 하늘과 땅, 신과 인간의 이원론적 갈등이 예수에게서 해소된다.[95] 따라서 예수가 '하나님의 지배' 자체로부터 생의 모든 부조리, 삶과 죽음을 극복하고 의미의 세계로 변화시켰고 자신이 '하나님의 지배'=사람의 아들로부터/로서 말씀하심으로 모든 '대립구도를 넘어섬' 같이 '예수에게는 이원론이 없었다.'[96] 이에 대한 주장을 뒷받침하는 정당한 논거로, 김균진은 예수가 선포한 '하나님의 나라'가 생태계를 포괄하며, 예수 자신이 '하나님의 나라'이며 담지자라고 주장하고 있다.[97]

지금까지 우리는 근대적인 신학적 이원론을 극복하기 위해서 성령론적 방법을 통해 초월과 내재의 한계를 뛰어넘으려고 했다. 그러나 성령은 전통적으로 성부 하나님과 성자 예수님 사이의 관계를 중재하는 역할이 강했다. 그러다가 최근에는 성령이 천상적 존재인 성부로부터 자유로이 활동하면서 피조세계를 보존하며, 인간과 함께 세계를 관리하는 자로서 내재적인 역할의 비중이 커지기는 했지만, 성령의 초월성이라는 고유한 한계는 극복하지 못한 것 같다. 그러나 야기 세이이치의 '하나님의 지배'를 통한 예수의 역사적 현존은 신학적 이원론을 극복하는 대안이 될 수 있다. 곧 예수의 '사람의 아들'에 대한 자의식은 초월과 내재가 공존할 수 있는 통로로서 그 중요한 의미를 지닌다. '사람의 아들'이라는 명칭은 종말론적·구원론적 의미를 내포하면서 동시에 그 구원의 포괄적인 의미인간과 자연를 전부 아우를 수 있는 그리스도론적 호칭이라 말할 수 있겠다.

---

95) 위의 책, 212쪽.
96) 위의 책, 214-215쪽.
97) 김균진, 앞의 책, 473-474쪽; Howard A. Snyder, *Models of the Kingdom*, Nashville: Abingdon press, 1991, p. 142.

구분	칼 바르트	볼프하르트 판넨베르크	야기 세이이치
신학적 초점	초월 > 내재 수직성(Space)	초월≤내재 시간성(History or Time)	초월=내재 공간성=시간성 우주·보편성(Universal)
기술 방법론	위로부터의 그리스도론	삼위일체론(성령론) 아래로부터의 그리스도론	역사적 예수 사람의 아들
지향성	초월적	참여지향적	하나님의 지배 내재적 충만

위에 있는 표에서 보는 바와 같이 바르트는 초월자인 하나님이 위에서 아래로^{하향} 그리스도를 통해 인간과 만물에게 계시한다. 반면에 판넨베르크는 초월자 하나님을 극복하면서 아래로부터의 그리스도론^{역사적 예수}에서 시작하여 만물 위에 또는 내재하신 성령을 강조하면서 하나님의 참여적 신학을 전개한다. 그러나 그 역시도 성령의 초월성을 벗어나지 못하고 미래지향적 종말론에서 한계를 드러냄에 따라 그에 대한 대안으로 야기 세이이치의 신학을 통해 새로운 생태신학을 구상해야 된다고 본다. 그에 따르면, 역사적 예수를 통한 하나님의 지배는 사람의 아들^{인자의식}의 역할을 통해 세계 내 내재의 충만을 이룬다. 여기에서 역사적 예수를 통한 하나님의 지배에서 이원론이 극복된다. 이것은 하나님에 의해 전적으로 완성될 수 있다.[98]

역사적 예수를 통한 하나님의 지배는 하나님의 의지, 미래의 힘이신 하나님에 의해서 이루어질 수 있다. 이러한 하나님의 지배는 차안의 세계가 피안의 세계로 꿰뚫고 들어오는 것이다. 그 세계는 예수의 선포에서 이루어지며, 구체적으로는 예수의 이적행위를 통해서 나타난다. 그러므로 예수에게서 비역사적 시공간이 역사로서 실현되며, 그에게서 두 차원의 세계가 융화된다. 또한 하나님의 지배=^{하나님의 나라}는 시간적으로 미래의 종말론적 실재이다. 그러나 이 실재는 예수의 사건 속에서 현재의 시간으로 선취됨으로써 미래는 곧 현재의 책임성 하에 보증될 수밖에 없

---

98) Johannes Weiss, *op cit*., pp. 129-130.

다. 다시 말해서 역사적 예수에게서 하늘과 땅이 만나고 신과 인간이 만나 원융적 삶을 소생시킨다는 차원에서 보면 예수의 하나님 나라 지배 사상은 생태학적 미래요, 생태학적 시간이며 생태학적 종말론이 되는 것이다.

지금까지의 논의가 범신론pantheism으로 회귀하자는 것 아니냐는 오해를 불식시키기가 어려울 것 같다. 그러나 글쓴이가 주장하는 논점은 엄밀한 의미에서 범신론보다는 범재신론panentheism 혹은 만유내재신론에 가깝다.99) 이는 생태해방신학자 보프L. Boff나 창조영성가 매튜 폭스M. Fox가 사용한 용어이기도 한데, 전자는 모든 만물이 신이라는 의미이고 후자는 만물이 신의 속성을 가지고 있으나 그러나 신은 아닌 것이다. 그런 의미에서 자칫 극단의 오해가 생기기 쉬운 민감한 부분은 정리될 수 있다고 본다. 만물 안에 신의 속성이 있음은 성서의 곳곳에서 발견되고 그것을 계속해서 고백해왔던 민족이 이스라엘 백성이고 보면, 범재신론이라는 용어는 앞으로도 사용 가능한 논거가 충분하다 할 것이다. 또한 신론을 말함에 있어서 생태신학은 어느 정도 범신론적 울림이 있는 내용을 포함할 수밖에 없다. 이는 "자연의 가치를 자연의 신성 혹은 영성의 재발견을 통하여 논증하기 때문이다."100)

---

99) 범재신론(또는 만유내재신론)이라는 용어 'panentheism' 대신에 'pansyntheism'을 주장하고 있는 학자도 있다. 굳이 번역을 한다면 '만유공재신론'으로 할 수 있을 것이다. 이 용어는 '하나님이 모든 것들과 함께(with) 그리고 모든 사람들과 함께(with) 계신다'하여 피조세계와 구별되면서 자유케 한다는 점에서 선호하기도 한다. Page, 1996: 40-41; 매튜 폭스는, 하나님을 죽이고 인간 혼을 상실하는 이 사태의 해결책은 무엇인가를 물으면서 유신론에서 만유내재신론으로 옮겨가는 것이라고 답변한다. "만유내재신론은 범신론이 아니다. 범신론은 하나님에게 초월성을 앗아 버리기 때문에 이단이라고 선언되었는데, '모든 것이 하나님이고 하나님은 모든 것이다'라고 말한다. 그러나 만유내재신론은 전적으로 정통 교리에 부합한다. 정통 실천에도 잘 맞는다. '안에'를 뜻하는 'en'이라는 그리스어가 삽입되어 '하나님은 모든 것 안에 있고, 모든 것은 하나님 안에 있다'는 뜻이다." Matthew Fox, *Original Blessing. A Primer in Creation Spirituality. Presented in Four Paths, Twenty-Six Themes, and Two Questions*, Santa Fe, New Mexico: Bear & Company, Inc., 1983, 황종렬 옮김, 『원복. 두 물음을 던지고는 네 길, 스물여섯 마당을 넘나드는 창조영성 길라잡이』, 분도출판사, 2001), 95쪽.

100) 임홍빈, "알트너(G. Altner)에게 있어서 인간과 자연의 관계", 「신학사상」, 112, 2001/봄, 194쪽.

한 걸음 더 나아가서 생태신학을 위해 새롭게 정립되어야만 하는 신론神論의 문제는 오히려 종교학에서 돌파구를 찾을 수 있다고 생각한다. 자연의 상징과 기호를 통하여 신과의 합일을 이야기하면서 이원론을 극복할 가능성이 거기에 있기 때문이다. 이를 위해 새로운 종교 현상의 창조적 해석학을 이룬 사람이 있으니, 그가 바로 멀치아 엘리아데M. Eliade이다. 그의 연구에 의해서 우리는 원시 세계의 인간들이 자연 안에서 신의 현현을 경험하고, 또한 어떻게 미분화된 채로 초월적 존재와 자신들의 삶을 조화시켰는지를 잘 알게 된다.

2.4. 제4유형 : 종교현상학적 방법을 통한 생태종교학의 모색M. Eliade

인간은 물리적 세계에서 살아가고 있다. 그러나 한편 물리적 세계에서 살아가는 인간은 상징의 동물이기도 하다. 그 상징적 체계를 통해 인간은 자신을 표현하고 인간 사이에 의사소통이 이루어진다. 언어도 상징적 체계이다. 그 언어가 지시하는 개념은 실체를 일컫는다기보다는 지시체가 표상하는 상징성을 드러내는 데 불과하다. '상징'이란 말은 본래 'Symballein', 즉 '짝을 맞추다'라는 동사에서 파생된 말이다. 다시 말해서 상징은 현상의 세계와 피안의 세계정신세계를 연결해주는 역할을 한다. 상징의 한 면에는 정신의 세계, 또 한 면에는 감각의 세계가 있다.[101] 이러한 의미에서 카시러E. Cassirer는 인간을 '상징적 동물' animal symbolicum 이라고 정의한다. 앞에서 말한 바와 같이 인간이 단순히 물리적 우주에서 사는 것이 아니라 상징의 우주 속에서 산다는 것이다. 그에 따르면 언

---

[101] 김용직, "상징이란 어떤 것인가", 김용직 편, 『상징』, 문학과 지성사, 1988, 20-21쪽.

어, 신화, 예술, 종교 등은 이러한 우주의 일부이다.[102] 이와 같은 상징은 "그것들로 하여금 스스로 말하게 한다."[103] 또한 요아킴 바흐Joachim Wach도 "상징은 우리가 종교적이라고 부르는 체험의 내용을 표현하기 위하여 쓰이는 일차적인 방법"이라고 말한다.[104] 이것은 엘리아데의 종교현상학적인 시각과도 잘 맞는다. 종교현상학은 모든 종교적 현상을 수집하고 관찰 분석하는 과정에서 발생하는 편견을 에포케판단중지, epoche하고 사태 그 자체zu den Sachen selbst를 연구하고 이해하려는 객관적 기술방법론 descriptive이다. 우리를 둘러싸고 있는 세계는 신의 현현을 드러내며 종교적 경험을 가능케 하는 곳이다. 그 현상들이 자신에게 의미와 상징을 주고 삶과 밀접한 관계가 있다는 사실을 깨달은 고대인들은 변하지 않는 돌, 큰 나무, 해와 달을 섬기며 그것을 통해 종교적 의미들을 축적해갔다. 그것은 엘리아데의 표현에 따르면 히에로파니聖顯: hierophany이다. 불변한 자연의 모습들, 우주의 나무Axis mundi, 동물, 초목, 비를 내리는 하늘, 소출을 가능케 하는 신비의 땅은 인간에게 있어서 이미 거룩함을 지닌 대상들이었다. 그러한 것들이 점차 예배와 제의로 이어져 반복적인 행위를 통해 인간의 삶과 밀접한 관계를 맺게 되었던 것이다.[105]

그러한 의미에서 "고대인들은 자연 안에서 자연과 대화하면서 자연과 더불어 살았다. 그들은 자연 앞에 겸손했으며 스스로를 자연의 일부이자 자연의 아들로 이해했다. 그들에게는 인간이 자연과 대치한다는 생각, 또는 그럴 수 있다는 오만한 생각은 상상도 못할 일이었으며, 자연은 어머니요 스승이요 신을 만나고 체험하는 신성한 곳이었다. 그들은 자연을

---

102) E. Cassirer, *An Essay on Man*, 조은희 역, "인간과 상징", 김용직 편,『상징』, 문학과 지성사, 1988, 55–57쪽.
103) 위의 책, 71쪽.
104) Joachim Wach, *"Universals in Religion"*, 김승혜 편저, "종교의 보편적 요소들",『종교학의 이해. 종교연구방법론을 중심으로』, 분도출판사, 1989, 127–128쪽.
105) M. Eliade, *Patterns in Comparative Religion*, New York, 1958, 이은봉 옮김,『종교형태론』, 한길사, 1996, 65–66쪽.

향해 열려 있었으며 자연은 그들의 삶에 깊이 관여했다. 자연은 고대인들에게는 상징이요 의미체였다. 결코 현대인처럼 말없는 물체가 아니었다. 고대인들은 우주의 침묵에 괴로워하지 않았다. 그들은 자연의 음성을 들었으며 자연세계 도처에서 삶의 의미를 현시해주는 상징들을 발견했다. 자연은 그들에게 의미의 세계를 보게 해주는 투명체였다. 따라서 자연은 인간적 자연이었고 인간은 자연적 인간이었다."106)

엘리아데가 주장하고 있는 것처럼 우리의 삶 속에 있는 자연 만물은 종교적 상징이며 제의적 상징祭儀的 象徵이 되어 왔다. 원시 세계에서 인간은 자신보다 위대하다고 생각되는 자연의 형상들을 숭배하기 시작했고 그 상징적 의미들을 제의로 드러냈다. 해마다 반복되는 농사주기에 맞춰서 제의적인 광란의 춤을 추기도 했으며, 그것이 곧 하늘과 땅에 대한 종교적, 주술적 행위라고 생각했다. 다시 말해 그들은 속된 것俗, profane에서 이미 거룩함聖, sacred을 경험하였으며 그 거룩함의 경험을 통해 '우주의 중심'을 의식하게 되었다. 실제로 인간들은 성과 속이 뒤섞인 세계를 '신들의 창조물'로 간주하였다. 그 신들의 창조물인 세계를 통해 누멘적인 것numen: the numinous을 경험하게 된다. 그들에게 있어서 자신들의 세계는 곧 실재의 세계이며, 그 실재의 세계에 대한 누멘적인 것의 체험은 곧 종교적 체험이다. 그 종교적 체험을 통해 그들은 성이 속을 지향하며, 속이 성을 드러낸다聖顯, hierophany고 생각했다.107) "히에로파니는 우주를 성화聖化한다."108) 이러한 의미에서 볼 때, 원시인에게 있어 성과 속은 분리되어진 그 무엇이 아니라 미분화되어진 일체였던 것이다. 그들은 자신의 삶 속에서 드러나는 상징을 통해서 인간 실존과 우주 구조의 모습이 별

---

106) 길희성, "자연, 인간, 종교", 한국종교학회, 「종교연구」, 11, 1995, 15-17쪽.
107) M. Eliade, *Symbolism, the Sacred, and the Arts*, New York: The Crossroad Publ. Co., 1985, 박규태 옮김, 『상징, 신성, 예술』, 서광사, 1991, 31-35쪽.
108) M. Eliade, *Patterns in Comparative Religion*, New York, 1958, 이은봉 옮김, 『종교형태론』, 한길사, 1996, 573쪽.

개의 존재가 아니라 상호의존하고 있음을 깨우치고 있었다. 또한 여러 종교에서 드러나고 있듯이 신인동형적 형상들이 우주적 성스러움을 나타내고 있고, 이를 통해 우리는 돌과 나무 등 자연 세계 안에서 신을 발견하는 잘 발달된 그들의 종교성을 보게 된다.[109]

이러한 우주적 성스러움은 그리스도교의 복음서 곳곳에서 발견되기도 한다. 예수의 일곱 개의 비유들보물의 비유, 눅13,44-46; 겨자씨의 비유, 막4,30-32=마13,31-32=눅13,18-19; 저절로 자라는 씨의 비유, 막 4,26-29; 씨 뿌리는 자의 비유, 막4,3-9=마13,3-9=눅8,5-8; 가라지의 비유, 눅13,24-30; 사악한 포도원 소작인들의 우화, 막12,1-12=마21,33-46=눅20,9-19; 열매 맺지 않은 무화과 나무의 비유, 눅13,6-9에서 하늘과 땅 자연과 사람이 만나는 소위 '상징의 네트워킹'을 보라. 7개의 비유에서 나오는 메타포들, 즉 하늘, 새, 농부, 파종, 경작, 포도원, 땅, 길, 바위, 식물, 곡식, 무화과 등이 어우러짐은 종교의 상징적 미학을 연출한다.[110] 이로써 예수에게도 자연만물은 하늘과 땅이 만나고 신적 속성하나님을 드러내는 곳이었음을 알게 해 준다.

이렇듯 우주는 모든 인간들과 종교에서 성스러운 것이고 그래서 종교적 의미를 간직하고 있음을 알 수 있다. 그러나 과학적 세계관이 인간의 사고를 지배하면서부터 자연은 신비를 드러내는 신현神顯의 토포스topos가 아니라 과학적 인식과 탐구의 대상으로 전락하고 말았다. 근대적 산물이라 할 수 있는 이분법적 사유가 생태적 위기를 가져다주었고, 빈자와 부자의 갈등, 억압과 지배 구조가 당연시되는 세상이 되어 버렸다. 자

---

109) 위의 책, 48-49쪽, 69쪽, 113-119쪽, 157쪽.
110) 조태연, "땅(地)과 인간(人) 그리고 하늘나라(天)-일곱 개의 '자연비유'와 이미지 네트워킹", 한국기독교연구소, 「세계의 신학」, 가을, 2001, 54-85쪽 참조; 더불어 하나님 나라 비유를 생태신학적으로 풀이한 모델링으로서 같은 저자의 "'하늘'은 땅에 깃들다-겨자씨의 비유", 「세계의 신학」, 봄, 2001, 92-113쪽 참조하라; 백운철 신부도 씨뿌리는 비유(막 4,27-29), 겨자씨 비유(눅 10,21=Q 10,21)는 하나님 나라 비유인데 "자연은 하나님의 창조 활동과 그 현존을 드러내는 하나님의 성사"라고 갈파했다. 백운철, "환경신학과 성서", 「신학과 사상」, 25, 1998/가을, 34쪽.

연을 성스러움으로 회복하기 위해서 해야 할 일은 무엇보다 이분법적 사유의 극복이라 할 수 있는데, 이런 면에서 보면 엘리아데가 종교 현상을 통해서 서술한 종교의 상징적 구조는 시사하는 바가 크다고 하겠다. 그는 속俗에서 성聖을 보았으며, 성聖이 속俗을 품고 있음을 파악한 성속의 변증법적 해석학자요, 창조적 해석학자이다. 우리가 과학적 사유에 의해서 규정된 물리적 환경 속에서만 살지 않고 수많은 종교적 상징 속에서 살고 있으며, 그것은 우리의 의식 이전先驗的 意識에 미분화된 상태로 성을 드러내고 있는 자연과 함께 살아야 할 존재라는 사실을 깨우쳐 준 위대한 학자인 것이다. 그런 의미에서 글쓴이는 엘리아데의 종교현상학 The Phenomenology of Religion이 '생태종교학' ecological study of religion의 가능성을 열어준 것이라 평가하고 싶다. 종교현상학이야말로 종교현상 그 자체를 통하여 미분화된 종교 상징의 의식 구조를 볼 수 있게 해주며, 우리가 '종교적 인간' Homo Religiosus에서 더 나아가 '생태적 인간' Homo Ecologicus으로 살아가야 함을 깨우쳐 주는 종교학이라 할 수 있기 때문이다.

이원론적 사유는 비단 신학 또는 종교에만 국한된 문제는 아닐 것이다. 무엇보다도 인간의 사상적 근간이자 삶의 실천적 모태가 되는 종교적 사유는 인간을 구속하기도 하고 해방시키기도 한다. 그러므로 삶 전체를 바라보며 그 속에서 누릴 수 있는 생활의 범주는 철학을 비롯한 종교의 사유에 의해 규정된다고 해도 과언은 아닐 것이다. 그런 의미에서 우리의 삶을 통합적으로 바라보며 살아가도록 요청하는 철학적 사유 내지는 종교신학적 사유가 절실하다 하겠다. 그것은 서구 사회가 이원론적 사유에 젖어 이성과 감성, 하늘과 땅, 신과 자연, 신과 인간, 천국과 지옥, 남자와 여자, 흑색과 백색을 "다름"이 아니라 "틀림"으로 보고 실천해온 분냉의 방향이 너무나 감흑하기 때문이다 파괴와 절망, 혼돈과 암울함, 비관과 전쟁은 그간에 이원화된 인간의 사유와 실천에서 빚어진 현상이라 말할 수 있다.

　우리는 미래 지구의 운명을 걱정하다 못해 비관적 종말을 예고하고 있다. 종교가 주는 희망의 메시지는 종교의 이원화된 독설적 교리 앞에 무색하기 짝이 없다. 그러나 우리는 다시 한 번 역사적 예수가 이 땅에 오신 목적과 그분의 육화에서 그 해답을 찾아야 한다. 또한 종교현상학을 통한 미분화된 원시적 사유에서 우리의 실천적 방향을 읽어 낼 수가 있다고 본다. 원시적 감수성은 자연을 있는 그대로 바라보며 관조했던 조상들의 지혜를 읽게 해 준다. 원시적 감수성은 자연을 수단과 도구로 인식한 것이 아니라 그것을 신비함과 성스러움으로 바라보면서 자연 속에 진리가 있음을 겸허하게 일깨워주었다. 우리는 지금까지의 모든 잘못된 판단과 사고를 에포케하고 순수한 직관으로 자연을 바라볼 때에 인간과 인간 전체의 삶의 본질을 관조할 수 있으며 그 힘을 발견할 수 있을 것이다. 그것이 곧 모든 동물적인 본성을 극복하게 해주는 정신이든 아니면 하나님의 영의 능력이든, 생태적으로 살게 하는 선각禪覺을 부여해줄 것이라고 확신한다.

3장
현대 사회의 소비문제와 성 프란치스코의 생태영성

3.1. 성 프란치스코의 청빈의 영성

인간이 주체적으로 사고하고 행동하면서 삶을 개혁해나간다면 우리가 살아가는 세상은 지금보다는 좀 더 나아질 거라는 생각을 해보게 된다. 인간이 사유하는 이성을 통해서 이 세계를 좀 더 합리적이고 이성적으로 통제해 나간다면 모두가 행복한 삶을 누릴 수 있지 않을까 하고 꿈꾸게 된다. 하지만 삶은 사유와 꿈만으로 되지 않는다는 것을 금세 깨닫게 된다. 우리가 매순간 들이마시는 공기와 한시라도 마시지 않으면 안 되는 물, 그리고 우리가 힘차게 미래를 항해 내딛는 현실적인 공간인 땅, 이 모두가 오늘날 절망적인 상황을 맞게 되었으니 무엇을 신뢰할 수 있을까?

그럼에도 우리는 한 성인을 통해 좀 더 개선된, 그리고 지탱 가능한 삶 sustainable life을 꿈꾸어 볼 수 있어서 얼마나 좋은지 모른다. 성 프란치스코San Francesco d' Assisi는 우리의 실존적인 문제를 해결할 가능성을 제시하고, 그를 통해 오늘의 상황을 성찰하게 해 준다. 그의 청빈과 자연에 대한 영성, 그리고 소비 아스케제Askese는 우리의 삶의 문제인 과소비와 무절제를 성찰하게 만든다. 우리의 삶의 궤도를 수정하도록 요구한다. 그의 삶을 통해 우리는 하나님이 인간에게 선물로 주신 자연이란 우리의 생명의 터요, 하나님의 구원의 토포스라는 인식을 가져야 할 것이다.

눈물의 골짜기에 있는 동안 프란치스코는 인간의 아들들의 흔한 부를 하찮게 여겼고 더 높은 사물들을 열망한 나머지 마음을 다하여 가난을 갈구하였다. 그는 가난을 하나님의 아들과 특별히 가까운 것으로 깨닫고 나서, 비록 온 세상이 가난을 걷어찼지만 그는 영원한 사랑으로 가난과 정혼하려 하였다. 진정 그는 수도생활을 시작할 때부터 죽을 때까지 한 벌의 투니카와 한 가닥의 허리끈과 팬츠들만을 가진 부자였고 다른 것은 일체 없었다. 그는 하나님의 말씀을 책에서 찾아야 한다고 가르쳤다. 하지만 물질적으로 값이 많이 나간다고 해서 책을 찾아서는 안 되며, 책의 아름다움 때문이 아니라 영적인 이익을 위해서 책을 찾아야 한다고 가르쳤다. 그러면서도 그는 형제들이 적은 양의 책을 가지기를 원하였다. 프란치스코는 수시로 되풀이하였다. "형제들이 가난을 등지는 한 세상도 그렇게 그들을 등질 것이다. 형제들이 세상을 다시 구하겠지만 찾지 못할 것이다. 그러나 그들이 나의 부인인 가난을 포옹한다면 세상은 그들을 키워 줄 것이다. 왜냐하면 세상은 세상의 구원을 위해 주어진 그들을 보살펴야 하기 때문이다." 한 번은 프란치스코가 한 가난한 사람에게서 무엇이 있으면 좀 달라는 청을 받았다. 그는 수중에 아무 것도 없었다. 그는 투니카 자락을 떼서 그 가난한 사람에게 주었다. 비슷한 상황에 부딪치면 때때로 그는 팬츠까지 벗어 주었다.[111]

---

111) T. Celano, 프란치스꼬회 한국관구, 『아씨시 성 프란치스꼬의 생애』, 분도출판사, 1986,

이러한 모습을 보면, 프란치스코의 청빈의 영성은 예수의 삶을 많이 닮았다. imitatio Christi 예수의 복음이야말로 자신이 구현해내야 하는 지상과제라고 생각하면서 예수처럼 자신도 제자들을 구성하고 또한 제자들에게 자신을 비롯하여 제자단 전체에게 가난을 요구했다. 프란치스코는 가난한 이웃을 위해 자신의 것을 나누어야 할 경우에는 속옷까지도 줄 수 있었다. 그것은 자신이 철저히 무소유로 살겠다는 자기 헌신과 희생이었다. 우리는 예수의 하나님 나라 정신이 나눔과 소유의 재분배라는 사실을 가장 오래된 텍스트인 마가복음막10:17-27 참조을 통해서 알 수 있다. 마찬가지로 성 프란치스코는 가난의 영성을 통하여 하나님 나라를 구현하고 하나님의 아들로 살아가는 첩경임을 깨달았던 것이다. 그것은 소유가 지닌 이기심, 이익, 독점적 재산을 통해서는 사람과 사람, 사람과 사물 사이에 통교를 가로막는 장애가 되지만 가난하면 가난할수록 모두를 존중하고 경외하는 "보편적 형제애"를 가지게 되기 때문이다.[112]

3.2. 성 프란치스코와 생명교감의 영성

프란치스코는 사물들에게 주님에 관하여 이야기해 주고 주님을 찬미하라고 권고하면서 모든 사물을 황홀한 열정으로 껴안았다. 이런 그가 돌 위를 조심스럽게 걸은 것은 그분이 바위고전10:4로 불리셨기 때문이었다. 그는 형제들이 땔나무를 벨 때는, 나무를 통째로 자르지 말라고 하였는데, 이는 다시 싹이 틀 수 있도록 하기 위해서였다. 또한 그는 밭일을 하는 형제에게 밭 둘레를 가꾸지 말고 그냥 두라고 일렀다. 때가 되면 초록빛 풀잎과 예쁜 꽃들이 만물의 아버지이신 그분의 아름다움을 전하도

269-305쪽.
112) 민성기, "프란치스코와 자연 그리고 보편적 형제애", 「신학전망」, 123, 1998/겨울, 60쪽.

록 하기 위해서였다. 그는 발에 밟힐까 염려스러워 길에 있는 작은 벌레를 옮겨 놓아주었을 뿐만 아니라, 꿀벌들이 겨울 한기寒氣에 굶어죽지 않도록 꿀과 가장 좋은 포도주를 내주라고 명하였다. 이처럼 그는 모든 동물들을 '형제'라는 이름으로 불렀고, 갖가지 동물 중에서도 온순한 것을 더 좋아하였다. 이 외에도 첼로노의 글 속에는, 프란치스코가 은둔소에 돌아가고 있을 때 어느 어부가 물새 한 마리를 바쳐 그 새를 위해 간절히 기도하였더니 그 새가 자유로이 날아갔다고 하는 전설 같은 이야기도 전해진다.[113]

프란치스코가 40일 동안 고행을 실천하려고 어떤 산에다 방 한 칸을 들였는데, 40일이 다 차서 그는 자리를 떴고 그 방은 아무 입주자도 없이 뒤에 남게 되어 외딴 장소가 되어 버렸다. 성인이 물을 마시는 데 사용했던 질그릇이 함께 버려진 채였다. 그런데 몇 사람이 성인에 대한 공경심에서 그곳에 갔다가 그 그릇에 벌들이 득실거리는 것을 발견하였다. 벌들이 그곳에서 성인이 체험했던 달콤한 관상을 뜻하는 작은 꿀집들을 멋지게 지었던 것이다. 그 외에도 매가 성인의 기도시간을 알려주어 규칙적으로 예배를 드릴 수 있었다는 이야기, 성인이 평소의 병세보다 심한 병고에 시달릴 때는 매가 그를 아끼느라고 시간이 되었음에도 신호를 보내지 않았다는 이야기, 바람이 친구가 되었다는 이야기는 그가 생태주보 성인이 될 만한 상징적 현상들이다.[114] 게다가 설교 도중 시끄러운 제비들에게 조용히 해줄 것을 명하니 순종하였고 또한 새들에게까지 설교했다는 이야기,[115] 어느 귀족이 준 꿩을 한 마리 주었는데, 성인을 무척 따르는 어느 의사가 그 꿩을 키우려고 데려갔지만 성인과 헤어지는 석별

---

113) T. Celano, 앞의 책, 370-377쪽.
114) E. Leclerc, 마리아의 전교자 프란치스꼬 수녀회 옮김, 『가난한 자의 슬기 — 성 프란치스꼬 —』, 분도출판사, 1982, 87-88쪽.
115) 성 프란치스꼬회 한국관구, 『성 프란치스꼬의 잔 꽃송이』, 분도출판사, 1975, 85-90쪽.

의 고통 속에 있기나 한 듯 내내 식음을 전폐하였고 성인을 다시 보자 즐겁게 모이를 먹게 되었다는 이야기,116) 매미와 함께 하나님을 찬미했다는 이야기 등등은 성인의 자연피조세계에 대한 깊은 사랑과 교감을 전해 준다고 볼 수 있다. 이러한 이야기들을 통해서 우리가 추측할 수 있는 것은 프란치스코는 자연을 객관적인 실재를 넘어서 오히려 '인격적 실재'로 대하고 있음을 발견하게 된다.117) 생태철학적 논의에서 자연을 객관적 대상으로서의 외재적 가치로 인식하느냐, 아니면 자연 그 자체를 목적으로 인식하는 내재적 가치혹은 본래적 가치를 지닌 존재로 보느냐에 따라 자연을 수단으로 대할 것이냐 아니면 목적으로 대할 것이냐가 결정된다. 그런데 성 프란치스코의 생태영성적 함의는 거기에서 한 걸음 더 나아가 자연을 '인격적 실재'로 대했다는 데에 있다. 사실 자연을 인격적 실재로 대한다는 것은 그리 간단한 문제가 아니다. 근대적 사유에 젖어 있는 사람들에게는 여전히 자연은 인간을 위한 사용 수단과 객관적 인식의 대상에 지나지 않을 뿐이다. 그러나 피조세계가 하나님에 의해 창조되었기 때문에 선하고, 그분의 손으로 손수 지으셨기 때문에 그 안에 하나님의 계속적인 행위하나님의 일하심가 있음을 인정하게 될 때 인격적 실재로 대할 수 있게 된다. 더불어 피조세계 안에서 하나님의 활동과 일하심이 계속 이루어진다면 자연은 정적인 실재가 아니라 동적인 하나님의 현존이 된다.118)

---

116) 꼰벤뚜알 성 프란치스꼬 수도회 한국관구 펴냄,『보나벤뚜라에 의한 아씨시의 성 프란치스꼬 대전기』, 분도출판사, 1979, 95−96쪽.
117) 안명옥,『윤리신학의 관심사』, 바오로딸, 1997, 216쪽.
118) Robert Mcafee Brown, *Spirituality and Liberation. Overcoming the Great Fallacy*, Philadelphia: The Westminster Press, 백상열 옮김,『영성과 해방』, 한국신학연구소, 1990, 85−86쪽.

3.3. 소비의 해체와 청빈의 영성

프란치스코회 회칙에 의하면 "모든 좋은 것이 그분의 것임을 깨달아⋯ 우리는 모든 좋은 것을 그분께 돌려 드려야 합니다."제1회칙 17,17-18 "우리 것이라고는 악습과 죄악뿐"제1회칙 17,7이라고 하면서 철저한 가난을 표명하고 있다.[119] 하나님께 대하여서 인간이 소유할 것은 아무것도 없다. 오직 소유할 것이 있다면 그것은 죄성 뿐이라는 이야기다. 지금 전 세계가 당면하고 있는 가장 큰 문제가 '생태계 파괴'라는 사실에 대해 이의를 제기할 사람은 아무도 없을 것이다. 이 생태계 파괴, 곧 하나님의 피조세계의 파괴는 현대 자본주의 사회의 생산과 소비 메커니즘에 의해 이루어진 결과라 해도 과언은 아니다.[120]

따라서 생산에 따른 소비를 하는 주체로서의 인간이 어떻게 의식의 개혁과 신앙의 생태적 회심 혹은 삶의 전환을 꾀하느냐에 따라 미래의 지속 가능한 삶이 보장될 수 있는지 없는지를 가늠하는 잣대가 될 것이다. 에리히 프롬Erich Fromm은 이미 오래 전에 '소비지상주의'에 대해 비판한 적이 있다. 이 소비지상주의란 다름 아닌 소비가 전 세계를 집어삼키려는 태도라고 규정하면서 '소비는 곧 소유'라는 도식을 끄집어낸다. 사회심리학자이기도 했던 프롬은 소비한다는 것, 즉 소유한다는 것은 인간의 '불안'을 제거해 준다고 본다. 그것은 사람으로 하여금 더 많이 소비할 것을 요구하며 이전의 소비가 만족성을 상실하기 때문이라고 주장한다.[121] 사실 인간은 끊임없이 욕망 하는 존재이다. 인간은 자신의 욕구충

---

[119] L. Iriarte de Aspurz, 프란치스꼬회 한국 관구 옮김, 『프란치스칸 영성』, 작은예수, 1987, 118쪽.
[120] 소비를 위한 생산은 곧 최초의 소재인 자연으로부터 얻어질 수밖에 없다; L. Boff, *Saint Francis A Model for Human Liberation*, SCM Press, 1982, p. 7 참조.
[121] E. Fromm, 정해근 옮김, 『소유냐 삶이냐』, 정암, 1992, 40-41쪽; 박종균은 소비주의가 극단으로 흐를 경우에는 하나의 종교가 될 수 있음을 지적하고 있다. 박종균, 『소비사회 대중문화 기독교』, 한들, 1997, 207쪽 참조; 존 캐롤(뉴햄프셔 대학교 환경보존학 교수)은 사회적 지평에서 보면 우리는 '소비 중독증'에 걸려 있다고 말한다. J. E. Carroll, "Christ the Ecologist", in Albert J. LaChance, J. E. Carroll, ed. *Embracing Earth. Catholic Approaches to Ecology*, Orbis books: Maryknoll, NY, 1994, pp. 30-34. 참조.

족을 위해 매일 무언가를 찾아 헤매는 존재이며 그 충족되지 않은 욕구를 위해 소비를 한다. 이 말을 달리 표현한다면 "나는 소비한다. 고로 존재한다"는 말로 바꿀 수도 있을 것이다. 한편 보드리야르J. Baudrillard에 의하면, 소비는 위계질서의 표현이다.[122] '물건을 소비한다'는 현상은 욕구충족의 차원이 아니라 있는 그대로눈에 보이는 대로의 신분을 나타낸다는 것이다. 이것은 전 세계의 복식服飾을 보더라도 분명하게 나타나는데 여인들의 옷-걸침은 여자의 사치를 통해 주인의 정당성이나 사회적 특권이 여실히 드러나기 때문이다. 이것은 개인들이 의식적으로 또는 잠재의식적으로 사회적 지위와 위선을 추구한다는 것을 암시한다.[123] 소비가 문화적 행동임을 부인할 수는 없다. 그러나 적어도 소비적 행위는 끊임없는 소유욕을 드러내는 현상이든 아니면 자본주의 사회의 기호를 소비하는 위계질서의 표현이든 그곳에는 적어도 인격적 완성 그러니까 자기self의 완성이 이루어지지 못한 것이라 볼 수 있다. 융Carl G. Jung에 의한 인간의 발달심리학적 관점에서 보자면, 인간의 욕구 또는 욕망 본능은 인격 완성의 제일 하부 단계칼 융에 의하면 자기 성애적 욕망(auto-erotic desires)이며, 중간 단계는 파괴적인 욕망이 조정되는 에고the ego가 중심이 되는 시기이다. 마지막 인격의 성숙이 이루어지는 단계는 바로 에고가 완전히 물러나 성숙된 의식이 자리 잡게 되는 시기이다.[124]

따라서 칼 융의 이론을 따른다면, 소비적 인간은 자기가 완성되지 못한 인간의 모습으로서, 인격이 완성되는 단계에서 제일 하부 단계에서 머물거나 아니면 욕망조정단계일 수도 있다. 그렇다면 문제는 이 소비로 인한 지구촌의 경제적 불균형이나 하나님의 피조세계 파괴를 해체하

---

122) J. Baudrillard, 이규현 옮김, 『기호의 정치경제학 비판』, 문학과 지성사, 1992, 14쪽.
123) 위의 책, 72쪽.
124) 이용주, "죽음과 재생-연금술에서의 죽음에 관한 심층심리학적 이해-", 「종교학 연구」, 17집, 1998, 91-92쪽.

는 방법이 없겠는가 하는 것이다. 소비는 물적物的 존재를 자기중심의 욕망을 통하여 외부로 투사하는 것이다. 그러므로 자기욕망의 중심성을 해체하는 데서 소비의 병리학적 문제를 해결하고 원형arche인 탈소비·무소유·가난을 인간 실존의 중심으로 두는 전환이 필요하다. 탈중심은 바로 중심 없음이 아니라 중심의 전이가 가능할 수 있는 상태이며 그 중심의 전이적 주체는 역사를 바라보는 지평을 통해 미래의 부정을 현재의 긍정으로 바꿀 수 있는 실존에게서 이루어질 수 있다. 그 실존의 근거는 성숙한 인격을 지향하고 그 성숙도를 자신의 내외면으로 표출한 성 프란치스코로부터 찾을 수 있을 것이다.

호세 메리노J. Merino가 이야기 한 것처럼 "프란치스코는 자기 형제들에게 아무런 자기 소유 없이 살고, 물질적 재물, 자기 영예, 다른 사람들이 알아줌, 학문, 직책과 직무, 자기 고집과 의지, 태도와 재능 그리고 반복되는 생활에서 벗어날 것을 자기 형제들에게 명한다. 프란치스칸 가난은 경제적·사회적·심리적·기술적·인간적 차원을 지닌다. 그것은 단순히 사물에 대한 문제뿐만이 아니라 주로 태도와 행동, 존재와 삶의 방식 그리고 우리를 둘러싸고 있는 것과 관련되는 문제들이다."[125] 그런 의미에서 "가난은 다만 '물건들'을 가지지 않는 문제만이 아니다. 가난은 물건을 사용함으로써 누릴 수 있는 몇 가지 이점을 우리로 하여금 포기하게 만드는 어떤 태도이다"[126] 라는 토머스 머튼Thomas Merton의 말을 아로새겨야 한다. 동시에 그리스도인은 이와 일맥상통하는 프란치스코 성인의 가난에 대한 교훈을 통해서 현대 소비 문제를 풀어 가는 좌표로 삼아야 할 것이다.

---

125) J. A. Merino, 김현태 옮김, 『프란치스칸 사상에 비추어 본 인간을 위한 미래 건설』, 분도출판사, 1985, 96-97쪽.
126) Thomas Merton, 장은영 옮김, 『고독 속의 명상』, 성바오로 출판사, 1993, 57쪽. 몇 가지 이점 때문에 삶을 망가뜨릴 수 없지 않겠는가? 당신이 포기해야 할 것이 있다면 지구는 희망이 있습니다.

"완전한 가난을 실천하고자 하는 사람은 누구나 모든 세속적인 지혜와 심지어 세상의 지식마저도 어느 정도까지는 포기해야 합니다. 이러한 소유물을 다 벗어버리면 비로소 그는 하나님께서 이루신 크신 일들을 이야기 할 수 있게 되어 십자가에 못 박히신 이의 품속으로 자신을 완전히 발가벗은 채로 봉헌할 수 있게 되는 것입니다. 자신의 마음 깊숙이 있는 자신의 의견에 집착하는 사람은 누구나 세상을 완전히 포기하지 않은 것입니다."[127]

3.4. 성 프란치스코와 소비 아스케제 Askese

게오르그 짐멜 Georg Simmel은 "세계는 모든 것을 포기하는 사람에게 속하며, 오히려 가난 속에서 모든 사물 중 가장 정묘한 것을 소유하게 되는 것"이라고 말한다. 그러면서도 현실적인 의미에서 화폐경제시대에 결코 소유를 외면하지 말아야 할 것도 가르쳐 주고 있다. 가난이 단지 도덕적인 이상으로 그칠 경우에, 우리는 가지고 있는 소유 또는 화폐를 진정한 악으로 그리고 혐오의 대상으로 생각하게 된다고 말이다.[128] 그러니까 우리가 현실을 도외시한 소비 윤리를 제시해서는 안 된다는 충고로 받아들여야 할 것 같다. 오늘날 생태 위기의 문제를 단순히 개인의 욕망과 산업 자본주의가 가지고 온 부정적 현상이라고만 치부해서는 안 된다. 또한 개인의 수양과 절제에 그쳐야 할 사안만도 아니다. 우리가 인식하고 관심 가져야 할 부분은 좀 더 종합적이고 통전적이어야 한다.

다시 말해서 이 지구상에서 경제적 불균형으로 고통 받는 가난한 사람들이 있어서는 안 될 것이다. 그들이 선진국의 자본주의적 삶의 유형들을 부러워하며 똑같은 산업 발전의 형태를 추구하다 보면 생태 위기

---

127) 꼰벤뚜알 성 프란치스꼬 수도회 한국관구 펴냄, 『보나벤뚜라에 의한 아씨시의 성 프란치스꼬 대전기』, 분도출판사, 1979, 76쪽.
128) Georg Simmel, *Philosophie des Geldes,* München und Leipzig, Verlag von Dunker & Humblot, 1920), 안준섭 외, 『돈의 철학』, 한길사, 1988, 323-326쪽.

는 더욱 심각해질 것은 자명하기 때문이다. 그러므로 생태 위기는 소비와 소유로부터 자유로워져야 할 뿐만 아니라 가난한 사람들을 배려함으로써 경제적인 형평성을 이루어야 한다. 그러기 위해서는 해방신학이 자신들의 고민들과 실천들의 한계를 인식하고 경제신학과 생태신학으로 진일보한 것처럼, 생태신학은 '생태영성'과 '생태해방'으로 나아가야 할 것이다. 생태해방은 자연이 인간의 착취와 억압으로부터 자유로워지는 것뿐만 아니라 가난한 이들이 생존적 욕구를 성취하며 부자와 똑같은 삶의 질을 향유하기 위해서 가난으로부터 해방될 수 있도록 부자와 부유한 국가들이 가난한 사람들을 우선적으로 배려하는 정신적·실천적 고양이 필요한 것이다. 그러기 위해서 이제는 소비자가 소비할 권리와 구매에만 관심을 둘 것이 아니라 가치관 및 의식, 생활양식이 변화되기 위하여 노력해야 하겠고, 소비자 개개인이 '소비 사회'에서 '절약 사회', '생태적 소비 사회'를 지향해야 할 것이다. 무엇보다 지속가능한 소비를 위해서 물질적 가치에서 자유로워지는 "내적인 자유와 위엄, 자신을 조절할 수 있는 능력, 독립적인 사고와 책임감 있는 행동"이 뒤따라야 할 것이다.[129]

여기서 한 가지 짚고 넘어가야 할 것은 교회의 과시소비 conspicuous consumption에 대한 문제이다. 교회는 전적으로 소비 집단이다. 교회는 건축의 용도상 일반적인 사람들이 필요할 때마다 사용할 수 있는 성질의 것이 아니며, 신성한 성전 temple이라는 이미지 때문에 주일을 제외하고는 거의 매일 텅 빈 상태로 건물을 방치한다. 더군다나 일주일에 한 번 모이는 정규 예배에서는 신자들의 헌신된 마음을 헌금을 통하여 드러내는데 이 헌금이라는 것이 사회학적으로 보면 '과시소비'라는 것이다. 다시 말하면 헌금에 대한 사회학적 시각은 신자 개인의 허영심의 발로, 부의 증

---

129) 송보경·김재옥, 『소비 사회학』, 집현전, 1997, 250쪽; 전헌호, 『인간에의 연민』, 분도출판사, 1991, 64-65쪽.

거를 나타내고 싶은 욕구와 업적을 나타내는 수단으로서의 소비, 조직의 과시 소비로 본다.[130] 그렇다면 교회가 소비 집단으로서의 이미지를 탈피하는 것도 중요하다. 교회가 서로 경쟁하면서 대형교회를 지향하는 심리도 바꿔야 할 것이고, 헌금의 액수가 적고 많음이 교회 전체의 신앙심과 신앙 인격의 척도가 되어서는 더더군다나 안 될 것이다.

인간이 소비하지 않고 살아갈 수 있는 방법은 전혀 없다. 더욱이 미래에는 지금처럼 후진국이 선진국을, 빈자가 부자를 계속적으로 경제적 부를 모방하고자 하는 욕구가 팽배해질 것이다. 그래서 지속가능한 발전과 소비가 이루어지기 위해서 해야 할 일이 무엇인가 하는 정신적 고양과 실천이 요청되는 때에 우리에게 거울 역할을 해줄 수 있는 '모범적 인물'이 필요하다. 지속적으로 소비하고자하는 본능으로부터 탈피하는 경험들에 힘을 줄 수 있는 인물이 바로 1세기의 역사적 예수와 중세의 성 프란치스코라 볼 수 있다.[131] 이 둘을 비교 분석한 표를 보면 아래와 같다.

구분	신관	자연에 대한 태도	생활양식	역사적 상황
예수	하나님의 지배	자연 만물을 통해 하나님 나라 선포	가난	1C 이스라엘 회복운동과 기득권층에 대한 저항
성 프란치스코	imitatio Christi (christocentic)	심미적 태도 자연과의 일치 형제애	복음적 가난	화폐경제와 맞섬 청빈적 저항

〈예수와 성 프란치스코 비교〉

표에서 보는 바와 같이 예수와 성 프란치스코는 서로 유사한 점들이 많다. 두 사람에게는 이원론적 사유와 실천은 찾아 볼 수가 없다. 예수가 하나님 나라의 선포와 실현을 위해서 헌신했던 것처럼, 성 프란치스코는

---

130) 송보경·김재옥, 위의 책, 47-61쪽. 과소비란 소비가 지출보다 많을 때와 필요보다 더 소비하거나 환경공간을 초과한 소비를 말한다.
131) 성정모, *Desejo, Mercado E Religiáo*, Editora Vozes Ltda, 1998, 홍인식 옮김, 『욕구와 시장, 그리고 신학』, 일월서각, 2000, 111쪽.

예수의 말씀과 행업에 관심을 가지고 실천적 정위로 삼았다. 특히 성 프란치스코는 예수의 가난을 일생의 과업으로 삼고 살았던 성인이다. 그의 중심에는 항상 예수 그리스도가 있었던 것이다. 예수의 인품이 그의 영성적 원리이자 시발점이었다. 그래서 두 사람은 '자발적인 가난'을 통해 이 땅에 하나님 나라를 실현하고자 애썼던 사람들이다. 그들은 또한 가난을 통해 하나님의 지배와 현존이 무엇인지를 밝히 보여주었던 청빈 영성의 본보기이다. 그들은 자연 안에서 성스러움을 보았고 하나님의 현존을 인식했던 통찰력이 있는 사람들이었으며, 가난을 통해서 시대의 체제를 거부했던 저항가들이었다.[132]

이제 우리는 예수와 생태 성인 성 프란치스코의 청빈관을 통하여 그들의 정신을 이어받고 또한 그것을 통해 항상 미래 세대를 위한 통찰력을 길러나가야만 한다. 현재의 소비 계층인 우리 자신은 항상 미지의 미래 세대가 소비해야 할 것을 빌려 쓰고 있다는 '생태의식'을 가지고, 자연이 감당할 만큼의 '소비 아스케제' Konsume Askese를 통하여 미래를 희망할 수 있도록 해야 할 것이다. '소비 아스케제'는 자연이 한정되어 있다는 의식과 함께 소비 수준을 낮추지 않으면 황폐화된 미래를 우리 자손들이 물려받게 될 것이라는 생태영성적 실천이다. 더불어 이러한 소비 아스케제는 현대를 지배하는 소비 이데올로기와 맞서는 것이며, 경제적 욕망으로 인한 조작된 충동으로부터 나 자신을 지키는 윤리적 영성인 것이다.[133]

---

132) Roger D. Sorell, *ST. Francis of Assisi in Western Christian Attitudes toward the Environment*, Oxford University Press, 1988, pp. 62-66; William J. Short, OFM, *Poverty and Joy. The Franciscan Tradition,* Maryknoll, New York: Orbis Book, 1999, pp. 22-61 passim.; Ewert H. Cousins, *Christ of the 21st Century,* Rockport: Element, 1992, pp. 135; Keith Warner, OFM, "Was St. Francis a Deep Ecologist?", Albert J. LaChance and John E. Carroll, eds. *Embracing Earth. Catholic Approaches to Ecology,* Maryknoll, New York: Orbis Books, 1994, pp. 228-37; Peter Hooper and Martin Palmer, "St. Francis and Ecology", Elizabeth Breuilly and Martin Parmer, eds. *Christianity and Ecology,* Cassell Publishers Limited, 1992, p. 82.

133) A. Thein Durning, *How much is enough?*, 구자건 옮김, 「소비사회의 극복」, 따님, 1994, 149쪽; 김상환, 「해체론 시대의 철학」, 문학과 지성사, 1996, 422-423쪽; 전헌호, 「상대성 이론과 예수의 부활」, 가톨릭출판사, 2001, 229-234쪽.

3.5. 성 프란치스코의 자연해방

라자로 이리아르떼L. Iriarte de Aspurz는 프란치스코가 "모든 사물과 사건 안에 하나님의 표시혹은 성사Sacramentum"가 있다는 것을 깊이 인식했다고 간파하면서,[134] 그런 인식을 못하는 '생태적 죄'에 대해서 다음과 같이 언급하고 있다.

> "성 프란치스코는 모든 창조물을 하나님의 절대적 주권에 속하는 것으로 보았다. 즉 하나님이 이 세상에서 그렇게 아름답고 좋으며 쓸모 있는 것을 만드신 이유는 인간이 그것을 통하여 하나님께 찬미와 사랑의 선물을 돌려드릴 수 있게 하기 위한 것이다. 그러므로 인간이 피조물을 남용하여 그것을 자기 것인 양 소유할 때 죄를 범하는 것이다. 죄란 하나님의 절대적 주권을 인정하지 않는 것이다. 인간은 죄를 범할 때 자기 안이나 밖에 있는 것을 자기 것인 양 생각하고 그것들을 소유하려고 한다. 그리하여 이러한 "소유" 의식은 하나님과의 친교의 길을 막는 동시에 다른 인간 공동체에 대하여도 나눔의 길을 막아 버리는 것이다."[135]

인간은 하나님께서 창조하신 피조세계를 '남용'할 권리가 없다. 오히려 만물 속에서 하나님께 찬양 드리고 그에 대한 우리의 사랑을 표현하는 장場이어야 한다. 이러한 의무론적 존재를 망각한 인간은 결국 죄인이라는 비판적 주장을 펴고 있는 것이다. 앞에서 말한 바와 같이, 프란치스코는 자연에 대한 사랑과 관심이 남달랐던 성인이다. 비록 전설 같은 이야기일지라도 그 언어 속에 표현되어 있는 의미는 사실적 묘사 여부를 떠나 성인이 품고 있는 '자연에 대한 특별한 감성'이 녹아 들어간 것이다. 다시 말해서 그의 이웃, 친구라는 개념은 보편적 형제애라는 넓은 범

---

[134] L. Iriarte de Aspurz, 앞의 책, 94쪽.
[135] 위의 책, 118-119쪽.

주로 확대되어 있음을 발견하게 된다.

뉴햄프셔 대학교에서 환경보존학을 가르치고 있는 존 캐롤J. E. Carroll도 이웃이라는 개념이 자연에게까지 연장되어야 할 것을 말하고 있는데, 인간만이 가치를 지니고 있는 본래적인 존재가 아니라 동물과 식물 이외에 공기, 바위 등과 같은 무생물인 우주와도 이웃이 되어야 한다고 주장한다. 그 이유는 "하나님이 만물 안에 계시기 때문"이다.136) 사실 프란치스코가 자연만물을 하나의 형제와 자매로 생각할 수 있었던 것은 개체들 속에서 하나님의 선과 힘을 관조할 수 있었기 때문이었다. 다시 말해서 인간이 만물 위에 군림하는 것이 아니라 세계-내-존재로서 자연을 인간과 함께 하는 가족 공동체로 여겼다는 이야기이다.137) 그런 의미에서 다음의 시는 프란치스코가 하나님의 창조물을 어떻게 대했는가를 잘 엿볼 수 있다.

<태양의 노래>138)

지극히 높으시고 전능하시고 자비하신 주여!
찬미와 영광과 칭송과 온갖 좋은 것이 당신의 것이옵고,
호올로 당신께만 드려져야 마땅하오니 지존이시여!
사람은 누구도 당신 이름을 부르기조차 부당하여이다.
내 주여! 당신의 모든 피조물 그 중에도,
언니 햇님에게서 찬미를 받으사이다.
그로 해 낮이 되고 그로써 당신이 우리를 비추시는,
그 아름다운 몸 장엄한 광채에 번쩍거리며,

---

136) J. E. Carroll, *op. cit.*, pp. 30-34.
137) L. Boff, *op. cit.*, p. 35.
138) 프란치스꼬회 한국 관구 옮겨 엮음, 『아씨시의 성 프란치스꼬와 성녀 글라라의 글』, 분도출판사, 1985, 189쪽.

당신의 보람을 지니나이다. 지존이시여!
누나 달이며 별들의 찬미를 내 주여 받으소서.
빛 맑고 절묘하고 어여쁜 저들을 하늘에 마련하였음이니이다.
언니 바람과 공기와 구름과 개인 날씨, 그리고 사시사철의
찬미를 내 주여 받으소서.
당신이 만드신 모든 것을 저들로써 기르심이니이다.
쓰임 많고 겸손하고 값지고도 조촐한 누나
물에게서 내 주여 찬미를 받으시옵소서.
아리고 재롱되고 힘세고 용감한 언니 불의 찬미함을
내 주여 받으옵소서.
그로써 당신은 밤을 밝혀 주시나이다.
내 주여, 누나요 우리 어미인 땅의 찬미 받으소서.
그는 우리를 싣고 다스리며 울긋불긋 꽃들과
풀들과 모든 가지 과일을 낳아 줍니다.
당신 사랑 까닭에 남을 용서해 주며,
약함과 괴로움을 견디어 내는 그들에게서 내 주여 찬양받으사이다.
평화로이 참는 자들이 복되오리니,
지존이시여! 당신께 면류관을 받으리로소이다.
내주여! 목숨 있는 어느 사람도 벗어나지 못하는 육체의 우리 죽음,
그 누나의 찬미를 받으소서.
죽을 죄 짓고 죽는 저들에게 앙화인지고,
복되다, 당신의 짝없이 거룩한 뜻 좇아 죽은 자들이여!
두 번째 죽음이 저들을 해치지 못하리로소이다.
내 주를 기려 높이 찬양하고 그에게 감사드릴지어다.
한껏 겸손을 다하여 그를 섬길지어다.

최민순 신부 역

〈태양의 노래〉는 성 프란치스코가 현대인들처럼 실용적인 관점에 따라 자연을 대하지 않았다는 것을 보여준다. 오히려 성 프란치스코가 접한 자연은 하나님의 선물로서 찬양과 경탄, 경외와 기쁨 그 자체였다. 그러므로 그에게 있어서 자연은 "하나님의 현존을 비추는 거울"이었고, 하나님께 더 가까이 가 닿게 해주는 '영성의 사다리'였던 것이다.[139] 그래서 "성 프란치스코는 우리 교회의 새벽이다. 그는 지배계급의 하나님이 아닌 민초의 하나님, 인간의 하나님이 아닌 억조창생의 하나님을 선포하였고, 온갖 피조물이 하는 얘기를 귀 기울여 들으며 그들을 사랑과 존중으로 대하는 게 몸에 배여 있었다. 온전한 일치를 이루어 성숙하고 책임감 있는 인간의 형태가 어떤 것인지를 보여 준 그에게 교회는 최근에 생태 성인이라는 칭호를 수여하였다."[140]

성 프란치스코는 우리의 현재와 미래의 삶을 어떻게 살아야 할 것인가를 일깨워주는 인물이다. 비단 그가 교회의 성인이기 때문에 우리에게 중요한 인물이 아니라, 인간이면서 신과 자연에 대한 사랑의 감정이 풍부했다는 데에 있으며 더욱이 그의 삶이 오늘날 소비에 몰두해 있는 인간에게 경종을 울리고 있기 때문이다. 우리는 그에 의해 참된 인간의 모습, 참된 그리스도인의 삶은 자발적 가난을 통해 자연을 배려하고, 그것을 통해 하나님의 사랑을 더욱 구체적으로 나타내는 것임을 깨닫게 된다. 그런데 거기에는 자연에 바짝 다가서서 자연을 위협하는 지배적 존재가 아니라, 자연에서 한 발짝 떨어져서 하나님의 아름다운 피조세계를 관조할 수 있는 인간의 성찰과 삶의 태도가 있어야 가능할 것이다.

성 프란치스코의 영성은 신학의 담론을 초월적 계시인 하나님에게서

---

139) Sean McDonagh, *To Care for The Earth. A Call to a New Theology*, London: Cassell Publishers Ltd., 1986, 황종렬 옮김, 『땅의 신학. 새로운 신학에로의 부름』, 분도출판사, 1993, 219쪽.
140) 하늘·땅·물·벗 엮음, 『녹색성서』, 한마음 한몸 운동 환경보전부 펴냄, 가톨릭출판사, 1998, 61쪽.

시작할 뿐 아니라 자연일반계시이라는 피조세계에서 도출해낼 수 있다는 가능성을 던져준다. 더불어 그의 영성이 지금 빛을 발하고 있는 것은 그의 자연에 대한 사랑과 '소비문제의 대안'으로서 그의 영성이 절대적으로 요청된다는 점과 이 시대가 필요로 하는 인간으로서의 직관, 즉 그의 특출한 인간적 직관 때문이다. 또한 그가 비록 13세기의 인물이기는 하지만 오늘날 신앙적 표본 모델로 존위尊位받을 수 있는 것은 그의 영성적 신심과 실천이 서로 다르지 않았음이요, 현대의 생활세계의 현상을 변혁시킬 수 있는 영성적 토대를 마련하였다는 데 있다. 따라서 현대를 사는 우리도 하나님의 영으로 품성과 인격을 고양하는 자기수련을 게을리 하지 말아야 할 것이다. 그것이 곧 환경문제에 직면하여 새로운 인간상이 필요한 이때에 진정으로 사람다워지는聖人 길이기 때문이다.[141]

---

[141] 이광세,『동양과 서양 두 지평선의 융합』, 서울: 길, 1998, 56-58쪽.

4장
환경문제에 대한 종교적 생태 담론과 생태학적 미학의 요청

4.1. 종교적 생태학이기 위한 미학적 인식

21세기를 살고 있는 현대인에게 있어서 종교적 관심은 날로 줄어들고 있다. 물론 간혹 발생하는 종교 간 전쟁 혹은 갈등을 통해서 종교의 관심(?)을 불러일으키기는 하지만 한갓 부정적 인식을 더해 줄 뿐이다. 이와 같은 현상은 종교의 사회적 순기능을 충족시켜주지 못하는 연유도 있지만 종교적 언어의 중세성을 넘어서지 못하는 것과 오늘을 위한 해석학적 반성이 이루어지지 못하고 있기 때문이기도 하다. 오늘날 신학적 산물들은 대부분 중세를 거쳐 고착화된 신학적 언어를 토대로 이루어져 왔다. 그것은 그 당시의 언어로 생성된 중세의 사고가 묻어 있는 삶의 언어, 교회 언어였던 것이다. 그러나 그것이 세월이 흐르면서 점차 퇴색되어가고 설득력을 상실하는 것도 그 사고의 패러다임과 생각을 담아내는 신앙언어가 달라지고 있기 때문이다.

특히 오늘날 환경문제에 대한 종교적 해답을 어떻게 찾아 나갈 것이냐에 대한 문제는 바로 다원화된 삶의 언어를 종합해낼 수 있는 종교적 숙고에 달려 있다고 해도 과언은 아닐 것이다. 그런 의미에서 종교적 경전 속에 나타난 자연에 대한 심미적 풀이는 또 다른 종교적 사유와 실천을 낳을 수 있을 거라 생각한다. 본격적인 논의에 앞서 '생태학적 미학' Ecological Aesthetics의 개념적 성격부터 파악해보는 것이 좋을 것 같다. '생태학적 미학'이라는 말은 환경미학, 자연미학, 생태미학, 경관미학 등과 같은 의미로 쓰이고 있으나, 이와 구별하여 구승회는 '생태학적 자연미학'이라 달리 표현하고 있다. 전자는 자연에 대한 인간의 실천담론을 주로 문제 삼는 반면에, 후자는 자연에 대한 인식론에 정초하고 있기 때문이다. 글쓴이는 자연에 대한 미학적 담론이 인식론에 정초하고 있어야 할 뿐만 아니라 인식에 따른 실천적 담론에 이르러야 한다고 본다. 그리고 '자연미학'은 미학의 포괄적 의미 속에서 자연이라는 대상을 다루고 있는 바, '생태학적 자연미학'이라는 용어가 아닌 '생태학적 미학'이라는 용어를 취사선택하고자 한다. 이는 미학을 생태학적인 범주로서, 그 관점과 연관 지어 기술하는 방식이고 '미학적 생태학' —생태학이라는 생물학적 범주를 넘어서서 환경문제를 위한 연구 분야 전체를 위한 포괄적 개념이기에 미학적 시각은 또 하나의 생태학적 담론을 위한 확장 어휘이다—이라는 의미와도 일맥상통한다고 본다.

왜냐하면 이성적 사유를 매개로 하여 대상을 인식, 파악하고 분석함으로써 이성의 자기 한계를 넘어설 때, 인식본적 사유를 통한 미학은 지칫 근대적 사유의 오류에 빠질 수 있다. 그러므로 직관과 관조를 통하여 자연의 거기 그대로 있게 함을 경험하고 그 경험을 바탕으로 자연 그 자체로서, 또한 주체로서의 자연을 사유하는 '생태학적 미학' 또는 '미학적 생태학' Ecology of Aesthetics을 추구하고자 한다. 그러나 '생태학적 자연미학'이 주장하는 담론이 미학적 생태학이 나아가고자 하는 방향과 전혀 다르다는 의미는 아니다. 자연을 미학적으로만 다루는 것이 아니라 선善으로서, 도덕적으로 정초된 자연을 다루어야 한다는 데에는 이견이 없다.142) 다만 미학적 생태학 또는 생태학적 미학은 아름다운 자연이 좋음善과 진리眞로, 그리고 지혜智로 드러나게 하는 존재론적, 감성적 태도라는 것이다.

사실 고대철학 이후로 미美에 대한 개념 정의는 보편적이지 않았다. 고대 그리스 철학자 플라톤으로부터 중세철학에 이르기까지 미란 미메시스Mimesis; imitatio라고 보았고, 예술은 자연을 통해 그 아름다움을 드러내는 복제 것이라고 생각했다. 토마스 아퀴나스도 "예술은 자연을 모방한다"ars imitatur naturam고 했으며 아우구스티누스도 가시적 세계로부터 미를 재생한다고 보았다. 르네상스 시대에도 이 시각이 크게 달라진 것은 아니었다. "자연을 생생하게 묘사하다"라는 뜻으로 "ritrarre naturale"의 표현을 사용하면서 '예술을 실재의 모방'으로 간주하였던 것이다.143) 이러한 주장들에 의하면 자연physis; natura은 최고의 존재이며, 아름다움의 본질이고 원형으로서 신을 드러낸다고 보았기 때문에 그 자체로 완전한 것이었다.144) 무엇보다도 인간은 자연을 통해 예술적 창작 활동을 하면서 제2의 자연의 미를 드러내고 표현한다. 그러나 '최초의 미'가 자연의 미를 드러내는 '본래의 미'라는 생각은, 마르크스주의자들이 주장하는 것처럼, "미는 본질적으로 물질적 세계 안에 존재하며, 구체적인 사물들이 지니고 있는 비례, 조화, 균형 같은 성질들로 나타난다"는 주장과 일맥상통한다.145)

---

142) 구승회, 『생태철학과 환경윤리』, 동국대학교 출판부, 2001, 87-92쪽.
143) Waldyslaw Tatarkiewicz, *A History of Six ideas: An Essay in Aesthetics,* warsaw: PWN-Polish Scientific Publishers, 1980, 손효주 옮김, 『미학의 기본 개념사』, 미술문화, 1999, 323-335쪽.
144) 위의 책, 354-357쪽.
145) Avner Zis, *Foundations of Marxist Aesthetics,* Moscow: Progress Publisher, 1989, 연희원김영자 옮김, 『마르크스주의 미학 강좌』, 도서출판 녹진, 1989, 173쪽.

이러한 입장들은 최초 미의 인식론적 기초가 자연이라는 미학의 접근 방식을 보여 주는 논거가 될 수 있다. 여기에서 미학의 개념을 살펴보면, 미학Aesthetics이라는 용어는 '감각을 통한 인식'을 의미하는 그리스어 aisthesis에서 유래하여 바움가르텐A. Baumgarten에 의해 처음 사용되었다.[146] 그는 감성을 이성보다는 낮은 단계의 이성으로 간주하였다. 여기에 덧붙여 미학이란 인간의 감성적 인식을 통한 아름다움과 추함, 선과 악 등을 표현하는 것을 의미하였다. 주지하는 바와 같이 근대적 세계관과 사유는 자연과 인간, 인간과 인간, 신과 자연을 '이성'ratio을 통해 인식하면서, 자연과 인간 그리고 신을 분리해서 사고한다. 이에 반해 감성적 사유는 자연 속의 인간, 자연과 일치된 인간을 포착한다. 포스트모더니즘 시대를 살아가는 인간은 전체를 직관하기 위한 올바른 감각·감성의 사유가 필요하다. 이것은 주객을 분리, 구분하지 않고 통전적이고 직관적인 경험으로 받아들이고 해석하는 작업을 일컫는 것이다.

이와 관련하여 신학에서 미학이란 "하나님, 종교 그리고 신학이라는 대상을 감각, 상상력, 감정, 아름다움 그리고 예술과 연관 지어 성찰"하는 것을 뜻한다.[147] 이를 통해 우리는 절대자의 신비, 신의 누미노제, 신학의 형이상학적·시적 진술이 어떻게 종교적인 생태 담론과 접목될 수 있는지를 기술하고자 하는 것이다. 또한 신이 창조하신 피조세계를 보시고 연달아 "좋다"고 말씀하신 것을 보면 자연은 아름다움의 가치심미적 가치 또는 선의 가치를 지니고 있다고 볼 수 있다. 또한 이스라엘의 원역사 '창조 이야기'에서 신은 완벽한 예술가이다/ '타락 이야기'는 인간의 기원과 악의 성찰적 기원에 대한 시적 이야기, 그림을 연상케 하는 상상력예술, 상징, 메타

---

146) R. Viladesau, *Theological Aesthetics: God in Imagination, Beauty, and Art*, New York: Oxford University Press, 1990, 손호현 옮김, 『신학적 미학. 상상력, 아름다움, 그리고 예술 속의 하나님』, 한국신학연구소, 2001, 32쪽.
147) 위의 책, 42쪽.

포 등이 담겨 있다. 이것은 다시 말하면 신학이 성찰하고자 하는 그리스도교 신앙과 전통이 드러나는 장소가 되는 셈이다.148)

그러므로 종교적 생태 담론은 미학적 생태학이 될 수 있다. "미美는 자연과 인간의 화해이다."149) 인간의 자연에 대한 지배와 피지배 관계가 무너지고 서로 공존을 모색하며 자연을 통해서 삶의 긍정을 인식할 수 있다는 차원에서 미란 단순히 아름다움 이상의 의미를 우리에게 부여한다. 그러한 의미에서 종교적 생태 담론은, 자연이 예술적 가치, 미적 가치, 시적 가치, 도덕적 가치 등을 내포하고 있음을 드러낸다고 볼 때 미학과의 접목 가능성을 한층 높여 주고 있는 것이다. 무엇보다도 종교적 생태 담론은 신의 아름다움, 선함, 정의, 가치, 초월성과 내재성, 우주의 광대함, 인간의 시학, 자연의 조화, 절대자의 완전성과 광채, 위엄 등을 다룬다. 따라서 종교적 생태 담론은 생태학적 미학으로 자리 매김 한다.

4.2. 성서^{타락 이야기}를 통해 본 생태학적 성찰

창세기 2-3장은 야휘스트Jahwist의 문헌이다. 야휘스트는 솔로몬 시대에 기록된 것으로 추정하고 있는데, 그 시대는 이스라엘 역사 중에서 정치적으로는 가장 막강했고 경제적으로는 가장 번성했을 것으로 미루어 짐작할 수가 있다. 하지만 이러한 솔로몬 통치 기간에는 이스라엘 부족 공동체의 일치가 상대적으로 약화되었으며 이방 종교 및 문화가 야훼 신앙을 좀먹고 있었다. 이때에 야휘스트는 인간의 교만과 왕의 극도의 오만을 죄로 규정짓고, 더 나아가 그 죄가 어떻게 나타나며 그 결과가 무엇인지를 기술하고 있는 것이다. 또한 야휘스트는 인간이 오늘날 처해져

---

148) 위의 책, 49쪽.
149) 張法, 『中西美學與文化情神』, 1994, 유중하 外 옮김, 『동양과 서양, 그리고 미학』, 푸른 숲, 1999, 118-156쪽 참조.

있는 실존적 상황고통과 죽음이 바로 죄 때문임을 알게 해주는 이른바 '발생학적 진술' 혹은 '원인론적 진술' aetiological explanation 을 하고 있다.[150]

야휘스트의 창조 이야기는 '땅'을 배경으로 하고 있다. 인간 adam이 땅 adamah의 흙먼지, aphar 으로 만들어졌다는 것을 볼 때 인간과 땅은 불가분의 관계라 볼 수 있다. 인간이 땅의 흙으로 만들어졌다는 것은 인간도 자연의 일부분임을 입증하는 근거가 된다. 땅에서 태어나 땅의 열매를 먹고창2:16; 3:17 참조, 땅을 가꾸다가창2:15; 3:23 참조 죽을 때는 다시 땅으로 돌아가야 하는 것이 인간이 가진 유한적 특성이다. 그래서 인간의 고향은 땅이다.[151]

그러나 인간은 뱀의 유혹에 넘어가서 신처럼 되려고 선악을 알게 하는 나무 열매를 따먹음으로써 최초의 인류의 죄원죄: Peccatum originale, 이 말은 성 아우구스티누스가 처음 사용한 말이다를 범하고 만다. 결국 이러한 죄의 결과로 세계와 인간은 고통과 고난을 겪게 되었고, 신과 자연의 친밀함에 균열이 생겼다.[152] 그뿐만 아니라 인간과 인간의 관계,부부관계 및 남녀관계 자연과 인간의 관계도 파괴되어 관계의 상실을 가져왔다. 낙원에서는 창조질서가 잘 보전되어 신, 자연 그리고 인간의 관계가 평화롭게 지속되었었다. 그러나 인간의 교만이 이러한 관계를 파괴하고 만 것이다. 사실 인간에게 주어진 금지의 명령창2:17은 인간의 한계성, 자유의 한계성을 뜻한다고 볼 수 있다.[153] 그런데 인간은 자신의 한계를 벗어나 자유의 오남용으

---

150) Francis S. Fiorenza, John P. Galvin, eds. *Systematic Theology Vol. II. Roman Catholic Perspectives,* Minneapolis: Fortress Press, 1991, p. 90; 성서와 함께 편집부 엮음,『보시니 참 좋았다. 성서가족을 위한 창세기 해설서』, 성서와 함께, 1988, 75-77쪽; 조규만,『원죄론. 인류의 연대성, 죄의 보편성』, 가톨릭대학교 출판부, 2000, 16-17쪽.
151) 성서와 함께 편집부 엮음, 위의 책, 78-81쪽; 차준희,『구약성서의 신앙』, 한국신학연구소, 1997, 23-24쪽; Hans Walter Wolff, *Bibel-Das Alte Testament*, 이양구 옮김,『구약성서이해』, 대한기독교출판사, 1989, 40쪽.
152) John T. Carmody / Denise L. Carmody, *Contemporary Catholic Theology,* 2nd ed., San Francisco: Harper & Row Publishers, 1985, p. 95.
153) 성서와 함께 편집부 엮음, 앞의 책, 84-85쪽.

로 신의 명령에 불순종하게 되고 말았다. 자신의 실존적 범주인 신이라는 테두리에서 벗어나고 만 것이다. 절대자를 떠난 인간은 죽음을 초래하고 만다. 다시 말해 인간을 신의 유일한 협력자이자 동역자로 창조하였지만 인간의 불복종으로 인한 타락이 신과의 영원한 신뢰를 깨뜨린 것이다. 이것은 틸리히(Paul Tillich)가 말한 바와 같이 자신이 세계의 중심이 되고자 하는, 자기 자신의 중심이 되고자 하는 열망이 강했기 때문이다.[154] 이에 대해 『가톨릭 예비신자 교리서』에는 다음과 같이 설명하고 있다.

> '에덴 동산의 이야기에서 하나님께서는 모든 열매는 다 따먹되 선과 악을 알게 하는 나무 열매만은 따먹지 마라' 창2:17 하고 명령하셨습니다. 하나님의 이 금지 명령은 인간의 자유를 제약하는 것이 아니라 인간이 자신의 한계를 인정하고 하나님의 보살핌 안에서 행복한 삶을 누릴 수 있도록 자유 영역을 보장하신 것입니다. 그런데도 인간은 헛된 욕망과 하나님의 자리를 차지하려는 교만한 마음으로 하나님의 명령을 어김으로써 하나님의 창조 질서를 깨뜨리고 무질서와 혼란, 온갖 불행과 고통스러운 죽음을 스스로 불러들였습니다. 이와 같이 인간들이 하나님과 맺은 올바른 관계를 단절하고 하나님의 뜻을 거스름으로써, 하나님께 받았던 복을 저주로 만들어 버린 잘못을 우리는 '원죄' 原罪 라고 말합니다.[155]

이렇듯 인간은 자신에게 부여되어 있는 한계를 인식하지 못하고 신과의 윤리적 질서를 파괴하였다. 이것이 죄의 근원이요 원죄이다. 성서에 의하면, 절대자는 인간을 창조하고 기꺼이 인간과 사귐-관계를 맺었다.

---

154) Claus Westermann, *Tausend Jahre und ein Tag: Einführung in die Bibel Sonderausg*, Stuttgart: Berlin Kreuz-Verlag, 1977, 손규태·김윤옥 공역, 『천년과 하루-구약성서의 주류』, 한국신학연구소, 1989), 19-21쪽; Horst G. Pöhlmann, *Abriss der Dogmatik*, 이신건 옮김, 『교의학』, 한국신학연구소, 1993, 234쪽.
155) 조규만, 앞의 책, 5쪽; 한국천주교주교회의 교리교육위원회, 『한국 천주교 예비신자 교리서』, 한국천주교중앙협의회, 1999, 67-68쪽 재인용.

그 관계 맺음의 첫 번째 형식이 선악을 알게 하는 나무 열매를 따먹지 말라는 금지 명령이었다. 그것은 절대자의 영역과 인간의 영역이 다르다는 것을 알려주는 차이를 드러내준다. 그러나 인간은 그것을 어기고 신이 되고자 했다. 절대자의 영역을 침범한 것이다. 절대자의 영역을 침범한 대가는 인간의 비참한 현실이다. 죽음, 땅으로부터의 소외, 남녀의 차별과 무책임성, 고통의 연속 등은 궁극적으로 절대자의 형상imago Dei을 상실한 데서 오는 결과이다. 따라서 인간의 과제는 이러한 절대자와의 관계를 회복하고 신의 형상을 찾는 데 있다고 볼 수 있다. 그러나 신의 형상은 거저 회복되는 것이 아니라 어떤 대가를 치러야 하는 것인데, 그것이 절대자의 '정의'justice라고 볼 수 있다. 신의 정의는 신의 사랑과 밀접한 관계가 있다. 신의 정의가 실현되는 것은 신의 절대적인 사랑이 있기 때문이다. 신의 사랑이 인간을 구원하고 회복하기 위해서는 절대적 존재가 인간이 되어 고통과 고난을 겪어야 하는 것이다. 다시 말해서 절대자의 정의가 성립되려면 그에 상응하는 대가, 즉 공의성이 있어야 한다는 말이다. 그것이 절대적 존재가 인간이 된 사건, 곧 '그리스도의 육화 사건'인 것이다.

인간은 책임적 존재이다. 이는 인간 자신이 행한 행위에 대해서 책임을 질 줄 아는 인격체임을 말한다.[156] 그러나 인간은 자신의 책임성을 망각하고 서로 책임을 떠넘기기에 바쁘다. 남자가 여자에게, 여자가 뱀에게 여기에서도 인간과 인간, 인간과 자연과의 관계성의 단절과 파괴가 여실히 드러나고 있다. 신은 인간의 자유로운 책임성을 강조하시만 인간이 그 책임성을 망각할 때 신과의 관계, 부부와의 관계, 남자와 여자의 관계, 인간과 인간의 관계, 인간과 자연의 공존성의 관계마저도 무너진다.[157] 그

---

156) 박도식, 『기초신학』, 가톨릭신문사, 1993, 57-59쪽.
157) Antonio Girlanda. SSP., *Antico Testamento/ Iniziazione biblica, 1 Antico Testamento*, 성 염 옮김, 『구약성서 입문 1』, 바오로딸, 1996, 156-157쪽; Hans-Joachim Kraus, *Reich Gottes: Reich*

런 의미에서 창조주 하나님이 원하는 인간의 운명은 절대자의 세계 안에서 피조물들을 돌보며 더불어 사는 책임적 존재임을 다시 한 번 상기해야 할 것이다.158)

4.3. 종교적 생태윤리를 위한 생태학적 미학

모름지기 신과 자연 그리고 인간 사이에는 사랑의 질서가 있어야만 한다.159) 이 사랑의 질서는 자신의 한계를 명확히 아는 데서 비롯된다. 그래서 자신이 세계의 주인이 될 수 없다는 것, 절대자를 떠나서는 어떠한 독립적인 삶이 용납될 수 없다는 것을 인식하는 것이 중요한데, 인간은 절대자만이 행사할 수 있는 자율성을 갖고 싶어 하는 방종과 독선으로 가득 찬 교만이 질서의 파괴를 조장한다.160) 이러한 결과는 인간의 죽음과 고통이라는 현실을 경험하면서 구체적인 삶의 모습으로 다가온다. 인간의 삶의 터전인 땅이 인간에게 반항하며,창3:18-19 인간과 자연이 원수지간이 된다.창3:15 161) 교만이 타락을 가져오고, 관계를 파괴한다.162) 다시 말해서 인간의 죄는 모든 인류에게 보편적인 죄의 경험을 하게 하고, 인간 실존의 본래성과 비본래성창조 이야기와 타락 이야기은 인간 뿐만 아니라

---

der Freiheit. Grundriß Systematischer Theologie, Neukrichener, 1975, 박재순 옮김, 『조직신학』, 한국신학연구소, 1986, 174쪽; 조규만, 앞의 책, 16-17쪽.
158) Walter Brueggemann, *Interpretation. Genesis,* Atlanta: John Knox Press, 1982, p. 40.
159) 성서와 함께 편집부 엮음, 앞의 책, 84-85쪽.
160) 위의 책, 85-91쪽.
161) 조규만, 앞의 책, 17쪽; 차준희, 앞의 책, 24쪽; Otto Kaiser, *EINLEITUNG IN DAS ALTE TESTAMENT. Eine Einführung in ihre Ergebnisse und Probleme,* Gütersloher Verlagshaus Gerd Mohn, 1969, 이경숙 옮김, 『구약성서개론. 그 연구성과와 문제점들』, 분도출판사, 1995, 105쪽.
162) G. von Rad, *Das erste Buch Mose: Genesis,* Göttingen: Vandenhoeck & Ruprecht, 1972, 박재순 외 옮김, 『국제성서주석 창세기』, 한국신학연구소, 1983, 95쪽; 김이곤, 『신의 약속은 파기될 수 없다. 창세기의 현대적 이해』, 한국신학연구소, 1980, 118-121쪽; 박도식, 『무엇하는 사람들인가』, 가톨릭출판사, 2000, 107-113쪽 참조.

사회와 자연에 크나큰 영향을 주었다고 하겠다.[163]

이러한 타락 이야기에서 나타난 인간과 자연의 불가능한 현실과 한계, 그리고 분리를 극복할 수 있으려면, 인간은 자연을 심미적 관점으로 바라봐야 한다. 레이더Mervin Rader는 미의 원칙을 "자연 '안에서' 그리고 자연과 '더불어' 존재하는 구도, 자연으로부터 '분리되거나' 자연에 '역행' 하지 않는 구도"라고 말한다.[164] 아름다움은 자연과 하나가 될 때 표현 가능하다. 아름다움은 자연으로부터 발생된다. 신이 피조물을 만드시고 "좋다"고 연달아 말씀하실 때도 그 자연은 조화와 균형이 이루어진 모습이었을 것이다. 여기에서 '좋다'라는 말은 원래 히브리어로 tŏv라고 한다. 이 개념은 아름다움과 기쁨을 나타내는 미학적 의미와 선을 나타내는 도덕적 의미를 품고 있다.[165] 이것은 신이 창조하신 피조세계가 쾌快를 불러일으키는 미적 존재였음을 성서 본문이 말해주고 있는 것이다.

예술 작품은 단순히 자연현상의 모사모방, mimesis만이 아니다. 그것은 예술가의 창조적 행위를 통해 자연을 다시 창조하기 때문이다.re-create 그리스 철학자 플라톤과 아리스토텔레스에 의해서 예술이란 자연의 미메시스적 행위라고 규정지은 이래로, 그 주장은 중세까지만 해도 지배적인 흐름이었다. 게다가 르네상스와 계몽주의 이후 미메시스적 미학은 다소 퇴보하는 경향이 있었더라도 현대 미학에서 미메시스적 미학 사조가 전혀 영향력이 없는 것은 아니다. 여전히 미학에서는 예술이 자연에 대한 미메시스적 행위이냐 아니면 예술가 자신의 창조적 행위이냐는 논란의 여지가 있다. 그래서 글쓴이는 다음과 같은 미적 지원들을 고려해보고자 한다.

---

163) Francis S. Fiorenza, John P. Galvin, 1991, *op. cit.*, pp. 94-101.
164) Merlvin Rader/ Bertram Jessop, *Art and Human Values*, New Jersey: Prentice-Hall, Inc., 1976, 김광명 옮김,「예술과 인간 가치」, 이론과 실천, 1987, 490쪽.
165) Bruce C. Birch, *Let Justice Roll Down. The Old Testament, Ethics, and Christian Life*, Louisville, Kentucky: Westminster/John Knox Press, 1991, p. 81; 김도훈, "창조와 하나님의 아름다움: 신학적 미학의 시도",「장신논단」, 제15집, 1999, 315-316쪽.

자연환경은 우리의 감정을 환기해주며, 나름대로의 미적 차원을 지닌다. 물리적인 세계의 미적 특질은 균형이나 대조, 리듬과 같은 미의 형식적인 성질을 지닌다. 또한 웅장함, 장대함, 평온함 등과 같은 표현적인 특질은 특히 환경적 맥락에서 중요한 언급이라 하겠다.[166]

예술은 인간을 자연과 가깝게 함과 동시에, 자연을 인간과 가깝게 하기도 한다. 예술이 모방하는 자연은 인간에 의해 포착된 자연이다.[167]

인류학자나 미학자들은 이미 고대의 원시적 제의행위에서도 자연을 모방하여 춤과 의식이 이루어졌다는 것을 받아들이고 있다. 고대 원시인들은 자연의 위대함과 숭고함을 자신들의 제의에 고스란히 담아서 표현한 예술가라 할 수 있겠다. 그런 의미에서 미학에서 숭고미라 함은 자연의 지고함과 위대함을 예술을 통해 승화해내는 미적 개념이라 볼 수 있는데, 해리스Karsten Harries는 이 숭고미가 "자연과 인간의 조화될 수 없는 힘으로 나타난다"고 적시한다.[168] 이는 이성의 힘이 감성과 직관에 지배되는 경험이라 볼 수 있는데, 하늘과 땅, 산과 물이 이성적 사유에 의해 숭고하다고 인식된 것이 아니라 직관적으로 그것들은 거기 있음으로 해서 경험되어지는 그 무엇이다. 그 안에서 아름다움을 보았고 숭고함과 거룩함을 본 것이다. 그 미적 경험과 누미노제의 경험이 그들을 원초적 예술가로 탄생하게 한 것이다. 그러므로 인간에게 있어서 자연은 심미적 가치와 도덕적 가치의 근원이다. 칸트가 주장하였듯이 자연으로부터 우리는 무언가 숭고하고 위엄이 있는 것을 인지하게 되며 그것을 통하여 인간 마음에 있는 도덕적 가치를 인식할 수 있게 된다. 왜냐하면 자연은 신의 수공품이자 조물주의 선미善美, 칼로카가티아를 반영하고, 더불어 자연

---

166) 김광명,『삶의 해석과 미학』,문화사랑, 1996, 240쪽.
167) 위의 책, 251쪽.
168) Karsten Harries, *The Meaning of Modern Art: A Philosophical Interpretation*, Evanston: Northwestern Univ. Press, 1968, 오병남 · 최연희 옮김,『현대미술.그 철학적 의미』,서광사, 1988, 71쪽.

은 절대자의 신성을 드러내는 상징이자, "예술에 나타나는 모든 종교적 표현은 인간과 신의 만남을 보여주기 때문이다."[169]

예술은 자연을 재현하며 우리는 자연을 통해 존재한다. 자연은 우리에게 예술적 정보를 끊임없이 드러내주고,계시 그 정보를 통하여 우리의 기질과 성향들, 그리고 상상력과 무의식을 더욱 풍부하게 해준다.[170] 그러므로 자연을 따르는 것은 자연스러움이 우리의 삶에 묻어나는 것이고, 자연을 통한 상상력과 무의식이 우리의 심리를 더욱 균형 있고 안정되게 하는 것이다. 아동들의 심리를 치료하기 위한 미적 기법들이 등장하여 일명 미술치료가 성행하고 있는 것은 미적 아름다움을 통하여 왜곡된 인간의 심성을 바로 잡으려는 노력의 일환이다. 그것은 우리 안에 내재하고 기질화 되어 있는 자연스러움과 그 자연스러움을 자연을 통하여 재현해내려는 작업이다. 그리고 보면 자연을 따르는 것이 인간의 도리道理를 다하는 것이고, 그렇지 못한 경우에는 인간의 본성에 어긋나는 것인지도 모른다. 자연을 좇아 살다보면 인간은 자연의 모습 속에서 자신을 성찰할 뿐만 아니라 일치와 조화를 추구하려는 심성을 길러가게 되고 자연을 따르면서 삶의 진리를 깨닫고 그것을 이치로 삼게 된다.

따라서 인간이 자연 질서를 따라서 사는 것은 미美라 말할 수 있고, 반면에 그 자연 질서를 역행하는 삶을 추醜라 말할 수 있을 것이다. 미를 추구하며 산다는 것은 자연과 일치된 삶을 사는 것이고 그 일치된 삶과 조

---

[169] Monroe C. Beardsley, *Aesthetics from Classical Greece to the Present: A Short History*, 이성훈 외 옮김,『미학사』, 이론과 실천, 1987, 115쪽; Wladyslaw Tatarkiewicz, *A History of Six Ideas. An Essay in Aesthetics*, 이용대 옮김,『여섯 가지 개념의 역사』, 이론과 실천, 1990, 335쪽; 김명수는 탈근대의 미학으로 장엄미 또는 숭고미를 들고 있는데 이는 탈근대주의적 표상이 감성의 해방을 통한 직관적 세계의 인식이라고 보기 때문이다. 김명수,『그리스도교와 탈근대성』, 대한기독교서회, 2000, 278쪽; M. Eliade, *Symbolism, the Sacred, and the Arts,* New York: The Crossroad Publ. Co., 1985, 박규태 옮김,『상징, 신성, 예술』, 서광사, 1991, 50쪽, 112쪽.

[170] 김영기,『한국인의 기질과 성향을 통해 본 한국미의 이해』, 이화여자대학교 출판부, 1998, 157-162쪽.

화는 미美라는 것이다.171) 반면에 자연과의 조화와 일치를 파괴하여 자연스러움을 거역하는 것은 추醜이다. 또한 성서의 창조 이야기는 질서와 관계, 사랑, 배려가 있었던 시공간을 말해준다. 그러나 타락 이야기를 통해서 아는 바와 같이 인간은 신이 주신 시공간의 질서와 자연과의 관계가 깨져서 인간과 인간의 관계, 자연과 인간의 관계가 무너지고 균열이 생겨 미움과 무책임이 있는 곳에 악惡이 생기는 것이며 그것이 추醜가 되는 것이다. 그러므로 과학적 사고방식에는 지배와 이용만이 존재하고, 감성적인 미학적 사고방식은 관계와 사귐이 존재한다고 말할 수 있다. 과학은 환원과 분석, 변형과 이형異形, 이성적 사유를 통한 대상의 도구화라 볼 수 있지만, 미학은 감성과 직관, 바라봄, 목적과 관조 등을 통한 자연과의 닮음을 추구한다. 과학의 근저에는 인간의 지배적 욕망의 투사가 자리 잡고 있으며 자연과의 투쟁을 통한 우위를 독점하려는 소유적 욕망이 인간의 삶의 전거典據가 된 것이다. 다시 말하면 "존재의 의지"에서 "소유의 의지", "힘의 의지"로 변동되었기 때문이다.172) 그러므로 생태위기에 직면한 인간은 '미적 인간'이 되어야 한다. 그것은 관계와 사귐, 관조와 바라봄을 통하여 자연과의 조화와 균형을 생각하는 인간인 것이다.

인간은 절대자의 진리眞와 그에 대한 신뢰·복종善 그리고 피조세계와의 관찰적·참여적 존재인 미美: das Schöne적 존재이다. 인간은 미를 추구할 수 있는 존재이다. 이러한 미는 자연을 통해서 인식 가능하고 그 활동 또한 자연을 통해서만이 가능하다. 미적 느낌은 오직 자연을 통해서만 발원되기 때문이다. 그러므로 우리는 이렇게 말할 수도 있다. "자연의 형상만이 미의 개념을 생각해 낼 수 있는 유일한 발원지"라고 말이다. 이

---

171) 박도식, 『가톨릭 사상강좌』, 가톨릭출판사, 1995, 95-96쪽.
172) 김종혁, "한국의 생태신학에 대한 연구", 이상훈 外, 『새로운 눈으로 읽는 현대한국신학』, 한국정신문화연구원, 1999, 99-100쪽.

자연미의 근거는 절대자에게 있다. 그가 피조세계자연를 지었으므로야훼스트계 문헌은 신이 손수 지으신 것으로 표현한다 미적 형태와 내용은 그의 참여와 손수 지으심미적 활동에 의해 이루어진다.[173]

그런데 자연미는 폭력적 이성과 인간의 교만을 통한 자연지배의 망상을 불식시키고 저지할 수 있는 주객의 소격疏隔 또는 거리둠, 인간과 자연이 거리-둠분리나 구별이 아님을 가능하게 한다. 이 거리-둠의 유형이 가톨릭과 동방정교회의 미사에서 찾을 수 있다. 미사 안에 미적 활동이 있다는 말이다. 미사에는 찬미, 춤 등의 제의적·미적 활동이 들어 있다. 이것은 다시 말해서 미사 안에서 자연과 일치를 경험한다는 말이다. 그래서 변선환은 다음과 같이 말하고 있다.

> 신과 인간과 자연의 분리시킬 수 없는 일체성을 말하는 동방교회로부터 많은 것을 배워야 할 것이다. 신은 하늘에만 있는 것이 아니고 땅에도 있다. 저들은 물, 빵, 포도주를 성례전의 상징으로 사용하고 자연을 성례전화하며 피조물과 관계하는 새로운 지혜를 배웠다. 저들은 우주에 대한 외경감을 가지며 인간을 피조물의 일부라고 한다. 피조물의 세계인 자연은 신의 영이 내재적으로 현존하는 '신의 집'오이코스이다.[174]

빵땅과 하늘의 만남과 포도주땅과 하늘의 만남를 받아 모실 때성찬례 우리는 자연과 일치한다. "그리스도의 '몸'과 '피'가 되는 저 빵과 포도주는 그분과 우리는 물론 모든 피조세계하고도 일치·결합시켜준다."[175] 이때 미자연미는 우리 안에 현존하고 동시에 실재화 되어 그 의미를 드러낸다. 지

---

173) Roger Caillois, *Esthétique Généralisée*, Paris, Éditions, Gallimard, 1962, 이경자 옮김, 『일반미학』, 동문선, 1999, 41쪽; John Macquarrie, *The Humility of God-Christian Meditations-*, 조만 옮김, 『인간이 되신 하나님-그리스도인의 명상-』, 대한기독교서회, 1986, 11-12쪽.
174) 변선환 아키브 편집, 『현대 문명과 기독교 신앙』, 한국신학연구소, 1999, 128-129쪽.
175) Sean McDonagh, *To Care for The Earth. A Call to a New Theology*, London: Cassell Publishers Ltd., 1986, 황종렬 옮김, 『땅의 신학. 새로운 신학에로의 부름』, 분도출판사, 1993, 293쪽.

연의 아름다움이 우리 안에 들어온다. 인간은 자연의 아름다움을 먹고사는 것이다. 더 나아가서 이 땅은 신의 생명을 먹고사는 이들의 빵이며 신의 몸이다. 그러므로 빵이신 신적 존재 혹은 신의 몸을 내 안에 모셔 들이는 것이다. 이 성사적 신비는 근대적 사유 방식처럼 인간을 자연과 유리된 존재로 여기지 않는다. 인간은 자연과 하나이면서 동시에 인간 자체가 자연이다.[176] 이러한 미학적 존재 방식은 물질과 비물질의 조화, 몸의 긍정, 감정과 정서의 공유, 자기에의 배려, 우주와의 일치 등을 추구한다.[177]

이제 우리는 '자연의 해방'을 향해서 나아가야 할 것이다. 자연의 해방이란 인간이 자연 속에서 자신을 재발견하는 것이고 생명을 잉태하는 자연을 통하여 아름다움을 인식하는 작업을 말한다. 달리 말해서 이것은 아름다움이 곧 자연과 우주의 존재 양식임을 깨닫게 되는 것을 의미한다.[178] 김광명은 그 존재양식이 미학적 사유에 기초해야 할 것을 강조하면서 다음과 같이 말한다.

> 우리는 자연을 인간중심으로 변형하거나 왜곡해서는 안 된다. 자연과의 대립이 아니라, 자연 '안에서' 그리고 자연과 '더불어' 하는 미적 구도야말로 인류의 생존을 위한 미의 원칙이 되어야 한다. 자연 안에서 우리는 전체 안의 부분이 되며 유기적인 생명을 지닌다. 삶의 질적 고양은 미적 조화를 통한 인간과 자연의 새로운 위상 정립 위에서만 가능한 일이다.[179]

이러한 미적 인식은 인간이 더 이상 자연의 지배자가 되어서는 안 되

---

176) Roger Caillois, 1962, *loc. cit.*; Samuel Rayan, S.J., "The Earth is the Lord's", David G. Hallman, ed. *Ecotheology. Voices from South to North*, Maryknoll, New York: Orbis Books, 1994, p. 140.
177) Michel Maffesoli, *La Contemplation du Monde*, ditions Grasset & Fasquelle 1993, 박재환 · 이상훈 옮김, 『현대를 생각한다. 이미지와 스타일의 시대』, 문예출판사, 1997, 73-75쪽.
178) Herbert Marcuse, 최현 · 이근영 옮김, 『미학과 문화』, 범우사, 1992, 256-263쪽 참조.
179) 김광명, 앞의 책, 266쪽.

며, 인간과 자연의 공생과 조화를 이루어야 하는 상호관계성으로 그 가치관을 전환할 것을 요청하고 있는 것이다.[180] 그러기 위해서 21세기는 자연에 대한 지배윤리를 정당화했던 근대적 세계관과 사고 양식을 탈피해서 자연에 대해 심미적 가치, 환경의 아름다움을 논하고 그 속에서 인간의 정위(定位)를 새롭게 하는 시대가 되어야 할 것이다. 인간이 자연과의 공존을 모색하지 않거나, 화해하지 않고 오히려 지속적인 경쟁관계 속에서의 생활양식을 고집한다면 새로운 국면에 접어든 신과 인간, 인간과 인간, 자연과 인간과의 관계성을 회복하지 못할 것이다.

환경문제에 대한 논의는 자칫하면 한갓 이론적 담론으로만 치부될 수가 있다. 하지만 그것이 삶으로 이어지기 위해서는 우리의 인식의 전환이 무엇보다 중요하다는 데에는 이견이 없을 것이다. 오늘날 우리가 처해 있는 세계, 국가, 사회의 상황을 놓고 볼 때 인간뿐만 아니라 자연마저도 자본의 논리에 따라 경제적 이익을 창출하는 수단에 불과하다는 것이 시간이 갈수록 명백하게 드러나고 있다. 따라서 인간 자신뿐만 아니라 자연이라는 객체도 하나의 수단이 아니라 목적이 될 수 있는 생태학적 의식 혹은 종교적 생태 의식은 자연을 심미적으로 인식하도록 요청하고 있다.

과거 인간은 자연의 불가항력적인 힘에 대항하여 인간의 삶을 영위하는 도구로 인식하면서부터 우리의 자연은 심미성과 낭만적 가치들을 상실하고 자본의 노리개로 전락하고 말았다. 그러나 이제는 자연 그 자체를 미적 대상으로 인식하고 그것을 통한 우리 자신의 심신적 풍요로움을 토대로 자연과 공존하고 화해하지 않으면 안 된다. 한때 종교가 자연에 대한 인간의 착취를 정당화 하는데 이데올로기를 제공해주는 불명예스런 역할을 하였지만, 그에 못지않게 종교적 경전은 절대자가 창조한

---

180) 위의 책, 264쪽.

자연이 얼마나 아름다운 존재인가를 알게 해 준다. 그런 의미에서 성서의 창조 이야기와 타락 이야기는 오늘날 우리 인간이 자연의 미적 가치를 재창조해야 할 의무가 있음을 깨닫게 한다. 그러므로 종교적 생태학의 담론 혹은 종교적 생태윤리는 절대자와 인간, 그리고 자연에 대한 방향 설정에 있어서 그 심미성을 통찰하고, 그에 따른 삼자적 관계성三者的 關係性을 해방적 실천으로 이끌어 낼 수 있는 윤리적·종교적 힘이 뿌리내리도록 힘써야 할 것이다.

5장

인간의 욕망과 고통에 대한 종교 · 생태학적 인식

5.1. 고통에 대한 종교적 이해

故 변선환 교수는 일찍이 현대 세계의 위기를 조장했던 그리스도교 서구 문명의 원리 중의 하나가 '욕망의 증대와 충족을 선善'이라고 생각한 것에 있다고 비판했다.[181] 이는 인간이 지닌 욕망의 파괴적 속성과 성격을 그리스도교적 입장에서 정당하게 비판한 것이다. 근대 이후 도구적 이성을 통하여 인간의 삶이 인간의 사적 욕망을 끝없이 추구하는 데 있는 것처럼 인식하도록 그리스도교가 일조했음은 재론의 여지가 없을 것이다. 물론 인간의 욕망이 근본적으로 부정적 성격으로만 치부될 수 없다. 여기에는 욕망이 지닌 이중성을 간과할 수 없는데, 그것은 욕망의 긍정적 측면, 즉 인간의 생리적 욕구식욕, 성욕종족 번식욕, 취침욕, 배설욕 등는 인간이 살아가는 데 반드시 필요한 순기능적 측면도 있기 때문이다. 종으

---

181) 변선환,『현대문명과 기독교 신앙』, 한국신학연구소, 1999, 115쪽.

로서의 인간이 이러한 기본적인 생리 욕구마저도 없다면 인간으로서의 생활을 영위할 수 없는 지경에 이른다는 것은 분명한 사실이다. 그러나 글쓴이가 여기에서 다루고자 하는 것은 욕망의 순기능적인 측면이 아니라, 욕망의 역기능적부정적 측면, 즉 인간의 지나친 욕망으로 드러난 소유욕, 소비욕, 장수욕, 지배욕, 공격욕 등으로 인한 고통을 기술하는 데 있다. 과도한 인간의 욕망이 자신의 불행뿐만 아니라 자연에게조차도 고통이 될 수 있다는 것을 지적하면서 그 고통의 종교적 의미와 생태학적 함의를 밝히고자 하는 것이다.[182]

모든 종교들은 인간의 삶에 대한 성찰을 저마다 독특한 방식으로 설명하고 있다. 특히 인간은 이 땅에서 왜 고통을 겪고 있는지 그리고 그 고통의 원인은 무엇인지 그 실체를 알고자 각각의 종교들은 역사적 실존 안에서 해명해보려고 노력해왔다. 그리스도교에서는 이러한 인간의 고통에 대해 '발생학적 기술' 또는 '원인론적 기술' aetiological description을 통하여 규명하려 했던 흔적이 〈창세기〉에 고스란히 드러난다. 인간의 고통이 하나님께 대한 교만과 불순종으로 인한 죄의 결과라는 것이다. 그것은 인간이 땅으로부터 저주받은 자로서 에덴에서 쫓겨나고 남자에게는 노동의 고통을, 여자에게는 해산의 고통을 초래하였다. 게다가 땅의 저주도 인간의 죄의 결과로서 주어지게 되었다.창3장 [183]

이러한 측면에서 볼 때, 그리스도교에서 인간의 고통에 대한 원인은 궁극적으로 죄의 본질적 요소인 '욕망'에서 기인한다. 신의 피조물인 인간 자신이 신과 같아지겠다는 교만驕慢, 그리고 그에 따른 욕망이 자신의 불행을 초래한 것이고 인간이 여타의 피조물을 지배하는 욕망으로 발전한 것이다. 인간이 '하나님과 같은 인간' homo sicut Deus이 되고자 하는 욕

---

182) 김기곤, 『욕망의 인간학』, 세종출판사, 1995, passim.
183) 강영옥, 『고통, 신앙의 단초』, 우리신학연구소, 1999, 64-76쪽 참조.

망, 그것이 바로 죄이다. 인간이 하나님을 부인하고 스스로 하나님으로 선포한다. 따라서 인간은 모든 것의 주인임으로 신의 계명에도 순종할 필요가 없다. 그는 무한한 욕망을 지닌 존재로 살아간다. 어떠한 것도 그의 욕망을 제어할 수 없다. 심지어 그의 양심조차도 그의 욕망을 잠재울 수 없다. 이러한 인간은 무한한 성욕, 무한한 소유욕, 무한한 권력욕, 무한한 명예욕에 사로 잡혀 살아간다. 이렇게 자신을 모든 것의 중심으로 확장하려는 '자기중심적 욕망의 무한계성' 과 '자기중심적인 우상'active and self-centered idolatry이 바로 죄인 것이다.[184] 이러한 관점에서 본다면, 인간이 지닌 원초적인 욕구가 바로 창조 이야기와 죄의 기원에 관한 이야기에서 적나라하게 드러나고 있는 셈이다.

불교의 경우, 인간의 모든 삶이 생로병사生老病死임을 일찌감치 간파하였고, 더불어 인간의 삶이 고통의 연속이라고 보았다. 그 고통의 원인은 바로 집착과 욕망인데, 그것을 멸하기 위해서 팔정도八正道라는 길을 통하면 온전히 열반에 들어갈 수 있다고 보았다. 苦集滅道 불교는 고통에 대한 자기 깨달음이 무엇보다 중요해서 인간의 삶 자체가 집착에 따른 고통이라는 것을 어느 종교보다 강하게 인식시켜 준다. 그러나 이러한 욕망, 고통, 집착trsnā을 인간본성의 불가피성, 불가항력적 죄성으로 보지 않고 오늘날 소비시대에 상호관계적緣起說 관상을 통하여 마음의 평정을 갖게 해야 한다는 긍정적 해석은 환경윤리에 대한 불교적 위치를 새삼

---

184) "신학적 전통을 빌린다면, 우리는 이것을 욕정(concupiscentia)이라고 말할 수 있다(아우스부르크 신앙고백: Sine fide erga deum et cum concupiscentia). 죄는 하나님에 대한 불신앙과 욕정이라는 표현에서 'concupiscentia'는 성 아우구스티누스가 생각한 대로 색욕으로 제한되어서는 안 된다. 그것은 색욕도 포함하지만 자기를 모든 것의 중심으로 삼고 자기를 무한히 확장시키려는 인간의 모든 욕망을 가리킨다고 보아야 할 것이다. 자기중심적 욕망에 사로 잡혀 있는 인간은 하나님과 이웃과 참된 자기 자신과의 모든 관계를 단절한다. 죄의 본질은 바로 하나님과의 관계의 단절뿐만 아니라 이웃과의 관계의 단절을 뜻한다. 이러한 무관계성이야말로 죄의 또 다른 한 면을 말한다." 김균진, 『기독교조직신학 Ⅱ』, 연세대학교출판부, 1999, 89-101쪽 참조; Daniel L. Migliore, *Faith Seeking Understanding*, Grand Rapids, Michigan, William B. Eerdmans Publishing Company, 1991, 이정배 옮김, 『조직신학입문-이해를 추구하는 신앙-』, 나단, 1994, 205쪽.

가능하게 한다.185)

　유교의 고통에 대한 이해는 인간을 어떻게 보느냐와 밀접한 연관이 있다. 유교에서 인간이란 하늘로부터 생명을 부여받은 존재로서 그 성품은 순수한 선善이요, 보편적 이치이자 불멸적인 존재로 인식된다. 하지만 욕망과 연결되어 있는 육신은 선과는 반대되는 성향을 가진 가멸적 존재이다. 이렇게 불완전한 인간의 선과 악이 실현되며 양자를 결합하는 인격의 중심은 마음이다. 문제는 인간이 하늘로부터 부여받은 선한 성품을 거부하고 악한 육신의 욕구를 좇는다는 것이다. 그러므로 유교에서의 인간은 육신의 욕망에 이끌리어 하늘의 성품을 잃은 상황이 고통의 상황이며 이로 인해 부도덕한 낭비와 사치에 이르는 행동을 저지르게 된다.186) 그러나 유교는 이 육신의 욕구를 단절하라고 하지 않는다. 다만 '중절'中節과 '과욕' 寡欲이라 해서 조절을 요구할 뿐이다.187) 이렇듯 유교에서는 마음의 지향성, 즉 하늘이 부여한 선한 성품을 따르느냐 아니면 육신의 욕망을 따르느냐에 따라 고통이냐 아니면 해방이냐가 결정된다고 볼 수 있다.

　노자는 도道에 따르지 않는 삶이 고통임을 인식한 현자賢者이다. 인간은 도에서 기원하여 다시 도로 돌아가야 하는 존재임을 알아야 한다. 그러기 위해서는 지식과 앎을 추구하는 생활을 버리고 사욕과 부귀와 명예를 취하지 말아야 한다. 또한 수단으로서의 지식을 버리고 도를 따라서 물질에 대한 과도한 욕구들을 버려야만 한다. 그 욕구들로부터 해방되고 사물들의 유혹에 빠지지 않는 것이 인간이 고통으로부터 벗어나는 길이다. 따라서 인간이 고통으로부터 벗어나기 위해서는 자신이 자연에서

---

185) Rita M. Gross, "Toward a Buddhist Environment Ethic", *AAR* 65, 2, 1997, pp. 333-353; Kevin Trainer, Seeing, "Feeling, Doing: Ethics and Emotions in South Asian Buddhism", *AAR* 71, 3, 2003, pp. 523-529.
186) 금장태, 『유교사상의 문제들』, 여강출판사, 1991, 14-17쪽.
187) 황의동, 『유교와 현대의 대화』, 예문서원, 2002, 233쪽.

부터 왔음을 깨달아야 한다. 자연의 부드러움柔弱性을 따라 생명의 밀접한 관계를 향유할 줄 아는 존재, 그래서 어린 아이와 같이 자족하고 자신의 생명에 연연해하지 않으면서 문명의 모든 파괴적 속성들을 벗어 던진 무위無爲적 존재여야 한다.[188]

장자는 보편적인 인간의 마음을 심心, 성심成心, 또는 成見이라 하였는데, 이 성심이 인간 사회의 모든 시비와 대립의 근원으로 보았다. 그런데 심이 외물外物에 끌려 다니고 갈등을 일으키게 된다. 성심은 사물과 현상을 곡해하고 감각기관을 통한 사고 작용인 지식을 통해 급기야 인간의 인위적人爲的인 행동을 낳게 된다. 그래서 인간 자신뿐만 아니라 자연을 파괴하는 불행과 고통이 생기는 것이다. 이 때문에 인간의 의식과 감각을 정화시켜야 하는 과제가 주어지게 되는데 그 정신과 마음을 깨끗하게 하는 수양 방법이 심재心齋와 좌망坐忘이다. 마음을 비워 깨끗하게 하고 자기를 없애 욕망을 버리고, 心齋 자기 자신과 외물을 초월忘己, 忘我, 忘物하는 좌망을 통해서 인간은 비로소 자연과의 조화로운 만남을 꾀하는 진정한 자유에 다다를 수 있다. 하지만 인간이 자유를 이루기 위해서는 현해懸解, 즉 인간이 외부의 사물에 속박되어 있는 것으로부터 해방되어야 한다. 현해란 원래 거꾸로 매어 달린 상태에서 풀려나는 것을 의미하는데, 이것을 이루기 위해서는 인간의 인위적인 사회적 제도, 규범, 조직, 부귀, 희노애구애오욕喜怒哀懼愛惡慾 등 인간의 정서와 사회적 욕망에서 벗어나야 한다. 이러한 것들이 인간을 고통스럽게 하고 불행하게 하는 것이기 때문이다. 그렇다면 이러한 고통에서 벗어나는 방법은 궁극적으로 무엇인가? 도道의 본성인 자연을 따르는 것이다. 順自然 장자에게 있어서 인간의 자유란 도를 체득하는 수양에 정진하여 진인眞人, 지인至人, 천인天人이 되

---

[188] 김성희, "비판적 초극의 인간관: 노자와 장자의 인간관", 이규성 편, 『동양철학. 그 불멸의 문제들』, 이화여자대학교 출판부, 1994, 181-86쪽; 『노자』, 19章, "見素狗樸, 少私寡慾"; "以無爲自然爲體, 以謙退慈儉爲用."

어 자연에 따라 사는 것이다.[189]

이와 같이 여러 종교에서 나타난 고통관을 보면 인간의 외적 사물에 대한 인식 작용, 즉 욕망에서 고통이 기인하고 있음을 알 수 있다. 하늘이 부여한 성품인 선을 거역하고 육신의 욕망을 좇음으로 고통이 된다는 유교, 고통의 시작이 절대자가 되고픈 인간의 욕망혹은 hubris에서 비롯되었다고 보는 그리스도교, 인간의 욕망과 현세적 집착이 고통을 낳는다는 불교, 인간의 불완전한 지각과 지식으로 인해 외물을 곡해하여 생기는 인간 자신의 상처와 고통, 도의 본체인 자연을 역행하여 도를 상실함으로써 욕망을 따라가는 노장의 인간관을 보면 모든 것이 인간이 지닌 근원적 욕망에서 비롯되고 있음을 알 수 있다.

인간은 본래 유한성을 지닌 존재이자 욕망하는 존재다. 인간은 자신의 실존적 불안을 극복하기 위해 끊임없이 무엇인가를 욕망해야 하는 존재로 살아가게 되어 있다. 그러나 이 욕망이 인간의 실존을 규정하는 한 요소는 될 수 있을지언정, 인간 전인격을 의미하는 것은 아니다. 다만 인간이 지닌 욕망을 제어하지 못하게 되면 자기 실존의 위협과 그로 인한 자연 착취의 결과를 초래한다는 데에 그 속성이 있다. 다시 말해 욕망은 궁극적으로 파괴적 속성을 지니고 있는 것이다. 이 파괴적 욕망은 소외라는 부산물을 통해서 드러나는 바 자신의 본질적 속성을 잊어버리고, 타

---

189) 이강수, "장자의 자연과 인간의 문제", 한국철학회, 「철학」, 제20집, 1983/가을, 75-89쪽 참조; 신순정, "자연과 덕 그리고 인간-노장을 중심으로", 새한철학회, 「철학논총」, 19, 1999/겨울, 73-95쪽 참조; 정진일, 「도가철학개론」, 서광사, 98-106쪽; 김승혜, "도교의 인격이해", 한국사목연구소 편찬, 「인간관의 토착화」, 사목연구총서 8, 한국천주교중앙협의회, 1995, 228쪽; 劉笑敢, 최진석 옮김, 「장자철학」, 조합공동체 소나무, 1998, 151쪽, 167쪽, 270쪽, 308쪽; "재(齋)라는 것은 온갖 물욕을 버리고 온갖 물욕을 버리고 마음을 청정하게 하는 것이다. 즉 심재는 마음의 재계이다. 물욕은 마음을 흐리게 하므로 이것을 제거하는 것이 심재이다. 좌망이라 함은 마음을 마른 나무나 심은 재와 같이 총명과 지식을 물리치고 자기의 신체를 완전히 잊어버리지 않으면 안 된다."; 「莊子」 「大宗師」, 安時以處順 哀樂不能入也 此古之所謂懸解也 而不能自解者 物能結之; 「人間世」, 若一志 無聽之以耳而聽之以心 無聽之以心而聽之以氣 聽止於耳 心止於符 氣也者 虛而待物者也 唯道集虛 虛者心齋也; 우야철인, 정상구 역, 「중국사상」, 내외신서, 1991, 139-140쪽.

자에게서 그 본질을 찾는다거나, 자신의 본질을 본질 아닌 것에 투사하여 자신의 본질이 타자에게 전이됨으로써 자신으로부터 철저히 소외된다. 결국은 자신으로부터의 소외, 타자와의 단절, 사물과의 분리를 초래한다. 이것이 존재론적 소외이다. 따라서 소외, 단절, 분리는 인간에게 있어서 욕망으로 인한 고통의 현실을 대변해주는 말들이다. 이제 인간은 이 파괴적 욕망을 절제하지 못한다면 자연으로부터 그리고 인간 자신으로부터 영원히 소외되는 수렁에서 빠져 나오지 못할 수도 있음을 깨달아야 할 것이다.

5.2. 고통의 원인으로서의 소외疎外

인간은 자신의 신체-내-존재로서의 생물학적 인간이다. 인간은 신체적 현실태를 소유한다. 다시 말해 인간은 자신의 육체를 통해서 존재하며, 철저하게 자신의 물리적 실존에 근거한다. 이러한 인간은 자신의 육체가 유한성을 가질 뿐만 아니라 고통, 쾌락, 만족한 기분 등을 느끼는 욕구적 존재임을 말해준다. 또한 인간은 다른 존재보다도 유약한 존재로 태어난다. 여타의 동물들은 태어나자마자 자신의 본능에 따라 생존해 나가는 데 탁월하지만 인간은 자신이 주체적으로 사고하고 독립하기 위해서는 무려 20여 년이나 부모의 보살핌을 받아야만 한다.[190] 이와 같은 생물학적 취약성과 의존적 심리는 인간의 탄생 배경을 통해 더욱 확실하게 드러난다. 인간은 어머니의 안정된 태반에서 열 달 동안 살다가 자궁으로부터의 독립을 하게 되면서 최초의 고통과 함께 자신의 근원으로부터 소외를 경험한다. 인간이 모태로부터의 단절을 경험하는 순간 어머니

---

190) Helmut Plessner, "생물로서의 인간-아돌프 포르트만을 위하여", Otto Friedrich Bollnow et al., *Philosophische Anthropologie heute*, 이을상 옮김, 『현대의 철학적 인간학』, 도서출판 문원, 1994, 63-79쪽.

와의 단절된 관계를 회복하기 위해서 애쓰는 모습이 바로 식욕의 욕구를 드러내는 어머니의 젖가슴 찾기일 것이다. 그러니까 인간은 태반으로부터의 소외를 경험하는 순간 고통과 함께 자신의 최초의 욕망을 경험하게 되는 것이다.[191] 신화 연구의 대가 조셉 캠벨Joseph Campbell은 신생아가 태어나는 순간과 그 각인을 다음과 같이 묘사한다.

> 허파가 작동하기 시작하기 전에 신생아는 질식의 느낌과 충혈로 인하여 짧은 시간 동안 공포에 사로잡히는 체험을 한다. 이러한 현상숨막힘, 혈액순환의 장애, 현기증, 또는 일시적 의식상실은 갑작스러운 공포를 느낄 때마다 다시 나타나는 경향이 있다. 그 상흔은 급격한 변동의 위기를 수반하는 죽음의 위협에 처하였을 때나 어떤 안정감을 상실하였을 때 커다란 정서적 충격과 함께 와락 몰려오는 경향이 있다.[192]

인간의 유한성과 욕망으로 말미암은 소외는 인간에게만 그치지 않는다. 그리스도교적 관점에 따르면, 인간의 고통은 죄의 결과이고 그로인해 인간의 삶의 터전인 땅도 인간으로부터 소외되었음을 상기할 필요가 있다.창3장 아도르노Th. W. Adorno는 인위적 자연, 다시 말해서 도구적 이성이 지배하는 근대 이후의 세계를 '제2의 자연'이라고 본다. 이 제2의 자

---

[191] 한국철학사상연구회 지음, 『삶과 철학』, 동녘, 1994, 61–67쪽 참조; 실질적으로 인간은 과도한 외부의 필요 이상의 소음과 빛에 의해 신체적인 고통을 받을 경우 인간의 자아는 위험을 평가하고 그 고통의 그림자를 경험한다고 한다. 정신분석학에서는 그 고통이 과도한 자극에서 오는 위험한 반응이나 경고라고 말한다. 그러니까 고통이라는 것이 심리학적으로 보자면 외부적 환경의 지나친 자극에 의한 방어 기제가 작동한 결과라면 좋을 것 같다. 그렇다면 태아가 태어날 때 받는 외부적 환경, 이를테면 자신의 탯줄이 잘려 나간다든지, 산모의 산도가 좁아 강제적 분만을 시도한다든지, 또는 분만실의 지나친 조명과 소음은 태아에게 분명히 고통의 원인으로 작용할 수 있을 것이다. Thomas Szasz, 이남표 옮김, *Pain and Pleasure*, 『고통과 쾌락. 신체감각의 정체』, 도서출판 원탑문화, 1992, 90–91쪽 참조; 프로이트도 유아기 때에 어머니를 찾고 그리워했던 젖먹이 때의 공포와 출생 불안, 자궁으로의 회귀를 열망하는 정신분석학적 설명을 하고 있다. S. Freud, *Neue Folge der Vorlesungen zur Einführung in die Psychoanalyse*, S. Fischer, 1940, 임홍빈·홍혜경 옮김, 『새로운 정신분석 강의』, 열린책들, 1996, 126–127쪽.

[192] Joseph Campbell, *The Masks of God Vol. 1: Primitive Mythology*, 1969, 이진구 옮김, 『신의 가면 1. 원시 신화』, 까치글방, 2003, 80쪽.

연은 본래의 자연이 아니라 소외된 자연, 인간에 의해 황폐화되고, 인간의 지배 아래 있으며 인간의 인공물에 의해 인간으로부터 소외된 자연을 말한다.[193] 계속적인 개발과 착취는 땅을 황폐하게 만들고 인간의 삶과 전혀 관계가 없는 인위적 공간과 세계가 형성되고 있다. 다시 말해 인간이 자연으로부터 소외되고 있는 것은 먼저 인간이 자연을 소외시켰기 때문이다. 인간의 고통은 땅의 소외, 땅의 고통과 밀접하게 연관되어 있다. 그 소외는 '상호관계적 고통'임을 인식할 필요가 있다. 이에 대해 김종호는 이렇게 지적한다.

> 원래 인간은 자신의 생존의 소재를 자연에 바라며, 따라서 인간 자신이 자연 그 자체의 한 부분이었다. 그러나 오늘날 우리 인간이 직접 결부하고 있는 것은 벌써 자연이 아니고 기계이며, 인간은 기껏 기계를 매개해서 자연에 접촉할 뿐으로, 인간적 생존을 지탱하고 있는 것은 기계 그것이던가, 또는 기계에 의해서 생산된 것이던가 이다. 기계는 자연을 대신해서 오늘날의 인간에게는 제2의 자연으로 되었다.[194]

칼 마르크스K. Marx에게 있어서도 인간은 충동과 욕구를 지닌 존재다. 인간은 기본적 욕구항상적 욕구: konstant와 상대적 욕구relativ를 지닌다. 그런데 자연은 인간의 돈에 대한 상대적 욕망으로 생산과 소비의 수단으로 전락하면서 비자연화, 비인간화되어 버렸다. 마르크스에 의하면, 자연은 인간 자신의 삶의 표현 수단으로서 인간을 드러내는 장場이며 인간화된 자연이다. 자연은 인간이 노동을 통하여 자신을 실현하는 생명의 상임에도 불구하고, 이제 자연은 인간에게 낯선 존재가 되어버렸고 인간은 자본의 노예로 전락하고 말았다. 더욱이 우리는 자연이 아닌 기계와 상

---

193) 김유동, 『아도르노 사상-고통의 인식과 해방의 모색-』, 문예출판사, 1994, 60-61쪽.
194) 김종호, 『소외시대의 철학』, 문음사, 1981, 23쪽.

품을 숭배하는 욕망적 존재로 퇴락해버렸다. 결국 마르크스도 인간의 소외는 자신의 터무니없는 욕망에서 기인하고 있음을 지적하고 있는 것이다.[195]

5.3. 인간의 욕망으로 인한 고통

그리스 신화에 보면, 이카로스Icaros에 관한 이야기가 나온다. 테세우스가 미궁에 갇히게 되자 그를 구하기 위해 미노스 왕의 딸 아리아드네는 이카로스의 아버지 다이달로스에게 도움을 요청한다. 다이달로스는 아리아드네에게 실타래를 주면서 미궁迷宮에서 빠져 나오는 방법을 일러준다. 이 사실을 알게 된 미노스 왕은 다이달로스를 미궁에 가두어버렸다. 다행히 다이달로스는 아들 이카로스와 함께 밀랍으로 된 날개를 달고 빠져나가게 된다. 하지만 태양에 너무 가까이 가지 말라는 아버지의 경고를 잊고서 날아오르던 이카로스는 그예 밀랍이 녹는 바람에 바다 속으로 떨어져 죽고 만다.[196] 이 신화가 말하려고 하는 메시지는 인간의 욕망이 파멸을 좌초한다는 것이고, 자칫 삶의 깊은 수렁으로 빠져 들 수도 있다는 것이다. 인간의 내면에는 욕망이라는 헤어 나오지 못하는 라비린토스 Labyrinth가 있다. 그런 의미에서 이 신화는 인간이 "하늘을 날아다니는 것으로 물질적이고 현세적인 생활을 능가하고 싶은 욕망"이 있음을 잘 표

---

[195] E. Fromm and Heinrich Popitz, 김창호 옮김, 『마르크스의 인간관』, 동녘, 1983, 38-70쪽 참조; 안형관, 『인간과 소외』, 이문출판사, 1994, 56-57쪽; 이극찬, 『프롬의 자유사상』, 연세대학교 출판부, 1985, 61-64쪽 참조; 박창희, 『갈등과 소외』, 단국대학교 출판부, 1989, 238-246쪽 참조.

[196] Joseph Campbell/Bill Moyers, *The power of Myth*, Apostrophe S. Productions and Alfred van der Marck, Inc., 1988, 이윤기 옮김, 『신화의 힘』, 고려원, 1996, 250-252쪽; Sergius Golowin et al., *Die Grossen Mythen der Menschenheit*, 1998, 이기숙·김이섭 옮김, 『세계 신화 이야기』, 까치글방, 2001, 166-167쪽 참조; Paul Diel, *Symbolism in Greek Mythology —Human Desire and Its Transformations*, trans. Vincent Staurt et al., Boulder & London: Shambhala, 1980, 안용철 옮김, 『그리스 신화의 상징성-인간의 욕망과 그 변형』, 현대미학사, 1997, 54쪽.

현해주고 있다. 이러한 위험으로부터 벗어나기 위해서는 무엇보다도 우리 마음을 다스리는 것이 중요하다. 그러지 못할 때 인간은 끝없는 삶의 미궁으로 추락하는 고통을 겪게 된다.[197] 욕망이 지나치면 삶은 신비요 수수께끼가 아니라 도저히 헤어 나오지 못하는 미로가 된다.

인간의 원초적인 잠재의식을 표현하고 있는 신화 세계에서조차도 인간이 욕망에 사로 잡혀 있음을 잘 드러내 보여 주고 있다. 인간은 끊임없이 상승하려는 욕구를 지니고 있고 욕망으로 인해 결국 추락의 고통을 겪게 된다는 것이다. 상승은 하강을 염두에 두어야 한다는 것이 위 신화의 지론이다. 여기에서 상승은 욕망이요, 하강은 고통이라는 현실을 상징한다. 현대 사회에서 인간들의 욕망을 자극하고 있는 것은 적절한 소비문화를 넘어선 과소비의 신화적 욕망이라 할 수 있겠다. 소비를 자극해서 인간의 무한한 욕망을 채워나가도록 하는 것이 자본주의의 시스템이며, 이 자본주의는 생산과 소비라는 인간의 무한한 충동 욕구를 부추겨서 생존하는 체계다. 그러나 그것이 극단으로 치달은 현상은 무엇인가? 바로 인간 본질의 상실과 자연환경파괴라는 부정적 결과를 낳은 것이다.[198]

이러한 욕망을 잘 대변해 주고 있는 것이 현대인의 정체성인 '관계를 상실한 인간' 이다. '너' 는 '나' 를 위한 대상으로서 '너' 를 소유해야 한다.[199] 따라서 '너' 는 '나' 를 위한 대상이 되어 나의 욕망을 채우는 도구적 존재가 되기 때문에 '그것' 사물성 혹은 사적 소모성이 될 수밖에 없다. 여자가 남자를 위한 '그것' 이 아니고, 아내가 남편을 위한 '그것' 이 아니듯이, 자연이 인간을 위한 '그것' 이 아니다. 자연은 한갓 인간의 욕망을 채

---

197) Joseph Campbell with Bill Moyers, 위의 책, 250-252쪽; Paul Diel, 위의 책, 55-69쪽 참조.
198) 김용석·이승환, 『서양과 동양이 127일간 e-mail을 주고받다』, 휴머니스트, 2001, 245쪽.
199) 어도선, "포스트모더니즘시대의 욕망에 관한 진실 읽기", 라깡과 현대정신분석학회 편, 『우리시대의 욕망읽기』, 문예출판사, 1990, 94-98쪽 참조.

우기 위한 객관적 현실이 아니다. 또한 "자연이 제공할 수 있는 자원은 모든 인간이 생존할 수 있고 필요한 최소한의 자유를 향유하는 데 충분할지도 모른다. 그러나 힘을 가진 자는 불필요하게 많이 가지기 때문에 약자는 그만큼 적게 가질 수밖에 없고, 고통을 받을 가능성은 항상 있으므로 더 큰 힘을 소유하려는 욕망은 무한하다. 무한히 증가하는 욕망을 충족시키기 위하여 계속 자연을 착취하는 데도 그것은 욕망을 앞지르지 못한다."200)

신학적으로 보면, 그리스도교의 마태공동체 안에도 분명히 의식주의 욕구가 채워지지 않아 고민이 되는 신자가 있었을 것이다.마6:24-34; 25:31-46 그러나 그러한 기본적인 욕구들을 충족시키지 못하는 제자들또는 마태공동체에게 예수는 그것마저도 초연할 것을 가르친다. 욕구가 과하면 본질을 잃어버리기 십상이기 때문일 것이다.過猶不及 욕망을 통해 자신의 존재를 확인하고 싶어 하는 오늘날 현대인들에게 지표가 되는 교훈이리라. 자족은 삶의 총체적 미궁으로부터 헤어날 수 있는 방법이다. 이처럼 오늘날 우리 모두에게는 있음에 만족하고, 없음에 초연할 줄 아는 인간상이 요구된다. 그것이야말로 인간의 본질을 회복시키고 더 나아가서 자연을 해방시키는 길이다.

5.4. 하나님의 선물인 대지大地: 땅의 고통

이스라엘에게 있어서 대지땅란 하나님의 선물이며, 아름다운 것이다.201) 그렇기 때문에 인간은 하나님의 선물로서 주어진 대지를 잘 관리하고 보전해야 하는 청지기적 소명이 있는 것이다. 그러나 인간은 교만

---

200) 손봉호,『고통받는 인간. 고통문제에 대한 철학적 성찰』, 서울대학교 출판부, 1995, 140쪽.
201) Norman C. Habel, *The Land is Mine: Six Biblical Land Ideologies*, Minneapolis: Augsburg Press, 1995, 정진원 옮김,『땅의 신학.땅에 관한 여섯 가지 이념』, 한국신학연구소, 2001, 57-62쪽.

함과 불순종으로 인해 저주를 받게 되고 자연과도 소원해졌다.창3장 그러나 창세기 2장 7절을 보면, 인간과 자연이 원래는 유기적 관계였음을 알 수가 있다. 하나님이 인간아담을 땅/흙아다마, 직역하면 '흙의 먼지'으로 지었다는 것이다. 그러므로 인간은 땅에서 와서 땅으로 돌아갈 존재다.창 3:19 마찬가지로 피조세계도 땅에서 와서 '생명의 기운' 혹은 '하나님의 숨'을 머금고 사는 존재들이다. 이렇듯 땅은 인간과 자연의 공통적 기반이다.[202] 한편 대지는 인간과 하나님의 공존적 관계를 드러내는 장이지만 사회적 불의에 의해 땅이 황폐되기도 한다. 땅이 더럽혀진 이유는 이스라엘의 우상숭배에 대한 징벌의 원인이기도 했다. 예레미야서에는 나그네와 새와 짐승들이 떠나버린 고통스런 땅을 잘 묘사하고 있다. 궁극적으로는 땅과 하늘의 창조가 헛된 일이 된 것이다. 하늘이 빛을 잃음으로써 생명은 사라지고, 땅은 이스라엘에 대한 분노의 희생물이 된다. 우리는 여기에서 하나님, 땅 그리고 인간의 공존 관계에서 어느 한 존재라도 고통을 당하면 전체가 고통을 당한다는 사실을 알게 된다. 인간의 죄는 땅의 고통이고, 땅의 고통은 곧 야훼의 고통이다. 왜냐하면 땅은 하나님의 것이고 존재의 터이기 때문이다.[203] 땅은 하나님으로부터 씨를 받아서 그것을 풍요로 변형시키는 존재의 자궁이다. 그래서 땅은 모든 존재를 품어 안음으로써 우리를 살리는 근원이되며, 믿음과 소망과 신뢰의 근거가 된다.[204]

과거 이스라엘이 겪었던 땅의 고통 문제는 왜 우리가 고통을 받아야 하는가라는 원인론적 해답을 구하는 것이었다. 오늘날의 문제는 고통이란 무엇인가의 질문이 아니라 이 고통이 어떻게 작용하는가고통의 작용점

---

[202] Gene M. Tucker, "Rain on a Land Where No One Lives: The Hebrew Bible on the Environment", *JBL* 116, 1, 1997, pp. 3-17; 박요한 영식 지음, 『가장 행복한 약속』, 생활성서사, 2000, 25-27쪽.

[203] *Ibid.*, pp. 109-113 passim.

[204] 이정배, 『신학의 생명화 신학의 영성화』, 대한기독교서회, 1999, 218-219쪽.

와 고통이 어디를 지향하고 있는가고통의 지향점를 분석하는 것이 중요하다. 궁극적으로 고통이 작용하여 지향하는 바는 불쾌감이다. 그것은 행복하지 않다는 것이다. 외부로부터 몸에 자극이 주어지면 인간은 누구나 행복과 쾌락이 수반되기를 원한다. 하지만 그와는 반대로 자신의 원의와는 상반되는 불쾌감을 동반하기도 한다. 또한 인간 자신의 지나친 욕망의 쾌락 때문에 고통을 당하는 경우도 있다. 모든 자극적인 과소비로 인한 쾌락이 반드시 행복을 가져다주는 것은 아니다. 결과적으로 보면 그것은 인간 자신의 피폐를 가져올 뿐 아니라 환경을 오염시켜서 누군가가 그것 때문에 병들 수 있기 때문이다.205) 인간에게 있어서 고통은 자신의 본질로부터의 소외를 경험하게 한다면, 피조세계땅에 미치는 영향은 '파괴의 표상' 으로 나타난다. 환경과 생명은 아랑곳하지 않고 오로지 욕망의 토건정책에 따라 집을 짓고, 대지車道를 침해하여 도로포장을 한다면 대지는 숨을 쉴 수가 없을 것이다. 물이 정화 작용을 상실하고 민물고기와 바다 짐승 그리고 수생식물들이 살 수 없다면 그것은 분명히 고통이다. 풍수혹은 풍향를 고려하지 않고 지은 높은 건물들은 날짐승들의 날개짓을 방해하여 그들을 자연으로 돌아가게 하지도 못한 채 도시 속에 감금시킨다. 이러한 것들이 다 인간의 이기심과 무분별한 환경 파괴로 인한 고통의 결과들이 아니고 무엇이겠는가.206) 토머스 머튼Thomas Merton은 이와 같은 상황에서 인간만 살겠다고 실속을 차리며 타자의 이익과 관심에는 안중에도 없는 순간 많은 타자들이 고통을 받고 있다는 사실을 직시하게 만든다.

---

205) 손봉호, 앞의 책,211쪽.
206) 인간들의 행위로 인해서 겪게 되는 동·식물들의 불필요한 고통에 대해서는 롤스턴 3세의 책을 참조하라. Holmes Rolston, Ⅲ, *Environmental Ethics. Duties to and Values in the Natural World*, Philadelphia: Temple University Press, 1988, pp. 56–62; Eugene. C. Hargrove, *Foundation of Environmental Ethics*, Prentice Hall, Inc., 1988, 김형철 옮김,『환경윤리학』, 철학과 현실사, 1994, 205–213쪽; Peter Singer, *Animal Liberation*, 1995, 김성한,『동물해방』, 인간사랑, 1999 참조.

이 세상에서 문화적이며 윤택한 생활을 하고자 하는 정당한 욕구는 결코 죄가 되지 않는다. 하나님은 사람들이 이 세상에서 안정되고 행복한 생활을 누리기를 바라신다. 그러므로 구약의 예언서들이나 신약의 복음서와 서간경들은 일부 사람들의 안락하고 즐거운 생활은 다른 사람들의 불행과 고통 위에 이루어지는 것임을 항상 깨우쳐 준다.[207]

5.5. 고통의 인식론적 의미와 극복 방안

인간이 자연을 떠나서 살 수 없듯이 또한 문화와 무관하게 살 수 없다는 것은 자명하다. 그러나 모든 문화는 자연이라는 매개를 통해서 비롯된다고 볼 때 인간 자신을 끊임없이 성찰하며 자연과 벗하여 대립이 아닌 공존을 모색하는 새로운 접촉점을 찾아야 할 것이다.[208] 그러기 위해서 인간은 자신의 욕망을 제어할 줄 아는 건전한 이성의 소유자가 되어야 하는 것은 두말할 필요도 없다.

인간의 고통은 스스로의 조절 능력에 의해 해소되거나 극복되기도 하지만 자연의 고통은 인간의 고통보다 더 근원적인 데 있어서 좀처럼 치유되기가 어렵다. 그렇기 때문에 자연의 고통은 인간에게 직접적인 영향을 주어 인류의 위기를 가져올 수 있다. 분명히 생태계의 파괴는 인류에게 위협이고 고통이다. 그럼에도 그것은 오히려 인간이 좀 더 자연과 일치된 삶을 살아야 하고, 인간이란 자연과 유기적인 존재라는 사실을 뼈저리게 느끼게 해 준다.[209] 그러므로 고통이 반드시 나쁜 것만은 아니다. 우리가 신체적 혹은 정신적 고통을 경험한다는 것은 돌이킬 수 없는

---

207) Thomas Merton, *Cistercian Life*, Spencer, Massachusetts: Cistercian Book Service, 1974, 오무수 옮김, 『침묵 속에 하느님을 찾는 사람들, 엄률 시토회(트라피스트) 수도생활』, 분도출판사, 1994, 18-19쪽.
208) 김종호, 앞의 책, 237쪽.
209) 남경희, "생태주의 인문학 서설", 한국기호학회 엮음, 『생태주의와 기호학』, 문학과 지성사, 2001, 71-72쪽.

상흔이 될 수도 있지만, 반면에 앞으로의 교훈적·경고적 자극이 될 수도 있기 때문이다. 그러니까 고통은 '우리가 현재 어디에 있는가'를 일러주는 좌표가 될 뿐만 아니라 삶의 수정을 요구하는 지침이 될 수도 있다는 말이다. 그런 의미에서 우리의 현실에서 고통을 극복하는 것 못지않게 중요한 것은 '그 고통을 어떻게 다룰 것인가'이다. 고통은 우리의 현실 외부로부터 인식되기도 하지만 그 고통을 인식하는 주체인 인간의 의식 활동의 산물이기 때문에 그 고통을 긍정적으로 또는 부정적으로 받아들일 것인가는 전적으로 개별적 인간에게 달려 있다. 여기서 개별적 인간이란 고통의 표상이 주어지는 데에 대한 반응이 개개인마다 차이가 있기 때문이다. 그 고통의 표상이 요구·의도하는 것은 더 이상 현실의 고통이 파괴로 인해서 오는 고통이 되어서는 안 된다는 것이다. 분명한 것은 파괴적 고통은 재건할 수 없는 고통이다. 지구의 고통이 인간의 씻을 수 없는 상처로 오래 지속될 수밖에 없는 것은 이러한 고통을 다루는 인간의 의식이 성숙되지 못했기 때문이라고 볼 수도 있다. 따라서 고통, 그것이 정신적 고통이든 아니면 육체적 고통이든 인간의 의식을 스스로 고양하지 않고서는 주어진 자연의 고통을 인간 자신의 고통으로 받아들이기가 쉽지 않을 것이다. 그러나 하나님께서 자연의 고통을 위해서 몸소 모험을 감행하신다는 데에 위로를 얻는다. 하나님께서는 자연만물의 고통을 외면치 아니하시고 친히 피조세계의 고통에 동참하심으로써 자신의 사랑을 드러내신다. 하나님의 역사가 인간의 역사가 되어 하나님의 자기 비허가 현실이 된 것이다. 그래서 자기 비허를 통한 하나님의 사랑은 늘 고통을 수반한다.[210]

 그러기에 인간에게 있어서도 절제를 통한 고통은 아름답기만 하다. 모름지기 "절제는 자원해서 고통을 당하는 것이고, 윤리적 행위의 기본"이

---

210) 심상태,『인간. 신학적 인간학 입문』, 서광사, 1989, 269쪽.

다.²¹¹⁾ 절제라는 금욕적 태도가 오늘날 절실한 삶의 요청으로 받아들여지고 있는 것은 '도덕성을 구성하는 핵심이며 사람답게 사는 인간 정신의 근원이며 본질'이기 때문이다. 이는 자연과 인간을 위해 생존경쟁을 종식시키는 아스케제askese인 것이다.²¹²⁾ 다시 말해 인간의 본능인 욕망이 나쁜 것이라고 규정짓고 저지하려고 하는 것이 아니라 그 본능의 질서를 바로잡기 위한 것임을 알아야 할 것이다.²¹³⁾

지금까지 우리는 인간의 지나친 욕망이 생명의 신비와 삶의 진실성을 파괴할 수 있다는 사실을 살펴보았다. 삶과 생명이라는 말은 인간의 총체적 구성을 지칭하기도 하지만 여타의 생물과 무생물이 우리의 삶과 공존한다는 의미에서 인간의 총체적 구성인 삶과 생명은 자연에게도 소중한 것임에 틀림이 없다. 또한 인간이 지닌 기본적 욕구를 넘어선 욕망예컨대, 지나친 소비 욕망, 축적적 물질 욕망, 편의와 경제적 가치만을 지향하는 개발 욕망 등은 우리 자신에게 뿐만 아니라 생태계 전체에게도 크나큰 '고통'이 초래될 수 있다. 그 고통은 근본적으로 우리가 배려하고 공존해야 할 인식의 대상인 자연을 소외시킨 결과로서 다시 우리에게 굴레처럼 업業: karma으로 다가온다.

모든 종교는 일찌감치 인간의 본질을 꿰뚫고 인간이 지닌 합리적 이성을 통해 욕망을 절제해야만 한다고 구구절절이 가르쳐 주고 있다. 종교는 인간 문화의 투영과 반성을 통해 이루어진 신에 대한 신념 체계로서 세대에 걸쳐 전승된다. 그러므로 우리는 종교가 주는 속뜻을 오늘도 소

---

211) 손봉호, 앞의 책, 211쪽.
212) 진교훈, 『철학적 인간학 1』, 경문사, 1988, 88-89쪽.
213) 전헌호, 『자연환경, 인간환경』, 성바오로, 1998, 360쪽; 또한 다른 소논문에서 전헌호 신부는 다음과 같이 언급하고 있다. "많은 종류의 물질적 소비 속에서 편안한 삶을 살아가는 것을 좋아하는 본능적인 욕구를 거슬러 소비를 줄이고 근검 절약하는 삶을 살아가는 것은 쉽지 않다. 그러나 그러한 삶을 자진해서 살아가지 않으면 주변 세계의 무역 상황과 생태계의 상황이 훨씬 더 큰 고통을 몰고 와서 그렇게 살아가도록 강하게 압박해 올 것이다." 전헌호, "고통과 지구 생태계의 한계성", 『신학과 사상』, 25, 1998, 159쪽.

중히 여기고 생태학적 위기에 처해 있는 상황 속에서 그 의미를 재생산하고 기여하는 데 이바지해야 할 것이다. 그리하여 오늘날 인간의 모든 고통들을 올바르게 인식하고 그 고통이 우리의 욕망에서 기인하였음을 깨달아야 한다. 또한 종교적 의미, 즉 절제의 아스케제를 내면화하여 오늘의 위기 상황을 극복해나가는 데 진력해야함이 마땅할 것이다.

6장

예수 사건과 세계 긍정 : 환경위기시대의 생태학적 그리스도론과 생태학적 시간관

6.1. 그리스도의 육화에 대한 생태신학적 이해

6.1.1. 포스트모더니즘과 그리스도론

인간의 삶은 날이 갈수록 편리해지지만 그만큼 고통과 좌절은 늘어가고만 있다. 인간이 중심이 된 세계는 긍정적 가치보다는 부정적 가치들이 더 많이 지배하고 있는 게 사실이다. 인간의 삶이 풍요로워질수록 상대적으로 환경은 자꾸 파괴되고 있다. 이는 곧 인간이 사연환경으로 인해서 자신의 풍요와 행복을 이루고 있음을 반증하고 있는 것이다. 그러나 무엇보다도 인간의 행복은 신이 바라는 것이고, 자연과 더불어 이루어지는 것이어야만 한다. 그럼에도 불구하고 그 행복이 정당하거나 바람직해 보이지 않는 것은 하나님과 자연이 고통을 당하고 있기 때문이다.

행복은 나만의 행복이 아니다. 더불어 행복이어야만 한다. 자연환경을 착취하여 이루어진 행복은 진정한 의미에서 인간의 행복이라 말할 수 없거니와 신이 바라는 행복이라 자인할 수도 없다. 따라서 글쓴이는 그리스도교적인 입장에서 자연과 인간, 그리고 하나님에 대한 생태신학적 독해를 통해 환경문제에 대한 신학적 성찰을 시도하고, 그 대안으로 생태학적 시간관을 통해 인간이 이 땅에서 견지해야 할 자연에 대한 시각을 조명하고자 한다. 특히 로고스 찬가요1장와 겸허가빌2장를 생태신학적인 해석을 통해 오늘의 시각에서 분석하고, 그것이 갖는 생태학적 그리스도론의 함의는 무엇인지를 알아보고자 한다.

포스트모더니즘은 현대 이후의 시대를 준비하는 사유 체계이다. 이는 다시 말하면 미래를 현재로 산다고 표현함이 옳을 것 같다.[214] 사실 포스트모더니즘이란 아직 진행 중인지도 모른다. 포스트모더니즘은 철학, 문학, 사회학, 신학, 건축학, 그리고 예술에 이르기까지 두루 영향을 끼치고 있다. 이는 근대와는 다른 사유 체계를 표방하고 있으나 그러면서도 근대적인 사유를 기반으로 하는 학문적 성향after나 trans 혹은 anti을 띠고 있다. 그 대표적인 사유가 해체주의다. 프랑스의 철학자 데리다J. Derrida, 푸코M. Foucault, 리오타르J. F. Lyotard 등은 근대의 이성적, 로고스적 사유를 거부한다. 로고스에서 뮈토스, 이성에서 감성으로, 정형에서 무정형, 남성적 가부장제에서 양성평등으로, 의식에서 무의식으로 방향 전환을 꾀하고 있는 이들이 바로 포스트모더니스트들이다.

이러한 포스트모더니즘의 출현 배경에는 과거 지나치게 이성중심적인 사유가 지닌 폭력과 수학적이고 과학적인 합리성이 인간의 삶을 고정된 육체로 만들었다는 데에 있다. 이성으로부터의 속박에서 벗어나 자유함을 추구하려는 정신은 곧 근대적 사유 체계인 이분법적 사고와도 이별해

---
214) 이진우, 『이성은 죽었는가. 포스트모더니즘의 철학』, 문예출판사, 1998. 12쪽.

야만 했다. 근대적 사유는 이성의 힘을 강조하고 인간을 이성적 사유자로 인식했던 것은 사실이다. 그러나 인간의 이성을 감성과 구별하여 우월한 것으로 인식하였고, 그 결과 데카르트 이후로 자연과 인간, 정신과 물질, 하늘과 땅, 신과 자연의 이분화가 두드러지게 나타나게 되었다. 이러한 사유가 이성의 도구성에서 비롯되었다는 사실은 현상적으로 나타난 자연과 인간의 소외, 인간과 인간의 소외, 하나님과 인간의 소외로 말미암은 자연의 비합리성, 이성의 자연 지배로 볼 수 있다.

이러한 때에 오늘날 교회와 신학에서 칼체돈 공의회451년가 천명한 신학적 논증들을 계속해서 답습하는 것은 어쩌면 신학적 해석학이 답보 상태인 것이며, 오늘을 과거의 언어로 산다고 말할 수 있을 것이다.[215] 시대가 변하고 역사가 발전됨에 따라 콘텍스트 속에서 나왔던 텍스트는 오늘의 콘텍스트 속에서 다시 새롭게 말해져야만 한다. 스콜라 철학과 신학을 통한 중세적 언어가 낳은 신관은 오늘날 신학의 죽음, 자연의 죽음, 교회의 죽음 앞에서 무엇을 말해줄 것인가는 바로 포스트모더니즘 시대를 살아가는 교회와 신학의 몫으로 남아 있는 것이다.

하나님이 인간의 본성을 취하여 이 땅의 현실과 역사 안에 들어오셨다는 말을 '육화' incarnation라고 한다. 이것은 역사의 예수 안에서 살아 계신 하나님이 함께 사심이요 하나님의 현실인 것이다. 그는 이 땅에서 하나님의 삶을 살았으며 아버지의 뜻을 사심 없이 펼쳐 보여 주신 분이다. 곧 하나님의 현실이 예수의 현실인 것이고, 예수의 현실이 하나님의 현실인 것이다. 예수가 이 땅에서 하나님의 본성을 취하고, 하나님이 예수 안에서 인간의 본성을 취했다는 말은 무엇인가. 하나님의 본성은 초월성과

---

[215] 칼체돈 공의회는 기원후 451년에 실시되었는데, 여기에서 예수 그리스도의 신성과 인성에 대한 신학적 입장이 정리되었다. "우리는… 두 가지 본성을 지니면서도 뒤섞임이나, 뒤바뀜이나, 나뉨이나, 분리됨이 없으신 분으로서 한 분이요 그리스도이시며 아드님이시요 주님으로서 유일하게 나신 분을… 고백하나이다."

무시간성이고, 인간의 본성은 유한하고 시간에 제약되는데 이 둘은 모순이 아닌가. 초월적인 하나님이 유약한 인간의 본성을 취했다는 말은 하나님 스스로 자신을 계시하신 '자기 현현의 역사적 투신성'을 보여준다. 그가 무한하나 유한한 제약성을 취했다는 것은 하나님의 자유이자 인간의 자유인 것이다. 다시 말하면 인간의 구원을 위해 자신의 자유를 버리고 인간의 자유를 취하신 것이다. 이로써 하늘의 자유가 인간의 자유, 땅의 자유가 되는 것이다. 그러므로 역사의 예수는 자유와 해방을 선취하신 분이다. 그는 하나님의 대리자로서 인간의 자유와 땅의 자유를 하늘로부터 이 땅으로 끌어당기신 분이다. 따라서 로고스는 세상을 창조하신 중재자라는 의미에서 우주론적 기능을 가지고 있으며, 동시에 계시를 통한 구원자라는 의미에서 구원론적 기능을 지니고 있다.[216] 풀어 말하면 말씀로고스: Logos을 통하여 하나님의 세계가 인간의 세계를 향해 한층 가까워진 것이며, 하나님의 현실이 인간과 자연의 현실이 된 것이다. 더 나아가 하나님이 역사의 예수를 통해서 자신을 드러내신 사건은 초월적인 하나님이 내재적인 하나님이 되신 것이다.

시대의 요청에 따라 오늘날 육화는 새로운 해석학적 반성을 기다린다. 육화는 "하나의 가능성으로 머물러 있지 않고 참으로 역사성을 입은 하나님 자신"이다.[217] 이는 하나님 자신을 사람으로서 주신 사건이요 인간이 되었다는 의미이다. 인간의 세계와 시간으로 자신을 양도하신 것이다.[218] 따라서 "육화는 가려진 계시가 아니라 피조물 안에 있는 창조주의 최초의 그리고 최상의 참 계시임을 주목해야 한다. 예수 그리스도는

---

216) Wolfhart Pannenberg, *Jesus-God and Man*, 2nd ed. trans. Lewis L. Wilkins and Duane A. Priebe, Philadelphia: The Westminster Press, 1977, p. 160.
217) 이찬수, "그리스도론과 종교간 대화론", 「신학전망」, 117, 1997, 84쪽.
218) Karl Rahner, *Grundkurs des Glaubes. Einführung in den Begriff des Christentums*, Verlag Herder, Freiburg i, Br. 1976, 이봉우 옮김, 『그리스도교 신앙 입문. 현대 가톨릭 신학 기초론』, 분도출판사, 1994, 284-291쪽.

벗겨진 하나님의 모형이다."²¹⁹⁾ 이렇듯 예수 그리스도의 육화는 하나님 사랑의 신비로서 그가 인간을 얼마나 사랑하시는가를 보여주시는 계시이다. 그 신비가 바로 예수 안에서 드러나면서 피조물의 고통을 함께 짊어지신다. 요한복음 1장 14절에서 "말씀이 육신이 되셨다"라는 구절에서 육신은 사르크스sarx이다. 이 사르크스는 안트로포스anthropos나 소마soma, 혹은 신의 영적인 몸이 아니라 온전한 피조세계의 한계성을 지닌 존재를 말한다. 그러므로 예수의 육화는 모든 피조세계의 생명을 비롯하여 기쁨, 버려짐, 고통, 비극, 죽음을 공유한다. 그의 고통당하심은 모든 피조세계와 함께 하신 것뿐만 아니라 모든 피조세계를 위한 것이다.²²⁰⁾ 여기에서 육화는 십자가 수난의 고통과 밀접하게 연관되어 있음을 알 수 있다. 육화는 영광과 동시에 고통이며, 어두움 속에서 생명의 빛으로서 인간의 고통, 자연의 고통과 연대한다는 점에서 구원이고 사랑인 것이다.

6.1.2. 로고스 찬가의 생태신학적 독해

생태신학적 해석학 또는 생태학적 해석학ecological hermeneutics은 과거의 해석학을 보완하는 해석학이다. 종래의 성서해석학자들이 자연을 수단화하도록 그 이데올로기적 기반과 근거를 위해 성서를 아전인수식으로 해석한 것에 대해 반성하며 생태학적 시각에서 성서를 비판적으로 독해하고자 하는 의지에서 발생한 방법론이라 볼 수 있겠다. 생태신학적 방법론은 성서의 내용을 통해 인간과 자연이 공존을 모색할 수 있도록 하나님의 창조의지를 파악해보려는 데에 중점을 둔다. 그래서 해석학의 방

---

219) D. Bonhoeffer, *Christ the Center*, trans. Edwin H. Robertson, Harper & Row, Publishers, 조성호 옮김, 『중심이신 그리스도』, 종로서적, 1981, 156-157쪽.
220) Harold Wells, The Flesh of God: Christological Implications for an Ecological Vision of the World, *TJT* 15, spring 1999, p. 62.

향을 인간 중심에서 생태 중심, 혹은 생명 중심으로 전환하고자 하는 것이다.[221] 이에 대해 생태학적 해석학이라는 방법론이 성서의 텍스트를 자구대로 또는 임의대로 자연신학적인 접근을 통해서만 해석한다고 비판할 수도 있다. 그러나 가다머H.-G. Gadamer가 말한 것처럼 우리의 경험과 인식 지평이 현재의 텍스트를 바라보고 해석하는 틀로서 작용한다는 점에서는 같은 맥락이라 말할 수 있겠지만 텍스트가 생성되었던 공동체와 작가의 의도를 완전히 배제한다는 의미는 아니다.

다만 텍스트를 우선하기보다는 인간이 처해져 있는 상황과 맥락을 먼저 고려한다는 점에서 다를 뿐이다. 다시 말해서 이스라엘 백성들이 마치 자신의 신체험의 고백을 반복적으로 전승시켜서 회당과 교회에서 후대에게 존속시켰던 것처럼, 또 자신의 신앙적 체험을 이야기 형태양식로 전승시켰던 것처럼 성서의 이야기를 오늘 우리 현실 속에서 다시 한 번 구현하는 신앙 이야기로 되살리겠다는 것이다. 오늘날 교회 공동체도 신앙의 이야기, 하나님의 이야기, 예수의 이야기가 발생되는 공동체인 것이다. 이 이야기들의 전승적 매체는 바로 성서인데, 생태신학적 성서 해석은 성서가 발생되었던 신앙의 선배들의 생태적 정서를 풀어서 되살리는 것이다.

여기에 함께 공헌할 수 있는 해석학으로서는 지식사회학적인 방법론이 있다. 지식사회학이란 인간의 사회적 활동이 인간 개인의 삶의 양식과 개념 그리고 계급구조를 지배한다는 논리인데, 사회가 인간의 의식과 제의 방식, 지식조차도 좌우할 수 있다는 것이다. 그러니까 성서의 내용은 곧 그 사회의 반영이기도 하고 그 공동체의 산물이기도 하다. 성서의 내용들, 특히 예수의 말씀들이 자연을 이야기할 때 그분이 자연적 요소

---

[221] 김균진, "생태계의 위기와 해석학", 「기독교사상」, 9월호, 1999, 53-60쪽 참조; 정기철, 『시간문제와 종말론』, 한들출판사, 2000, 47쪽.

들과 함께 그리고 자연과 긴밀하게 접촉하며 살았다는 단서가 되는 것이다. 물론 1세기에 오늘날과 같은 환경문제가 극심하지 않았기 때문에 복음서들을 생태학적으로 해석하는 것은 어불성설이라 주장할 수 있다. 그러나 과거의 텍스트가 오늘날의 문제에 대해 새로운 지평을 열어 주어야 한다는 해석학적 사명에 비추어 본다면 그 또한 편협된 해석학적인 방법론의 독단이라 여겨진다. 따라서 말씀과 상황은 저자적 상황과 독자적 상황이 밀접하게 연관되어 있음을 전제로 하고, 그 요소들이 단지 유목민적인 풍토에서 나온 자연적 요소라고 규정하기보다는 예수의 모든 말씀의 토대와 설명의 근거가 자연에 있었다고 보는 것이 오늘날 생태신학적인 해석학이 제시하는 방법론의 근거가 될 것이다. 글쓴이는 이런 방법론을 토대로 요한복음 1장을 간략하게 분석해보고자 한다.

요한복음 1장은 '로고스 찬가'라고 한다. 학자들은 이 로고스 찬가가 요한복음사가의 훌륭한 작품으로 인정하고 있다. 왜냐하면 로고스 찬가를 기술한 작가는 호교론적인 입장을 취하면서 스토아 철학과 영지주의를 비롯하여 당시 굵직한 이단 사설들과 대적하면서 예수의 선재성, 그리고 그분의 창조주로서의 존재와 우주적 존재임을 유감없이 보여주고 있는 천재성을 발휘하고 있기 때문이다. 특히 요한복음서의 '빛과 어두움'에 대한 묘사는 세상이 빛 가운데 머무르지 않는 한 온갖 세상의 부정적인 모습들, 곧 거짓, 불신앙, 오해, 악의 영역, 질병, 죽음 등이 존재하는 것으로 보고 있음을 말해 주고 있다. 따라서 로고스, 즉 그리스도의 현존praesentia Christi을 통하시 않고서는 이러한 것들이 극복될 수 없다는 게 요한복음사가의 견해이다.[222] 그렇다면 요한복음의 로고스 찬가를 통하여 오늘날 생태계 위기와 육화의 연관성을 어떻게 찾을 수 있겠는가

---

[222] Ernst Käsemann, *The Testament of Jesus. A Study of the Gospel of John in the Light of Chapter 17*, Philadelphia: Fortress Press, 1968, 박정진 옮김,『예수의 증언』, 대한기독교서회, 1982, 72-75쪽.

하는 것이다.

먼저 "그리스도론은 구원론이다."[223] 한마디로 그리스도와 구원은 밀접한 관계가 있다는 단언이겠다. '로고스가 사람이 되었다' 고 요한복음은 기록하고 있다. 이것은 예수가 인간의 현실성을 돌아보았다는 뜻이다. 인간이 처한 삶의 현실적 고통과 생활세계에 그분이 함께 하신다는 것을 말한다. 이러한 삶의 고통과 괴로움으로부터 인간을 구원하고 해방한다는 의미일 것이다. 또한 육화의 사건은 이 세상이 하나님에 의해 포기되거나 거부된 것이 아니라 긍정되었다는 것을 일컫는다. 인간의 세상이 악한 것은 현실이지 그 자체가 악한 것은 아니다. 왜냐하면 이 세상은 하나님에 의해 창조되었기 때문이다. 그래서 이 세상은 아름다운 곳이고 하나님의 나라가 들어설 자리인 것이다.[224] 이 세계는 하나님의 영과 물질이 만나는 장소이며 정신과 물질이 만나는 장소로서 하나님의 육화를 통하여 이원론은 극복된다. 구원의 현실이 이 땅임을 말하고 있는 것이다. 그뿐만 아니라 세계는 말씀로고스이 구체화되는 토포스topos가 되며, 성과 속이 공존하고 카이로스와 크로노스가 병존한다.[225]

또한 육화는 하나님과 인간, 인간과 자연, 하나님과 자연이 서로 적대시하고 원수가 되었던 관계가 회복되는 우주적 화해 사건이다.[226] 창세설화와 타락설화가 인간이 어떻게 하나님과 원수가 되고 자연과 멀어지는지를 설명한다고 한다면, 로고스 찬가는 어떻게 하나님에 의해 피조세계와 인간이 예수를 통하여 화해하고 회복하는가를 설명해 준다고 볼 수

---

223) Horst G. Pöhlmann, *Abriss der Dogmatik*, 이신건 옮김, 『교의학』, 한국신학연구소, 1993, 249쪽.
224) 김균진, 『역사의 예수와 하나님의 나라. 오늘의 그리스도론』, 연세대학교 출판부, 1994, 97-98쪽; 몰트만에 따르면, "하나님의 나라는 그것은 자신의 창조물 안에 거하며 이를 자신의 거처로 삼는, 안식하는 하나님이다. 모든 창조물이 그의 식구가 될 것"이라고 말한다. J. Moltmann, 이신건 옮김, *Wer ist Christus für uns heute?*, 『오늘 우리에게 그리스도는 누구신가?』, 대한기독교서회, 1997, 35쪽.
225) 이종성, 『그리스도론』, 대한기독교출판사, 1984, 136쪽.
226) 이종성, 위의 책, 137쪽; J. Moltmann, *Wer ist Christus für uns heute?*, 35쪽 참조.

있다. 다시 말해서 하나님은 창조와 구원에 밀접하게 관련되어 있는 분이고, 예수는 그 화해의 중재자라는 사실이다. 여기에 '하나님과 자연 사이의 중심이신 그리스도'가 잘 나타나 있는 것이며 그 예수 안에 구원의 현실이 있는 것이다.[227]

6.1.3. 자연을 배려하는 영성

"예수는 사랑을 의미한다. 자기 자신 및 자신의 이웃 피조물로부터의 자유이자, 곧 그것들에로의 자유 안에 실존하는 것이다. 예수는 사랑에 대한 신앙 안에 실존하는 자유를 의미한다. 그것은 해방을 의미하기도 한다."[228] 예수 그리스도 안에서의 육화 사건은 인간에게 뿐만 아니라 자연만물에게도 자유와 해방을 가지고 왔다. 그를 통해서 하나님의 구원 의지가 모든 피조세계에 현현되었다. 그것은 전적으로 예수의 자기 비움과 하나님의 자유를 통해서 인간 본성을 취하신 육화 사건에서 분명하게 드러난다. 요한복음사가에 의한 육화의 상징성은 세상의 부정이 예수 안에서 긍정이 되었고, 로고스를 통해서 '하나님과 우주, 그리고 자연과 역사에서의 하나님의 자기 현현'이 이루어짐에 따라 '자연의 구원 없이 인간의 구원도 없다'는 사실을 명백히 보여준다.

이제 이러한 육화의 상징성을 오늘의 현실에서 현대인들은 어떻게 표현할 것인가. "창조주 하나님의 체험"을 통하여 이 세상이 하나님께서 지으신 창조질서에 따라 선사된 세상임을 고백해야 할 것이고, "하나님의 우주론적인 체험"을 통하여서는 창조주 하나님에게 덧입은 은총을

---

[227] Oscar Cullmann, *The Christology of the New Testament*, London: SCM Press, 1963, 김근수 역, 『신약의 기독론』, 나단, 1994, 405-406쪽; D. Bonhoeffer, 앞의 책, 93-94쪽; 몰트만은 육화가 하나님의 창조 사건의 재현, 재생, 재확인, 계속적 창조(creatio continua)로 본다. 그 외 화해 사건은 426-428쪽 참조. J. Moltmann, *Der Weg Jesu Dimensionen-*, Chr. Kaiser Verlag München, 1989, 김균진·김명용 공역, 『예수 그리스도의 길-메시야적 차원의 그리스도론』, 대한기독교서회, 1990, 402-407쪽.

[228] Schbert M. Ogden, *The Point of Christology*, London: SCM Press, 1982, pp. 117-124.

망각하지 말아야 할 것이다. 또한 "하나님의 인간학적인 체험"amo ergo est: 나는 사랑한다. 그러므로 존재한다을 통하여 하나님의 구원 역사를 지금 여기에서, 인간과 자연을 해방하신 사건을 회상하며, 하나님께서 창조하신 피조세계를 아름답게 가꾸고 보전하는 데 앞장서는 그리스도인이 되어야 한다. 아울러 자연의 파괴를 일삼는 폭군에게는 행동으로서 저지하고 생명과 미래를 유린하려는 세력 앞에 굴하지 않고 모순을 개혁하려고 "세상 안으로 투신"하는 그리스도교 영성가들이 되어야 할 것이다.[229]

6.2. 십자가 사건과 우주적 구원

복음사가들은 하나 같이 예수의 십자가 사건과 부활을 보도하고 있다. 공관복음사가들의 경우 우주적 구원의 상징적 의미를 '성소가 위로부터 아래까지 찢어져 둘이 되었다'고 기록하고 있고,마27:51; 막15:38; 눅23:45 바울도 예수의 십자가 사건과 부활 그리고 재림에 관한 선포 내용을 자신의 신학적 요체로 삼을 정도로 원시 그리스도교 공동체에서는 중요한 핵심이었다. 이것은 십자가의 사건이 온 인류를 구원하는 대속의 사건이었음을 고백하며 그 사건이 예수에게서 이루어졌음을 만방에 선포하고 있는 것이다.

앞에서 말한 바와 같이 인간의 죄성이 죽음을 가져오고 하나님과 인간 사이를 단절하는 사건이었다면, 십자가의 사건은 단절을 회복하는 화해의 사건이다. 그것은 하나님과 인간과의 회복과 화해의 사건이 아니라 전우주적 구원 사건, 즉 하늘과 땅, 인간과 자연, 하나님과 자연의 관계가 회복되는 사건으로 볼 수 있다. 인간의 죄로 말미암아 인간이 하나님

---

229) S. De Fiores, "Spiritualié Contemporanie", *Dictionnare de la vie Spiritualle*, 1061-1078, cerf Paris, 1987, 주수욱 옮김, "현대인의 영성",「신학과 사상」, 15, 1996, 274-282쪽.

과 같이 되고자 하는 욕망이 분출되고 그 욕망의 씨앗은 자연을 지배하고자 하는 데까지 이르렀다고 볼 때, 그 욕망은 예수의 죽음을 통해 '죽임의 욕망'에서 '살림의 욕망'으로 전환하였던 사건으로 봐야 할 것이다.

또한 십자가 사건은 하나님께서 인간의 비참함을 돌아보신 사랑의 징표이다. 인간의 죄로 말미암은 고통과 죽음, 그리고 폭력을 인간 대신 자신의 외아들에게 짊어지게 함으로써 인간의 현실로부터 해방시켰다는 것이다. 다시 말해서 예수는 인간의 폭력을 폭력으로 맞서지 않고 십자가를 통해서 죽음의 길을 택해 인간을 향한 하나님의 사랑을 온전히 드러내셨다.[230] 그런데 이 하나님의 사랑은 인간에게만 베풀어진 사건이 아니다. 인간으로 말미암아 자연이 파괴되고 생태계 전체가 파멸되려는 신음 소리가 흘러나온 게 사실이다. 그렇기 때문에 자연을 고통으로부터 해방시키기 위해서 인간의 구원이 우선되어야만 한다.[231] 하지만 그렇다고 해서 하나님이 피조세계의 고통을 소홀히 하셨던 것은 아니다. 예수의 십자가의 고통이 인간의 고통을 대신 짊어지신 현실인 동시에 그 고난을 통해서 죽음을 이기고 모든 생명이 승리했기 때문이다. 그 생명의 승리란 모든 죽음을 역행하게 하는 위대한 사건이다. 따라서 십자가 사건은 자연의 죽음에 맞선 십자가의 죽음이요, 자연을 황폐하게 만든 모든 악의 현실로부터의 승리이며, 죽어 가는 자연의 공포로부터의 구원이다.[232] 그래서 몰트만J. Moltmann은 그리스도가 경험한 십자가의 고난을 자연의 고난이라고 보고, 그리스도론이 오늘날 생태학적 그리스도론으로 거듭 태어날 것을 주장하고 있다.[233]

---

230) 김균진, 앞의 책, 399쪽.
231) 위의 책, 400쪽.
232) 위의 책, 405-406쪽.
233) J. Moltmann, *Der Weg Jesu Christi-Christologie in messianischen Dimensionen-*, chr. Kaiser Verlag München, 1989, 김균진·김명용 공역, 『예수 그리스도의 길-메시아적 차원의 그리스도론』, 대한기독교서회, 1990, 281쪽.

예수는 모든 살아 있는 것의 죽음을 죽었다… 다시 말하여 그는 "죄인들의 죽음"과 그 자신의 "자연적인 죽음"을 당하였을 뿐만 아니라 허무에 예속되어 신음하는 모든 피조물들, 인간 피조물은 물론 인간 외의 피조물들과의 연대성 속에서 모든 살아 있는 것의 죽음을 죽었다… 이 죽음은 창조 안에 있는 비극의 표식인데, 이 표식은 죽은 그리스도의 부활 때문에 영광 속에 있는 새 창조에 대한 우주적 희망으로 해석된다. 롬8:19ff 예수는 모든 신음하는 피조물과 함께 모든 살아 있는 것의 죽음을 죽었다. 그러므로 "그리스도의 고난"은 모든 피조물들이 당하고 있는 "이 시대의 고난"이기도 하다. 롬8:18 234)

십자가의 사건은 우주의 평화를 이루는 사건으로서, 서로가 적이었던 관계가 회복되어 궁극적인 화해를 성취하는 것이다. 십자가의 은총을 체험한 인간은 화해의 화신이 되어야 하는 이유가 여기에 있다. 십자가의 은총을 통해 인간은 죄의 형벌에서 영원히 구원받았고, 적대 관계였던 하나님과 화해를 이루었다면 마찬가지로 인간과 인간, 자연과 인간 사이에서 화해의 사건이 이루어져야 한다. 그래서 그리스도의 화해가 "값싼 은총"이 되지 않게 해야 한다. 더욱이 그 은총은 하나님이 인간에게 주신 사랑이요, 하나님의 아들의 고난을 통한 화해의 이루심이기 때문이다.235) 그러므로 십자가의 화해를 체험한 인간은 이 세상을 적개심과 폭력이 없는 세상으로 만들어야 할 책임이 있을 뿐만 아니라 그 은총을 대자연과 함께 나누어 가져야 할 존재임을 깨달아야 할 것이다.

6.2.1. 십자가 사건과 피조세계의 구원

역사적 예수의 현양에 대해서 잘 묘사되고 있는 부분이 바울 이전의

---

234) 위의 책, 247쪽.
235) J. Moltmann, *Der Weg Jesu Christi-Christologie in messianischen Dimensionen-*, chr. Kaiser Verlag, München, 1989, 김균진·김명용 공역, 『예수 그리스도의 길-메시아적 차원의 그리스도론』, 대한기독교서회, 1990, 426-427쪽; J. Moltmann, "그리스도의 십자가 아래에서: 적개심 없는 세계", 「신학사상」, 91, 1995, 169쪽.

문헌으로 추정되는 빌립보서 2장 6-11절이다. 여기에서는 상승과 하강이라는 문학적 양식을 빌려 예수의 선재, 강생, 죽음, 부활, 고양에 대해서 잘 설명하고 있는 바 학자들은 이를 두고 '공허가', 또는 '겸허가', '예수 찬가', '그리스도 찬가'라고 부른다.[236] 이 내용에서 드러나는 주된 내용은 예수가 자신을 낮추어 종의 형상이 되었고 또한 죽음으로써 하나님께 자신을 복종시켰다는 것이다. 예수의 자기 비움 kenosis의 궁극적인 모습은 인간의 형상으로서 종의 신분이 되었다는 데에 있다. 그것은 예수의 죽음을 통해 그 정점에 이른다. 그가 자기를 비우고 죽음으로써 하나님의 의지에 복종시킨 것은 인류의 구원 때문이다. 이 구원은 땅위와 땅 아래 있는 모든 자들에게 주가 되시는 예수를 통한 전 우주론적 구원10절으로 설명하고 있다.[237]

케제만E. Käsemann은 이를 두고 예수 찬가가 '윤리적 의미가 아닌 구원의 드라마를 설명하는 케리그마적 의미'로 읽어야 한다고 주장했다.[238] 그러나 바울은 여기에서 "케노시스"를 윤리적 차원에서 사용하고 있음이 분명하다. 왜냐하면 그 당시 빌립보교회에는 자신만을 생각하며 타자를 무시하고 공동체를 와해시키는 엘리트 계층의 무리들이 있었다. 그래서 바울은 그 엘리트 신자들이 예수를 본받아야 한다는 것을 윤리적으로 제시하고 있다. 빌립보교회에 따르면 역사적 예수는 자기 비움을 통해 인간을 구원하신 분이다.[239] 그리스도 찬가 혹은 겸허가는 바로 그러한 예수의 본질인 자기 포기를 통해 우리 인간들을 사랑하셨으며 이 세상의

---

236) 정양모, "신약성시의 예수친가 연구", 「종교신학연구」, 1, 1988, 시강대학교 종교신학연구소, 14쪽.
237) F. W. Beare, *A Commentary on The Epistle to the Philippians,* London: Adam & Charles Black, 1959, p. 86.
238) R. Morgan, "Incarnation, Myth, and Theology: Ernst Käsemann's Interpretation of Philippians 2:5-11", Ralph P. Martin, Brian J. Dodd, ed. *Where Christology Began. Essays on Philippians 2,* Louisville, Kentucky: Westminster John Knox Press, 1998, p. 43.
239) 김명수, "예수 메시아 운동의 작은 이야기와 큰 이야기", 「기독교사상」, 448, 1996, 102-103쪽.

화해와 죄의 용서가 이루어졌다는 사실을 깊이 깨우친 고백의 극치인 것이다.[240]

우리는 예수 찬가를 통해서 역사적 예수와 현양된 그리스도가 함께 만난다는 것을 알 수 있다. 역사적 예수가 하나님 체험을 통하여 하나님께 깊숙하게 뿌리내리고, 부활하신 그리스도가 시공간을 넘어 자유자재하는 하나님처럼 초탈하신 분으로 묘사되고 있는 것이다.[241] 다시 말해서 예수에게서 땅과 하늘이 만나고, 구원의 수직적 차원뿐만 아니라 수평적 차원까지도 이루어짐을 볼 수가 있다.[242] 전자에서는 하나님과 인간과의 관계, 하나님과 자연과의 관계를, 후자에서는 인간과 인간과의 관계, 인간과 자연과의 관계가 회복되고 화해됨을 예수 찬가에서 보여주고 있는 것이다. 그러므로 예수 찬가를 달리 우주론적 구원론이라 부를 수 있을 것이다. 인간의 비참함뿐만 아니라 자연의 슬픈 현실도 아우르는 구원관을 우리는 예수 찬가를 통해서 엿볼 수 있다. 왜냐하면 십자가의 예수가 자신을 버리고 죽음을 통하여 "우리의 귀를 열어서 자연 속에서 파괴되는 생명의 소리 없는 신음을 듣게 하기 때문"이다. 따라서 십자가는 우리로 하여금 자기를 비우도록 하며 자기를 포기하도록 한다. 그래서 십자가에 달리신 예수의 손과 발을 대신하는 인간의 책임적 행동을 취하게 한다. 책임적 행동이란 십자가의 죽음의 나무를 생명의 나무가 되게 한다는 의미이다.[243] 온갖 죽음의 현실에 맞서 살림의 현실 속에서 살아가려면 철저한 자기 포기와 자기 비움이 없으면 안 된다. 자기의 비움을 통해 타자성을 이루고 그제야 서로 공존하는 세상을 만들 수 있고 동시에 타자를 위한 존재는 하나님과 이웃 그리고 피조세계를 위해 자신을

---

240) Walter Kasper, *Jesus der Christus,* Mainz: Mattias-Grünewald-Verlag, 박상래 옮김, 『예수 그리스도』, 분도출판사, 1988, 390쪽.
241) 정양모, 앞의 책, 16쪽.
242) 김명수, 앞의 책, 106쪽.
243) 박재순, "십자가죽임에서 서로 살림으로", 「기독교사상」, 447, 1996, 86쪽.

온전히 내어 주게 된다.[244]

6.2.2. 예수의 자기 비움을 통한 우주적 구원

구약성서의 원역사적 관점에서 볼 때, 인간은 원래 하나님의 명령만 잘 지키면 그의 은총 가운데 살게 되어 있었다. 하지만 인간은 자신의 욕망을 위해 신의 명령을 저버렸고 급기야 죄를 짓게 되어 죄인이라는 꼬리표를 영원히 지니고 다니게 될 수밖에 없었다. 인간 자신의 죄된 행동으로 인해서 신과 더 나아가서 자연과의 이상적인 관계도 파괴되고 말았을 뿐만 아니라 그로인해 자연의 지배에 따른 황폐화와 인간 생명의 위협을 자초하게 되었다. 그러나 이러한 비참함의 현실을 외면하지 않으신 하나님께서는 예수를 이 땅에 보내셨고 그 보내심을 통해 하나님과 인간, 인간과 자연의 심연이 극복되었다. 자신의 제약을 통해 인간과 자연을 자유롭게 하신 것이다. 육화란 다름 아닌 신이 인간이 되어 영원에서 시간으로, 역사로 하강하였다는 것이다. 신의 무한성이 인간의 육신을 입으심을 통해 제약을 받으심으로써 신은 자신의 자리^{topos}를 버리신 대신에 인간과 자연을 위한 자리를 마련하셨다고 볼 수 있다. 그뿐만 아니라 하나님에 의해 파견된 예수는 자신의 영광을 버리고 인간의 고통의 현실 속에 자신을 내던져 자연과 인간의 비참함을 돌아보셨다. 그것은 인간의 행복과 구원을 위해 자신이 스스로 불행해지신 것이고 자연을 고통으로부터 해방시키기 위해서 자신이 스스로 고난을 받으시고 죽으신 것이다.[245] 그 죽으심이 헛되지 않게 하기 위해서는 자연과 인간이 서로 화해해야 한다. 인간이 서로 화해하고 자연과의 화해를 통해서 공존을 모색해야 한다. 십자가를 통해서 예수는 하늘과 땅을 만나고 이 세상을

---

244) 김균진, 앞의 책, 409-410쪽.
245) 최영철, 『십자가 신학』, 성바오로, 1996, 60쪽.

만나셨다. 그러기에 그를 통한 우주론적 구원이 가능한 것이 아니겠는가. 우리가 삶을 살아가면서 하늘과 땅의 은택을 입지 않은 것이 없고 사람과의 관계 속에서 이루어지지 않은 인생의 성취는 아무것도 없다. 그래서 우리의 눈으로 높게는 하늘초월을 바라보고, 낮게는 내가 서 있는 땅자연을 바라보아야 한다. 상승과 하강을 통해 예수가 땅과 하늘을 만나듯 우리도 예수를 통해 자기 비움과 자기 겸손을 배워야 할 것이다.

오늘날 십자가는 단순한 나무patibulum가 아니다. 그것은 미움과 폭력과 인간적 악행이 만든 것이다. 십자가는 온갖 생명을 제한하는 것들에 대한 저항과 인간의 악의 때문에 고난을 당하는 생명적인 것들의 상징인 것이다.[246] 따라서 예수가 십자가에서 패배하신 것이 아니라 부활을 통해 생명을 잉태하셨던 것처럼, 십자가의 고통에서 생명을 바라보는 희망이 있어야 한다. 또한 온갖 생명을 유린하는 인간의 행위들에 맞서 싸우는 정의의 십자가 나무로 오롯이 서 있어야 할 것이다. 그것이 오늘날 우리에게 베풀어주신 하나님의 은총을 값싸게 하지 않는 각자覺者가 아닐까.

6.3. 자연과 인간의 현실 극복─생태적 삶을 위한 시간 의식

6.3.1. 시간의 아포리아aporia

인간이란 시간chronos 속에 존재한다.[247] 인간은 시간이라는 범주 속에서 사고하고 행동을 한다. 시간이라는 매개체를 통해서 인간은 사건을

---

246) 위의 책, 197쪽.
247) 일반적으로 시계를 통해서 측정가능한 시간, 객관적 시간, 외면적 시간을 chronos라고 한다면, 심리적, 주관적, 내면적 시간은 tempus라고 한다. Étienne Klein, *Le temps*, Paris: Flammarion, 1995, 박혜영 옮김, 『시간』, 영림카디널, 1997, 17-18쪽.

인식하고 그것을 뇌 속에 저장하며 기억을 하게 된다. 따라서 시간이란 사건의 기억과 형성과도 무관하지 않다고 볼 수 있다. 그러나 과연 시간은 실재하는가? 만일 실재한다면 무엇을 통해서 알 수 있는가? 그것은 우리가 가지고 있는 보편적인 시간성을 인식하게 해주는 시계라는 수학적·과학적·기계적 도구를 통해서이다. 그러니까 시계를 통하지 않고서는 시간이 현재 얼마나 경과되었는지 그리고 과거의 그 사건을 재구성해낼 재간이 없다. 또한 미래의 예측 가능한 설계와 구도를 전개시킬 수 없는 것이다. 그래서 홀Edward T. Hall은 "시간은 시계가 표시하는 것에 지나지 않는다. 시간의 흐름을 인식하도록 만드는 것은 시계의 존재"라고 말하고 있다.[248]

  인간의 생태적 삶이 위협을 받는 것도 따지고 보면 시간성에 문제가 있기 때문이다. 시간 속에서 벌어지는 일차적 파괴 행위는 자연을 마치 시계 속의 부속품처럼 측정 가능한 것으로 여기는 데서 기인한다. 갈릴레이G. Galilei와 케플러J. Kepler 이후로 시간이라는 것은 측정 가능성, 절대성, 연속성, 실재성을 지닌다고 생각을 했었다. 시간이란 실제로 인식 가능한 것이며 과거로부터 미래로 흐른다고 본 성 아우구스티누스를 비롯해서 뉴턴I. Newton도 역시 시간의 불가역성을 주장하였다. 한 번 흘러간 시간은 다시 되돌릴 수 없다는 것이다. 특히 아우구스티누스에 의하면 시간이란 과거, 현재, 미래라는 세 구분이 가능하지 않다. 단지 우리는 미래를 기다림으로 존재할 뿐이고 과거를 회상함으로 존재하게 하고, 현재는 경험되어진 그 무엇직관 속에 현존하고 있는 것이기 때문이다. 한편 칸트에게 있어서 시간이란 '선험적 직관의 형식'이다. 다시 말해서 시간이란 객관적으로 우리에게 주어져 있는 실체가 아니라 주관적인 인식으로서

---

248) Edward T. Hall, *The Dance of Life. The Other Dimension of Time*, The Palmer & Dodge Agency, 1983, 최효선 옮김, 『생명의 춤. 시간의 또 다른 차원』, 한길사, 2000, 198쪽, 305쪽.

사물을 지각하게 하는 보편적인 형식인 것이다. 그러나 칸트는 사물이 시간과 관계가 있다는 것은 인정하지만 역으로 시간이 사물의 속성이거나 실제로 존재하는 것은 아니라고 본다. 후설E. Husserl에게도 시간이란 경험 세계의 것이 아니다. 단지 의식 세계의 경과를 인식하는 내재적 시간에 불과하다.[249] 뉴턴 이래로 시공간의 절대성을 주장하여 시간의 동일성이 주된 학설이었지만, 아인슈타인A. Einstein은 시간의 가역성에 대해 역설하면서 시간이라는 것이 독립된 실체가 아니라 관측되는 사상事象에 의존한다고 보았다. 일반적으로 시간이 상대적이라고 할 경우 그것은 시간이 관측자에 의존하고 있다는 것을 의미한다.[250]

6.3.2. 아인슈타인의 상대성 이론과 시간 개념

아인슈타인의 상대성 이론의 요지는 시간과 공간이 서로 달리 존재하는 것이 아니라 함께 공존한다는 것이다. 무엇보다도 그러한 시공간은 관찰자의 운동 상태에 따라 달라진다.[251] 또한 상대성 이론에서는 "등속 운동에는 절대적 기준이 없다." 다시 말하면 물리학에서는 등속 운동을 하는 모든 기준계frame of reference에서 물리법칙은 동일하다. 기준계는 운동을 기술하는 틀거지로서 시간과 공간의 좌표계를 말한다. 물리법칙이 동일하다는 것은, 물리 현상은 달리 보일 수 있다는 것을 의미한다. 예를 들어 "지상에 서 있는 사람과 차를 타고 있는 사람에게 빗방울의 떨어지는 모양은 달리 보인다. 이 경우에 누가 운동을 하고 있는 사람이라고 말할 수는 없다. 왜냐하면 두 경우 다 빗방울의 낙하법칙은 같기 때문이다.

---

249) 배영호, "시간에 대한 이해", 「이성과 신앙」, 20호, 2000, 204-205쪽; 김영민, 『현상학과 시간』, 까치, 1994, 49쪽, 88쪽, 97-103쪽 참조.
250) P. J. Zwart, *About Time. A Philosophical Inquiry into the Origin and Nature of Time*, Amsterdam: North-Holland Publishing Company, 1976, 권의무 옮김, 『시간론』, 계명대학교 출판부, 1983, 35-37쪽, 177-178쪽.
251) 이종우 편저, 『유한과 무한으로의 여행』, 경문사, 2000, 150-151쪽; 소강섭, 『물리학과 대승기신론』, 서울대학교 출판부, 1999, 21쪽.

흔히 차를 타고 달리는 사람이 운동한다고 느끼겠지만 이는 지구를 기준으로 삼는 습관에서 나왔을 뿐이다. 우주의 텅 빈 공간에서 두 우주선이 서로 빗겨 가면서 지나가는 운석을 볼 경우를 상상해 보면, 서로 다르게 운동 상태를 보겠지만 누가 더 바르게 보았다고 할 수 없다."[252]

결국 시간이란 객관화되어질 수 있는 실체가 아닌 것이다. 사건을 바라보는 척도는 인간 자신이고 시간을 의식하는 것도 인간 자신이다.[253] 달리 말하면 과거와 현재 그리고 미래를 의미하는 시간이 외부 세계에 존재하는 것이 아니라 인간의 의식 작용 안에 존재하고 있기 때문이다. 이러한 시간 개념을 우리는 주관적 시간이라 말할 수 있을 것이다.[254]

6.3.3. 생태적 위기와 시간-생태적 시간 Ecological Time

"현대의 시간은 가속의 시간이다".[255] 이 말은 우리에게 현재의 전 지구적 차원에서 이루어지고 있는 예측과 행동과 통제가 지금까지와는 다른 시간적 원칙에 기초할 것을 요청하고 있다. 그것은 이 지구에 대한 책임적 의식을 지닌 시간 원칙이다. 다시 말해서 '책임적 시간'이 요구되고 있는 것이다. 지금까지 그랬던 것처럼 이제는 자본주의의 '경제적 시간'에 의해서는 지구를 살릴 수 없기 때문이다. 경제적 원칙, 경제적 시간을 소유하길 원하는 자본가들은 '빠름'을 추구한다. 그런데 자본가들이 간과하고 있는 것은 더 빨리 생산하고 더 빨리 이동할수록 자원 이용은

---

252) 소강섭, 위의 책, 69-70쪽.
253) 심상태, 『인간 신학적 인간학 입문』, 서광사, 1989, 153-154쪽.
254) 전헌호, "아인슈타인의 상대성 이론에서 본 예수의 부활과 승천", 「신학과 사상」, 32, 2000, 136-137쪽 참조. 전헌호 신부는 시간을 주관적 시간과 물리적 시간으로 나누고 있는데, 이는 후설의 시간 개념과도 일맥상통한다; 후설의 경우 시간을 주관적 시간(내재적 시간: immanente Zeit)과 객관적 시간(초재적 시간: transzendente Zeit)으로 나누고 있다. 신귀현, "시간체험의 현상학적 분석-Husserl의 시간이론을 중심으로-", 「독일학지」, 창간호, 1979, 계명대학교 독일학 연구소, 78-79쪽 참조.
255) Karlheinz A. Geißler, 1996, Zeit, Weinheim und Berlin: Beltz Verlag, 1996, 박계수 옮김, 『시간』, 석필, 1999, 7쪽.

더 높아지게 마련이고 그에 따른 에너지 고갈은 더 심각해진다고 하는 사실이다. 다시 말해서 장기적으로 보면 빠른 속도는 이윤을 극대화하는 것이 아니고 적자를 발생시킨다. 그와 더불어 '국민총생산은 국민총오염'이라는 결과를 가져올 수 있다는 사실을 인식해야 한다. 따라서 이제 지구는 생태학적 차원에서도 시간이라는 개념을 중요하게 생각할 시점에 와 있다. 그 시간은 바로 삶과 유기체적 존재를 묶어낼 수 있는 '우주적 시간'이자, 모든 존재하는 것들의 '생태적 시간' ecological time인 것이다.[256]

시간은 쏜 화살이 아니다. 즉 시간은 흐르는 것이 아니라는 말이다. 사건의 순서에 따라 과거, 현재, 그리고 미래가 있는 것이 아니라 다만 관찰자의 움직임운동에 따라 달라질 뿐이다. 따라서 생태학적 시간, 혹은 생태학적 시간의 추는 관찰자의 시각과 위치, 운동에 따라서도 달라진다고 볼 수 있다. 예를 들어서, 동일한 사건을 놓고 A라는 사람은 느림을, B라는 사람은 빠름을 느꼈다고 하자. 이때에 빠름과 느림은 '역설적 공존지각'을 일으키는 사건이다. A와 B가 바라보는 운동 상태 또는 사건을 누가 정확하게 바라보았느냐는 말할 수 없다. 하지만 생태적 시간은 상대성 이론과 칸트가 말한 것처럼 인간의 의식과 밀접한 연관성을 지니고 있다. 그러므로 생태적 의식을 지닌 인간은 빠른 사건을 위기자본, 비판, 인식과 자각, 전망로, 또는 생태적 속도를 느림여유, 삶의 본유, 공존, 삶의 생태적 심미성으로 인식하기도 할 것이다.

오늘날 우리에게 요구되는 시간 의식은 동일한 사건환경현상, 물질피폐, 자

---

[256] Babara Adam, "제5장 시간의 고갈. 지구위기와 인간의 참여", Michael Redclift and Ted Benton, ed. *Social Theory and the Global Environment*, London and New York: Routledge, 1994, 이기홍 외 옮김, 『지구환경과 사회이론』, 한울아카데미, 1997, 126-151쪽 참조; Étienne Klein, 앞의 책, 101-104쪽 참조. 역사의 시간뿐만 아니라 윤리적 시간도 언급하고 있다; Karlheinz A. Geißler, 위의 책, 71-77쪽 참조; 권순구, "시간의식(time-consciousness)과 도덕행위-도덕행위자의 시간의식이 삶의 태도와 도덕실천에 미치는 영향에 대한 윤리적 분석-", 「신학과 목회」, 제15집, 2001, 대전신학대학교, 242-243쪽.

연의 고통 등을 바라보더라도 '위기'와 '느림'이라는 생태적 시간 의식이 필요하다. 생태적 시간은 우리가 매순간 결단해야 하고 지금 여기에서 미래를 선취하는 실존론적 시간이다. 생태 위기로 말미암은 현재의 시간은 곧 우리가 바로 이 순간을 어떻게 살아야 하는가를 고민하게 만들고 행동을 수정하게 만들기 때문이다. 실존이 처해져 있는 상황을 바라보는 관찰자의 시간 의식은 바로 결단해야 할 시간임을 일깨워주는 역할을 한다.[257]

그런 의미에서 "시간은 자신을 반성하고 기획하는 인간의 자유에 입각해서 비로소 시간이 되는 것이다."[258] '빠름'이라는 시간의 구조를 통해 과학은 자연을 수학화하고, 자본가들이 시간을 소유하여 고용주 혹은 노동의 시간으로 삼았던 근대를 벗어나려면 '느림'을 통해 자연을 사랑하고 관조해야 한다. 빠름을 통해 인간은 자신을 구속하고 통제하며 자연을 노예로 만들어 버린다.[259] 그래서 바바라 아담Babara Adam은 인간이 사물의 관찰자로서 뿐만 아니라 참여자가 되어서 더 이상 환경이 남의 일이 되지 않도록 해야 한다고 호소한다.[260]

우리는 교회 예배나 성당 미사에서도 시간의 무시간성 또는 시간의 가역성에 대해 진지하게 사고할 필요가 있다. 현대의 교회도 지나치게 자본주의의 경제적인 시간 시스템에 따라 속도를 높여 질주를 하는 목회사목와 교육을 보게 된다. 느긋하고 여유로운 목회보다는 빨리 결과를 보려고 서두는 모습, 차분한 계획을 가지고 효율성을 기대할 수 있는 행정

---

257) 정기철, 『시간문제와 공밀론』, 한들, 2000, 194쪽.
258) 심상태, 앞의 책, 154쪽; Franz M. Wuketits. et al., *Gott, der Mensch und die Wissenschaft*, Ausburg: Pattloch Verlag, 1997, 여상훈 옮김, 『신, 인간 그리고 과학』, 시유시, 2000, 180쪽 참조.
259) 이진경, 『근대적 시·공간의 탄생』, 푸른숲, 1997, 112-128쪽; Karlheinz A. Geißler, 앞의 책, 178-179쪽.
260) Babara Adam, "제5장 시간의 고갈, 지구위기와 인간의 침어", Michael Redclift and Ted Benton, ed. *Social Theory and the Global Environment*, London and New York: Routledge, 1994, 이기홍 외 옮김, 『지구환경과 사회이론』, 한울아카데미, 1997, 148-149쪽.

이 아닌 전시행정, 단기간에 전시 효과만을 노리는 즉흥적인 단기교육, 침묵과 간격을 두려워서 늘 시장 바닥처럼 시끌벅적한 교회, 잠시 동안 차 마시며 상대방과 시선을 주고받을 수 있는 나릿나릿한 사랑의 상실, 경쟁과 이익 때문에 쫓기듯 예배미사를 드리는 그리스도인 등 우리 자신도 어느 덧 빠름의 논리에 순응하는 그리스도인들이 되어 가고 있는 것이다.

그러나 예배미사에서 빵과 포도주를 통한 성찬례야 말로 시간의 가역성을 가능케 하는 사건이다. 그 시간은 정지해 있는 시간이요, 무시간적 시간이다. 다시 말해서 그 시간은 바로 그리스도를 만나는 시간이요, 사랑의 시간, 교제와 나눔의 시간인 것이다. 밀과 포도가 익어 가기를 기다리는 농부의 설렘을 느끼고, 자연 만물을 그윽한 눈빛으로 바라보시는 하나님의 시선을 의식하는 시간이다. 빵을 나누고 포도주를 마시기 위해 기다리는 신자는 기다림과 느림을 맛보는 시간이다. 이렇듯 우리는 느림이라는 그리스도교의 생태 문화적 전통을 가지고 있다. 사랑은 느림에서 영글어 가고 기다림에서 성숙되는 것이다.[261] 그러한 의미에서 스튜어트 브랜드S. Brand가 '종교적 시간'을 '휴지休止의 시간'으로 지적한 것은 탁월한 시각이다.

> 종교적 시간은 휴지의 시간이다. 개인적 욕망과 고통으로부터의 휴지기, 역사의 혼돈으로부터의 휴지기인 것이다. 세속에서 분리된 성스러운 장소에서, 시간을 초월해 변함없이 집행되는 성스러운 의식에서, 고차원적 질서를 존중하는 성스러운 공동체 안에서 우리는 통상적인 시간 개념을 벗게 되며, 그럼으로써 인생을 의미 있게 만들거나 최소한 그것을 참아낼 수 있게 된다.[262]

---

261) Karlheinz A. Geißler, 앞의 책, 233-238쪽.
262) Stweart Brand, *The Clock of the Long Now*, 박근서 옮김, 『느림의 지혜』, 해냄, 2000, 61쪽.

오늘을 살아가는 인간에게 시간이란 무엇일까? 앞에서 말한 것처럼 빠름을 추구하는 '경제적 시간'은 될 수가 없다. 무언가를 깨우치고 윤리적으로 행동하도록 만드는 '도덕적 시간'도 의미가 있을 수 있겠으나 그것만으로는 느림을 지향할 수 없다. 다양한 삶과 표현을 표출하며 개성을 살리는 '문화적 시간', 이것만이 전부는 아니다. 진리 안에서 신을 만나고 누미노제의 체험을 통해 거룩한 정지의 순간을 맛보는 '종교적 시간'은 형이상학적 실존만을 의식할 뿐이다. 그렇다면 지금 필요한 시간의식은 '생태적 시간' 의식이다. 그것은 지구 여기저기에서 벌어지는 사건과 현상을 빠름으로 말미암은 위기의 순간으로 인식하고 느림을 지향하며, 인간과 삶을 공존하게 하고, 더불어서 자연을 우주적 존재로 인식하도록 유도하기 때문이다.263)

글쓴이는 시간이 흐른다고 말하지 않는다. 다만 시간이 없다/있다라고만 말할 뿐이다. 베르그송H. Bergson이 말한 것처럼 그러면 시간은 없는 것인가?환상인가? 그렇다. 우리가 대상사건을 인식하고 시간시계을 의식할 때 비로소 시간은 있다라고 말할 수 있기 때문이다. 시계가 없는 한 시간을 물리적으로 측정할 수는 없다. 시간은 앞에서 말한 바와 같이 상대적이며, 환상이기 때문이다. 환상의 시간을 자본의 시간으로 환원하여 소유하기를 바라는 이때에 그리스도인의 종교적 휴지의 시간과 생태적 시간은 같은 시·공간 안에서 여전히 실존의 자각적 시간이 되어야 할 이유가 여기에 있다.

지금의 상황에서 인간의 세계 이해와 그에 따른 독특한 사유는 세계사연 전체를 파경으로 몰고 갈 수 있다. 그것은 특히 가르고 분석하며 '나'와 '그것'으로 분류하기 좋아하는 인간의 이원론적 사유가 그 성격을 대

---

263) 권순구, 앞의 책, 22쪽. 권순구는 시간의식이 도덕행위와 실천에 미치는 영향에 대해서 분석하고 기술한 것은 고무적인 것이지만 자연을 위한 도덕적 실천을 유도할 수 있는 '생태적 시간'까지 나아가지 못한 것은 아쉬운 점이 있다.

변한다. 그것이 가져온 결과는 인간의 삶이 통전적이고 유기적이지 않고 부단히 단절되고 왜곡되고 말았다. 자연에 대한 신학적 이해는 인간이 성서를 어떻게 보고 싶은가와 밀접한 관계가 있다. 성서를 자연과 인간, 그리고 하나님 사이의 사랑의 관계로 볼 것인가 아니면 인간만을 위한 구원 계시로 볼 것인가 하는 것이다. 지금까지 그리스도교는 성서를 인간 중심적인 시각을 가지고 인간구원을 위한 계시로만 보아왔다. 육화는 인간만을 위한 육화요, 예수의 자기 겸허는 인간만을 위한 낮추심으로 해석해왔다. 그러나 포스트모더니즘 시대에 살고 있는 그리스도인에게는 육화와 예수의 겸허는 인간을 포함하여 우주 전체를 위한 사건으로 재해석되기를 원한다. 또한 이러한 재해석학에 근거한 생태적 독해와 그에 따른 생태적 실천을 낳기를 요청하고 있다. 이에 예수의 십자가 사건이 단순한 인간 사랑의 발로가 아니라 우주적 사랑에 근거하고 있다는 점을 명확히 할 필요가 있다.

    그러기 위해서 지구적 차원에서 인간은 사물과 현상, 자연을 어떠한 눈으로 바라보아야 할 것인가? 생태적 의식을 지닌 생태적 시간관을 견지하여야 한다. 현시대를 위기로 바라보며 느림을 지향해야 한다는 생태적 시간의식은 비단 종교인이 아니라 할지라도 모든 인간들이 품어야 할 실존적 시간의식이다. 자본에 익숙해지는 순간 우리는 기계적 시간에 길들여질 수밖에 없다. 그러나 세상은 기계처럼 돌아가지 않는다. 그것을 거부하는 것이 자연이다. 자연에게는 자연의 시간이 있다. 그것을 깨우칠 때에야 비로소 우리도 예수처럼 세계를 심미적 관점을 가지고 긍정할 수 있을 것이다.

7장
로마노 과르디니의 생태철학
–'코모 호숫가에서 보낸 편지'를 중심으로–

7.1. 기계론적 세계관 비판

로마노 과르디니Romano Guardini: 뮌헨대학의 교수였으며 칼 라너의 전임자는 기계문명으로 인해서 인간의 삶의 근거라 할 수 있는 자연스러움의 세계, 자연과 조화를 이룬 세계가 사라지는 것을 슬픔과 비관으로 목도하고 있다. "인간은 이제 일종의 '뒤로 물러나 있는' 인위적인 세계, 일종의 대리적 세계, 비실재적인 것들로 가득 찬 세계, 즉 기호들의 세계에 서 있지. 기계는 쇠로 만들어진 하나의 개념이지. 기계는 수많은 사물들의 개별적인 특성을 고려히지 않고 모든 것을 같은 것처럼 취급하고 그렇게 수용하네. 기계는 참으로 모든 것을 같게 만들어 버리지."44-45(본문의 쪽수) '자연스러운 인간성 그리고 인간과 조화 이룬 자연의 세계가 몰락하고 있다는 사실'을 바라보고 '인간과의 조화가 유지되는 자연이었던 것'[26]들에 대해서 더 이상의 기쁨을 가질 수 없음을 탄식하는 모습이 떠올려진다.

1900년대 초에 과르디니가 경험한 '기계의 세상'[27]은 계몽주의, 산업혁명, 과학기술의 발달이라는 토대를 갖고 근대성의 구조로 출발하였으며, 그 사상적 기반의 핵심은 데카르트, 베이컨의 철학을 통해 자연을 수학화數學化 할 수 있다는 것이었다. 자연을 수학화, 계량화, 수치화 할 수 있다는 말은 자연을 물질적 대상으로 사적이익과 관심에 따라 계산 가능한 존재로 인식한다는 것이다. 이로 인해 자연을 신비神秘의 대상이나 동반자 관계에서 바라보지 않기 때문에 이 땅 위에서 살아가는 존재들이 서로 공생적 관계가 이루어질 수 없다. 다시 말해서 인간은 자연을 함부로 착취하고 파괴해도 된다는 빌미가 사상적으로 제공된 것이다. 따라서 지금은 과르디니가 염려한 것처럼 '이 엄청난 세상에 대처해 나가기 위해서 필요한 지독한 진지성, 힘, 내적 성숙' 등이 있어야만 한다.

또한 과르디니가 지적하고 있는 기계주의 세계관은 더 빨리, 더 많이 생산하고 소비하자라는 논리를 만들어냈다. 물론 기계라는 것이 폭발적으로 늘어나는 인구를 먹여 살릴 수 있고 생산의 효율성을 가져다주는 도구임에 틀림이 없다. 하지만 과르디니가 말한 것처럼 기계는 우리의 자연을 비롯한 가치, 삶, 사물, 언어, 사람, 심지어는 하나님마저 황폐화시키고 파괴해버린다.[85-90] 그런 의미에서 본다면 최근에 장 클로드 카리에르Jean-Claude Carriere라는 프랑스 동양학자가 염려한 것처럼 환경오염으로 인한 우리들의 종말은 '세계만의 종말'이 아니라 '세상의 종말'이라는 말에 귀를 기울여야 할 것이다. 이제까지 인간이 자연으로부터 빌려온 언어, 축적된 전통, 삶 등이 기계에 의해서 무너진다면 그것이 바로 종말이 아니겠는가!

7.2. 정신의 몰락과 무의식의 요청

과르디니는 자연환경파괴로 인한 정신의 황폐화를 예고하고 있다. 정신의 작용은 문화라는 성질을 띠고 있는 2차 자연이 아니라 전혀 가공되지 않은 1차 자연一次自然, 즉 그대로의 자연을 통해 자극이 되고 풍성해진다는 것이다. "인간에 의한 세계는 자연 사물들과의 관계들을 잘 고찰되고, 원해지고, 질서 지어지고, 만들어진 영역, 즉 어떤 형태이든 간에 하여간 자연과는 멀어지는 다른 영역으로 이끌어 간다네. 말하자면 문화의 영역으로 이끌어 가는 것이지… 동물들이 살아가는 질서, 즉 일차적인 자연 속에서는 인간이 생존해 낼 수 없네. 인간으로서 살아간다는 것은 정신에 의해 형성된 세계에서 살아가는 것을 의미하지. 그러나 정신이 작용할 수 있는 것은 인간이 자연이 가진 일차적인 실재 요소를 취할 때 가능한 것이네. 정신의 작용은 의식의 영역에 따라 자연적인 실재와 자연적인 관념의 영역이 의문시되고, 어느 정도 이완되고 희석될 때 가능해지는 것이지."30

이 글에서 나타난 바와 같이 정신작용은 자연이라고 하는 매개체를 통해 일어나고 문화가 만들어지는 것임을 알 수 있다. 그 시대의 문화가 변천되고 축적되어 1차 자연에 의해서 고유한 문명이 이루어지는 것이라면 우리 안에 축적되어 있는 정신작용은 가공되지 않은 자연을 통해 이루어 온 것임에 틀림이 없다. 자연은 우리에게 정신뿐만 아니라 영혼의 안식처를 제공하고 그것을 통해 끊임없는 정신작용의 동기부여가 일어난다. 그 동기부여는 자연을 더 풍요롭게 하는 원천이 되어 더불어 인간의 정신과 문화까지 더 온부溫富하게 만든다. 그 동기부여는 어디에서 발생하는가? 과르디니는 바로 자연을 통해서라고 말하고 있다. 역으로 생각해보면 우리의 사유와 정신을 풍부하게 할 수 있는 원천이 사라져 버리고 황폐화되어진다면 인간의 정신은 피폐되고 종말을 맞게 된다. 그렇기 때문에 '인간의 몸속에 존재하는 자연의 힘을 느끼고, 그 자연을 이용하여 자연의 힘과 깊은 교류'38를 맺어서 '몰락의 우울함'38을 경험하지 말아야 할 것이다.

과르디니는 정신분석학에서 대표적인 용어 두 가지를 빌려 환경 문제를 기술하고 있다. 곧 무의식無意識, 1차 자연: 가공되지 않은 자연과 의식意識, 2차 자연: 문화이다. 여기에서 의식은 일종에 변형시키는 힘이며 의식한다는 것은 실재를 의식한다는 것이다. 그는 의식실재하도록 하는 매체로서 매스컴, 신문 등을 들고 있는데, 이런 것들은 사실을 밝혀내며 때에 따라서는 해체하고 일어난 것을 사건화 한다. 과르디니는 이보다 '일어나지 않은 일도 중요' 하다고 역설한다. 모든 종류의 삶은 무의식의 세계에 기초를 두어야 한다는 것이다. 삶의 법칙들이 밝혀져서 마치 발가벗은 듯 삶이 해체되어지는 것이 아니라 자연의 신비神秘, 상징象徵, 밝혀지지 않은 존재 등은 있는 그대로 남겨 두는 것도 중요하다는 것을 말하고 있다. "삶은 무의식 세계의 보호를 필요로 하네… 식물은 자신의 뿌리가 땅 밑의 어둠 속에 놓여 있을 때에만 자랄 수 있네. 어둠 속에서만 밝은 곳으로 성장해 나갈 수 있는 거지. 이러한 것이 삶의 기본 방향이네. 뿌리에 빛이 들어가게 되면 식물은 죽게 되네. 모든 종류의 삶은 하나의 무의식의 세계에 기초를 두어야 하며, 여기서부터 의식의 세계, 밝은 세계로 성장해 나가야 하네… 삶에 작용하는 원리와 관계들이 하나씩 밝혀지고 있어… 우리의 삶이 이러한 것을 견뎌 낼 수 있을까? 우리의 삶이 이렇게 완전히 밝혀지고도 동시에 생생히 살아 있을 수 있을까?"54-56

7.3. 미래에 대한 조망과 세계인식 비판

"oikumene"는 "사람이 살고 있는 땅 전체"를 일컫는 말인데, 이 "oikumene"는 지금까지 정치, 경제, 사회학, 지리학, 자연과학을 통해 낱낱이 파악되고 밝혀짐으로써 이러한 것은 곧 기계주의적·양적 세계관을 만들어냈다. 그런데 기계주의적·양적 세계관과 비기계주의적 세계관이 상호공존하면서 전체적 관계를 고찰하고 깊이 보는 방향으로 나아가야 한다고 과르디니는 말한다. "기계적인 요소들이 무시되고 한쪽으로 밀쳐지는 것이 아니라, 기계적인 질서들과 비기계적인 질서들이 서로의 안에서, 서로를 통해서 어떻게 작용하는가에 대해서 관찰하고 생각하는 과제가 주어지지. 기계적인 세계관이 한 번도 생각해 보지 못한 커다란 과제, 즉 전체를 바라보고, 새로운 형태를 생각해 내는 과제가 주어진 것이네."[66]

인간은 자신의 목적을 위해 자연을 착취하고 지배하며 그 힘을 억압한다. 현재 모든 생활들은 기계들로 구성된 하나의 체계가 삶을 에워싸고 있고 그것을 통해서 인간은 자연을 개발하고 살아간다.[76] 그럼에도 불구하고 분명한 것은 지나친 자연 개발은 곧 인간에게 큰 피해를 줄 수밖에 없다. 삶生命이란 자유로움, 해방解放, 생동성또는 力動性이 필요하다. 따라서 자연과의 유기적인 관계를 유지하면서 봉사를 위한 지배, 자연이 가진 가능성들 안에서 이루는 성취, 주어진 방향을 떠나지 않는 절제를 통해서 피해로 인한 임계점危기에 다다르기 전에 우리가 그어진 한계선을 넘어서지 않는 것이 매우 중요하다.[71]

과르디니는 이제까지의 비관론과 허무성이 농후한 담론을 긍정적이며 낙관적인 방향으로 인도하기를 원하면서 다음과 같이 말하고 있다. "매우 긴급한 문제는 발생되고 있는 이 모든 것 안에서 인간 존재와 인간이 만들어 놓은 작품들에 따른 삶이 가능하겠는가 하는 거네. 과거의 세계가 가라앉고 있네."¹⁰⁶ 이에 그는 미래를 전체적으로 조망할 것을 요구하고 있다. 과거의 전통과 세계관이 사라지더라도 거기에 연연해하거나 보수성을 고수하지 말라는 것이다. 과거의 세계故鄕는 전통적인 세계관이 지배하고 있지만 굳이 이 세계관을 고집해서 새로운 세계관을 거부, 배척할 필요가 없으며, 오히려 올바른 방향으로 진행되도록 영향을 주는 일이 중요하다. 우리의 시대는 우리가 그 위에 서 있는 삶의 장이자, 우리가 해결해 나가야 할 하나의 과제로 주어져 있기 때문이다.¹¹¹ 새롭게 발생되어 나온 학문과 기술에 따라 변화된 세계가 인간 존재를 위험 속으로 몰아가게 되었을 때 이것을 바로 잡을 수 있는 것은 그리스도교적 믿음에 따라 자신이 결코 파괴될 수 없는 존재라는 것을 인식하는 길이다. 우리의 시대에 긍정적으로 다가서며 내적으로 느낄 수 있도록 깨어 인식해 나가야 하며, 환상을 벗어버리고, 우리의 현존이 가진 제한성을 있는 그대로 직관하는 것이 가능해야 한다.¹¹³ 이에 대해 과르디니는 "하나님이 우리에게 불어넣어 주시고, 우리 안에서 작용하시고 있는 것, 우리가 느끼고 있는 힘들을 신뢰"해야 한다고 말하면서 신앙 본연의 모습을 보여준다.¹²⁵⁻²⁶

7.4. 기계와 인간, 그리고 환경문제를 극복하기 위한 방향설정

과르디니는 인간의 실존적인 문제와 기계가 가져다주는 부정적인 요소, 그리고 기계에 의한 위험과 파괴 가능성을 더 심도 있게 다루고자 애쓴다. 그는 먼저 도구와 기구Vorrichtung를 구분하면서, 전자는 인간의 힘과 행위가 물건을 이용하여 하고자 하는 일을 진행하고 이루기도 하지만, 후자는 일정한 도구나 장치를 통해서 인간의 힘과 에너지를 소비하지 않고도 원하는 목적을 달성할 수 있다고 말한다. 그는 이러한 기구가 복잡하고 다양화된 모습이 오늘날의 기계라고 본다. 이 기계의 특성은 자연과 같은 위치 에너지가 변하여 다양한 에너지의 형태로 나타날 경우에 두드러진다. 이 때문에 인간은 기계의 힘에 의해 자신의 힘을 훨씬 더 초월하는 일조차 가능하게 되었고 또한 그에 따라서 엄청난 진보가 이루어질 수 있었다. 하나의 기계는 다른 기계와 연관되어 또 다른 기계가 만들어지고 공장과 회사가 설립되면서 산업구조가 생겨나게 되었다.[133] 과르디니에 의하면 도구나 기구는 그래도 자연과의 직접적인 관계와 인간성을 깨뜨리지 않았지만, 문제는 기계가 점차 발달하면서 자연과의 관계가 균열이 생기기 시작했다고 주장한다.

이 기계는 인간으로 하여금 세계를 재구성하고 지배할 수 있도록 했다. 그것은 인간의 지배력, 힘^{Macht}이며 자연 사물을 있는 그대로 존재하게 하는 것이 아닌 인식하고 소유하게 하는 부정적인 사념邪念이다. 이 사념은 인간이 두려워하고 공포를 느끼는 자연을 정복하고-과르디니는 해방이라는 표현을 쓰고 있지만-다스리는 힘으로 작용한다. 과르디니의 표현에 따르면, "지식과 기술이 발전해 나갈수록 그 만큼 공포감은 작아진다. 인간은 점점 더 자유로워지고, 그는 주인이 된다."[136] 인간은 하나의 대상물을 전체 안에서 파악하게 되고, 개개의 대상물 안에서 전체, 즉 세계를 파악하여 전체를 정복해 나가는 것과 세상 자체를 움켜쥐는 목표로 나아가게 된다. 그러한 힘은 기계를 수단으로 해서 자신의 직접적인 힘으로는 도저히 이룰 수 없는 데까지 나타내게 한 것이다. 우리가 어떤 사물을 소유하게 되었을 때 그 사물을 소유하기도 하지만 그 소유된 사물로부터 영향을 받게 된다. 그 영향이 긍정적인 영향이든 부정적인 영향이든 그 영향으로 인해서 자신의 위치가 달라지고 책임과 의무 그리고 윤리 의식과 행위도 달라진다. 기계로 인해서 세계를 손에 쥔 인간은 지금에 와서 그 기계라는 수단으로 인한 세계의 피폐와 그에 따른 희망 없음에 대해 책임을 질 수밖에 없는 존재가 되었다. 따라서 그것은 "인간의 생존을 안전하게 보장하기 위해서라도 손대지 말아야 하는 근본적인 것까지 기계의 힘이 미치고 있다"는 인식에서 도덕적 담론과 윤리적 행위들이 새롭게 싹터야만 할 것이다.

'자연'은 이제 모두 다 인간에게 내어 주면서 아파하고 있다. 아니 고난을 당하고 있는 이 땅의 '예수'이다. 자신을 가공해서 문화라는 것을 만드는 인간을 위해 근본적인 부분까지 이용의 대상이 되어 주고 있는 것이다. 그러나 인간은 자신의 힘으로 구체적인 일을 실현할 수 있음에도 불구하고 기계에다 의존하는 인간이 된다면 자아실현의 가능성마저 상실하게 된다. 과거에 돛단배를 타고 항해할 때는 자연의 위험성이 항상 뒤따랐지만 인간은 용기를 내어 자신의 주변 세계를 개척하는 삶의 자세를 배웠다. 그러나 지금은 호텔 같은 배에서 얼마나 안락한 생활을 즐길 수 있는가? 그러나 존재의 전체적인 차원에서 과연 어느 것이 더 손실을 가져오겠는가 생각해봐야 할 것이다. 기계로 인해서 인간에게는 예전에 누리지 못했던 여가와 자유를 많이 향유할 수 있게 되었다. 그러나 "자유의 가치는 무엇으로부터의 자유에만 있는 것이 아니라 무엇을 위한 자유에도 상당한 비중을 두고 있다. 기계의 도움으로 얻게 된 자유시간과 주말을 의미 있게 보내지 못할 경우에는 손실을 의미하는 것이다."[145]

기계가 인간 삶의 내면세계에 영향을 미치는 것에 대한 부정적인 요소는 '종교적 체험의 능력과 종교적 동기의 수용 능력을 감소시켜 나가는 작용'을 한다.[146] 기계론적 세계관의 등장 이후 그리스도교는 호황을 누렸었다. 하지만 이른바 신자유주의의 도래로 경제적인 생활이 인간의 삶에 직접적인 영향을 끼치면서 종교적 의미와 생활은 퇴색되고 있다고 해도 과언은 아닐 것이다. 그러나 "좀 더 깊이 보는 사람은 종교적인 요소를 잃는 것은 인간의 가장 깊은 내면세계에 들어 있는 본질적인 요소를 잃는다는 사실을 알고 있다."146 과르디니는 마지막으로 진보에 대한 허구성과 맹신을 경고하면서 현재와 미래를 짊어지고 나갈 세대들에게 새로운 덕목을 제시한다. 첫째, 많은 경험들을 축적하여 개별적인 현상들에서 벗어난 전체全體를 조망眺望하면서 다스릴 능력이 생겨나야 하며, 이러한 능력을 갖춘 사람이 등장해야 한다. 둘째, 우리 안에서 다가오는 위험에 대처해 나갈 수 있도록 전체를 조망할 수 있는 능력을 키워 나가는데에는 학문과 기술이 함께 많은 역할을 해내야 한다.148 더불어 우리에게 전체를 바라보면서 세계가 처한 위험에 대처할 수 있도록 삶의 지혜를 모으는 여러 분야의 학제간 연구가 필요하리라 생각된다.

땅은 기계와 벗友이 되지 못한다. 땅은 생명이며, 생명을 잉태하는 어머니로서의 대지이다. 그러나 기계는 어머니의 가슴에서 아이를 강제로 떼어놓고 짓밟고 있다. 토마스 베리Thomas Berry가 주장하고 있는 것처럼 땅은 어머니이다. 우리는 대지의 어머니로부터 나왔다. 우리의 근원지는 땅이다. 땅이 없다면 우리도 없는 것이다. 따라서 이제 우리는 망나니 같은 기계가 우리의 삶의 근거를 유린하도록 그대로 내버려 둘 수가 없다. 우리의 상황을 올바르게 대처하기 위해서는 눈을 크게 뜨고 미래를 조망하는 능력이 필요하다. 그와 같은 존재가 되려면 현실을 정확하게 인식하고 읽어낼 줄 알아야 하며, 생태학적 감성을 풍부하게 배양해야 한다. 교회는 환경문제에 등한히 하고 안일하게 대비한다는 비난을 들어서는 안 될 것이다. 교회가 침묵하면 돌들을 통해서 하나님께서 말씀하실 것이고 돌들이 그 힘을 상실하면 온 우주가 경종을 울릴 것이다. 그러므로 교회는 삶의 진중珍重함, 진지함을 가지고 하나님의 구원의 장場인 자연을 아름답게 가꾸고 보전하는 운동의 중심이 되어야 함을 잊지 말아야 한다.

8장
성 아우구스티누스의 역사인식 비판과 종교생태학의 가능성

8.1. 역사의 자리^{topos}, 테라^{terra}에 대한 아우구스티누스의 인식

역사란 무엇인가? 글쓴이는 오늘날 이렇게 고전적인 물음을 던져야 할 분명한 시대적 문제들이 산적해 있다고 생각한다. 역사의 주체라 부하는 인간의 행태가 자신의 역사를 파국으로 몰고 가고 있는 것을 볼 때, 과연 우리의 역사는 존속 가능하겠는가를 묻지 않을 수 없기 때문이다. 역사는 과거의 역사를 현재에서 무엇보다 중요한 것은 반성하고 미래를 기획하며 희망을 확보하는 것이다. 그런 의미에서 역사를 통해서 비관이나 섣부른 낙관을 전망하기보다 현재적 존재인 인간이 자신의 미래를 어떻게 희망으로 미래 세대와 함께 가능하도록 만들 것인가 하는 것을 여기서 결단하고 실천하는 것이라고 생각한다. 또한 인간이 어떠한 역사관을 견지하느냐에 따라 삶과 행복, 그리고 생명의 이해와 그 가치가 달라질 수 있을 것이다. 우리는 지구촌의 자연 환경 오염, 재난 그리고 전쟁 등을 경험하면서 과연 '역사의 주체는 누구인가?' 그리고 '인간의 역사는 계속 될 수 있겠는가?' 하는 질문을 던질 수밖에 없다. 어느 때보다도 인간의 역사에 대한 깊이 있는 반성이 요구되는 이때에 과거와의 대화는 현재를 성찰하고 미래를 전망하는 데 필수적인 과제라고 여겨진다.

세계 종교사적 배경에서 바라볼 때, 그리스도교는 이웃종교와 달리 자연의 이해에 대해 극단적인 이원론적인 삶의 양식을 갖는 독특한 종교임에 틀림이 없다. 그것은 잘 아는 대로 예수 당시의 히브리적 사유에서는 나타나지 않는 이분법적 사유가 예수 사후 원시 그리스도교의 바울에 의해 그리스적 사유가 유입되면서 발생된 데서 기인한다. 이것은 그 이후 중세 철학의 비조인 아우구스티누스St. Augustinus가 처한 역사적 맥락에 의해 호교론적으로 확장되는 모습을 볼 수가 있다. 특히 그의 대표적인 저서라 할 수 있는 『신국론』De civitate Dei은 『고백록』Confessiones을 집필하고 난 후 413-426년에 걸쳐 씌어진 22권으로 된 방대한 저서로서 이분법적 사유가 분명하게 드러난다. 이 책을 집필하게 된 동기는 그리스도교 변증의 일환으로서, 로마가 410년에 알라리크Alaric의 통치 하에 있었던 고트족의 침탈을 받게 된 것은 그리스도교 때문이라는 비난을 반박하기 위해서였다. 그러니까 그리스도를 믿게 되면서 로마의 신들을 업신여겼기 때문에 신의 징벌을 받은 것이라고 말하는 사람들에 대해서 사실은 그렇지 않다고 기술한 변론시라고 볼 수 있다. 아우구스티누스는 이 저서에서 신의 나라Civitas Dei와 악마의 나라, 천상의 나라와 지상의 나라Civitas Terrena가 서로 대립하는 것으로 인간의 역사가 지배하고 있지만, 궁극에 가서는 신의 섭리에 따라 이 지상에 '신의 나라'가 '가시적 교회'의

모습으로 완전하게 실현될 거라고 말한다.[264]

아우구스티누스는 이러한 역사인식 혹은 시간인식을 바탕으로 그의 자연관을 '창조론'으로부터 전개한다. 무로부터의 창조creatio ex nihilo는 무시간적 존재인 절대자가 피조세계를 시간 안에서in time 창조한 것이 아니라 시간과 함께with time 창조했음을 말해준다. Confessiones, 11권 30장 만일 피조세계를 시간 안에서 창조하게 된다면 무시간적인 존재인 절대자가 시간 안에 존재했다는 것을 말해주기 때문에 절대자가 무시간적인 존재가 될 수 없는 모순에 빠진다. 아우구스티누스에 따르면 이 세계는 신의 순수한 사랑으로 만들었다고 본다. 그러므로 창조 사건은 신의 실존을 전제로 한다.[265] 무로부터 창조된 피조세계, 즉 자연은 시간적 존재이다.[266] 반면에 아우구스티누스에게 있어서 신은 초월적 존재이기도 하다. 자연과 인간을 초월하는 존재, 절대 타자인 것이다. 세계를 창조한 무시간적 존재인 절대자초월적 존재를 강조한 아우구스티누스에게 내재적 신론이란 있을 수가 없다. 따라서 범신론혹은 범재신론, panentheism을 논할 여지가 없는 것이다. 『고백록』Confessiones 10권 6장에서 피조세계가 신인가 아닌가를 물었을 때, 신이 아니라고 대답한다. 자연 안에서 신의 현존과

---

264) 柳田謙十郎, 이운구 옮김, 『역사철학』, 심산, 2003, 38-39쪽; Karl Löwith, *Meaning in History*, 이한우 옮김, 『역사의 의미』, 문예출판사, 1987, 251-53쪽. 뢰비트는 『신국론』(De civitate Dei)이 역사철학이 아니라, 그리스도교에 대한 교리적-역사적 해석이라고 주장하며, 이교도들에 대한 교회의 교리를 옹호하고자 기술한 저서라고 하였다. 피기스(Figgis)도 같은 주장을 제시하고 있다. 즉 아우구스티누스의 역사철학은 그리스도교의 변증에서 시작되었다. 그리스도교의 절대자를 공격하는 이론을 방어하고, 하나님을 정당화하며 교회가 문명의 파멸을 가져왔다는 책임추궁을 제거하려는 것이었다. 그래서 문명의 파멸 가운데서 크게 파괴된 세계 질서에 대치하여 보다 위대한 다른 한 질서를 세운 것이다. J. N. Figgis, *The Political Aspects of st. Augustine's City of God*, Gloucester, Peter Smith, 1963, 32-50쪽, 이장식 옮김, "역사철학자", 『서양중세사상사론』, 한국신학연구소, 1988, 158-174쪽; 심지어 그는 진정한 그리스도교란 내세적이라고까지 말한다. 인간의 삶은 물질적 가치, 세속적 질서에 속할 수 없다. Henry Chardwick, *Augustine*, Oxford University Press, 1986, p. 119.
265) Etienne Gilson, *History of Christian Philosophy in the Middle Ages*, New York: Random House, 1955, 김기찬 옮김, 『중세철학사』, 현대지성사, 1997, 113쪽.
266) 國谷 純一郎, 『自然思想史』, 三和書房, 심귀득 · 안은수 옮김, 『환경과 자연인식의 흐름』, 고려원, 1992, 118쪽.

신의 계속적 행위creatio continua의 가능성을 인정하지 않는 단면을 엿볼 수 있다.

여기에서 전개상 그리스 시간관과 히브리 시간관을 일별해본다면, 그리스의 시간관은 끊임없이 아르케arche로 회귀해가는 원형적 시간이지만 그리스도교적인 시간관은 직선적이다. 그리스도교에 따르면, 세계는 시작과 끝이 신의 지배 아래에 있다. 역사의 시간은 절대자의 섭리에 따라 작용한다. 이것은 히브리의 유목 생활과 밀접한 관계가 있다. 유목 생활은 한 곳에 정착해서 살 수 없고 끝없이 오아시스를 찾아 이동해야 한다. 목적지가 있는 시간이다. 그들의 시간은 자연과 삶의 환경으로부터 배태된 시간이다. 이와 같은 생활은 인간이 자연에 대해 자유로운 주체imago Dei로서 자연을 개척하고 지배하면서 목적지을 향해 나아가는 목적론적, 직선적 시간을 낳았다. 그러나 이러한 역사관은 미래의 유토피아로서의 『신국론』을 향해 나아가면서 진보적 역사관이나 더 나아가 신을 없애고 신의 도성을 없애는 세속화의 문명을 발전시키는 역할을 하였음을 추론해볼 수 있다.[267]

바인리히Harald Weinrich에 의하면, 역사는 레테Lethe의 강을 거슬러 본질과 존재에 대한 기억이라고 말한다. 그런데 아우구스티누스는 인간의 불완전함을 고백하고 신을 기억하는 역사를 기술하였다고 주장한다.[268] 앞에서 말했다시피 그리스도교의 역사란 시작과 끝이 창조주이신 절대자절대무한자, 절대타자의 섭리에 의해 이루어진다고 본다. 그러나 망각의 강을 거슬러 한 가지 더 기억해야 할 것이 있다. '자연의 역사'이다. 슈미트-코바르칙Wolfdietrich Schmied-Kowarzik이 말하고 있는 것처럼, 인간의 의식은 자연으로부터 등장하였다. 따라서 인간이 자연을 억압하고 소외시

---

267) 위의 책, 118-123쪽.
268) Harald Weinrich, *Lethe*, Verlag C.H. Bech oHG, 2000, 백설자 옮김, 『망각의 강. 문학을 통해 본 망각의 문화사』, 문학동네, 2004, 49-52쪽.

킬수록 인간의 지위는 격하될 뿐만 아니라 우리 자신이 자연 안의 근거를 부정하고 자연을 인간의 수단을 위한 재료로 간주한다면 파멸을 면치 못하게 될 것이다.[269] 역사란 인간의 역사가 따로 있고, 자연의 역사가 따로 있을 수 없다. 인간의 문화와 문명, 그리고 인간의 의식의 발전은 이미 자연과 더불어, 자연의 바탕 위에서 이루어져 왔기 때문이다. 진보적 사관이나 진화론적 역사를 들먹이지 않더라도 인간 자신이 역사적으로 오랜 시간에 걸쳐 진화해온 생물학적 생명체임을 인식할 때, 인간과 자연이 분리된 역사는 사실상 무의미하다.[270]

그리스도교의 역사관, 특히 아우구스티누스의 역사인식 이후에 인류의 보편사는 인간의 역사가 아니라 신의 역사였다.[271] 역사의 주체인 인간은 역사에서 설자리가 없어졌을 뿐만 아니라 자연은 고려의 대상이 아니었다. 오히려 자연은 두려움의 대상이고 그래서 정복해야만 하는 대상으로 전락하고 말았다. 오로지 역사란 신의 섭리에 의해 좌우되는 것이고 신이 없다면 역사와 자연은 사라진다. 이러한 견해는 "모든 역사에는 신이 머물고 신이 살며 신이 인식된다"는 말 속에 함축되어있다고 해도 과언은 아닐 것이다.[272] 아우구스티누스가 갖고 있는 역사 인식의 한계는 바로 여기에 있다. 그는 역사의 행위자인 인간과 역사의 자리인 자연을 수동적인 존재로 인식했다. 게다가 로마로부터 비난받을 것을 두려워한 나머지 그리스도교의 절대자인 하나님에 대한 인식을 부각시키기 위

---

269) Wolfdietrich Schmied-Kowarzik, *Das dialektische Verhältnis des Menschen zur Natur*, 이종관 옮김,『자연에 관한 철학적 탐구』, 철학과 현실사, 1994, 64-71쪽.
270) 柳田謙十郎, 앞의 책, 82-83쪽.
271) 선한용,『시간과 영원. 성 어거스틴에 있어서』, 성광문화사, 1989, 113-115쪽 참조. 이 점은 아우구스티누스가 사물들을 인간의 영적인 목적을 위한 수단(uti)으로 사랑할 것을 말한 점과 모든 사랑의 귀착점은 절대자여야 한다고 주장한 점에서 명확히 드러난다. 역사와 사물, 자연, 심지어 이웃마저도 그 목적이 절대자의 사랑, 절대자의 역사를 향한다는 점에서 인간과 자연의 역사가 구성될 자리를 상실했다고 볼 수 있다.
272) 위의 책, 40-41쪽.

해 또한 그만큼 인간과 자연의 한계를 도드라지게 했다.[273]

아우구스티누스에게 있어서 인간과 자연은 절대자의 수단에 불과하다. 사실 역사의 오점들과 자연 환경의 문제는 절대자의 손에 맡기기에는 너무도 심각하다. 현시점에서 자연은 절대자와 인간의 역사의 터라는 인식을 가지고 절대자의 섭리에 따라 창조된 자연을 아름답게 보전해야 하는 인간의 적극적이고 능동적인 행위가 절실히 요구되기 때문이다. 콜링우드R. G. Collingwood가 주장하고 있는 것처럼, 그리스도교에서 바라보는 역사과정이 비록 인간의 의지가 아닌 절대자의 의도에 의해 구현된다고 하더라도, 절대자의 의지는 인간의 행위를 통해서 이루어질 수밖에 없다. 다시 말해서 역사 속에서 일어나는 모든 사건들은 인간의 의지에 의해서 일어나기 때문에, 어떤 의미에서는 인간은 역사적 행위자인 셈이다.[274]

그런 관점에서 본다면, 사회생태철학자 머레이 북친Murray Bookchin이 "인간이 된다는 것becoming human은 자연스럽게 만들어진 자의식을 갖는다는 뜻이고, 의식적으로 실감나게 자연계와 사회의 능동적인 행위자로 참여한다는 의미이다"라고 말한 것은 시의적절하다고 본다.[275] 그러면서 인간이 능동적인 존재로 살아간다는 의미는 희망을 가지고, 미래를 예측하며 자기를 끊임없이 현재보다 나은 존재로 발전시키는 것이라고 말할 때,[276] 그것이 아우구스티누스가 말한 덕의 윤리, 사랑의 윤리, 평

---

[273] Karl Löwith, 앞의 책, 258쪽. 뢰비트는 이것을 다음과 같이 표현한다. "아우구스티누스의 저작에 들어 있는 모든 계획은 역사 속에서 하나님을 옹호하려는 목적에 봉사한다. 하지만 여전히 역사는 하나님과 구별되며, 이때의 하나님은 헤겔적인 역사의 신이 아니라 역사의 주재자이다."

[274] R. G. Collingwood, *The Idea of History*, Oxford University Press, 소광희·손동현 공역, 『역사의 인식-역사학은 과학인가 이념인가-』, 경문사, 1985, 69쪽.

[275] Murray Bookchin, *Re-enching Humanity: A Defense of the Human Spirit Against Antihumanism, Misanthropy, Mysticism, and Primitivism*, 1995, 구승회 옮김, 『휴머니즘의 옹호』, 민음사, 2002, 57쪽.

[276] 위의 책, 58쪽.

화의 윤리를 실천하는 인간 존재로 확장시키는 것임을 자각하게 된다. 다행히도 코플스턴Frederick Copleston은, 아우구스티누스가 '하나님 사랑과 이웃 사랑'을 윤리학의 정수로 보고 있다고 말하면서, 이것을 자연철학 자연신학으로 확대해서 해석하고 있는 것은 고무적인 일이다. 모든 피조세계가 창조의 원인인 절대자 안에 있기 때문에 우리가 자연을 사랑한다는 것은 아우구스티누스가 말한 사랑의 윤리를 구현하는 것이고, 절대자를 사랑하는 것이 되기 때문이다.[277]

8.2. 세계 화해를 위한 아우구스티누스의 역사적 에티카

아우구스티누스에게 있어서 세계의 역사는 곧 우주의 역사이며, 인류에 대한 구속사Heilsgeschichte이다. 그의 역사이해는 창조, 전사前史, 그리고 심판과 영광의 후역사로 나누어진다. 아우구스티누스는 특히, 지상의 역사를 다음과 같이 6기로 구분하고 있다. 아담에서 대홍수까지의 영아기infantia, 제1기, 노아에서 아브라함까지를 소년기pueritia, 제2기, 아브라함에서 다윗까지의 청년기adolescentia, 제3기, 다윗에서 바빌론 포로까지의 장년기inventus, 제4기, 그리스도의 탄생까지의 중년기gravitas, 제5기, 예수의 출현부터 재림까지의 역사인 노년기senectus, 제6기. 그런데 각 시대는 천 년으로 지상의 역사는 5천 년을 경과하여 그 당시는 이미 제6기에 접어들었다고 보았다. 인류의 역사는 벌써 세상의 종말을 맞이하고 심판을 통해 영광으로 드러날 것이라고 생각하였던 것이다.[278]

리챠드 쉐플러Richard Schaeffler가 말했듯이, 아우구스티누스의 "세계 자

---

277) Frederick Copleston, *A History of Philosophy, Vol. 2, Mediaeval Philosophy: Augustine to Scotus*, Westminster, Maryland: The Newman Press, 1962, 박영도 옮김, 『중세철학사』, 서광사, 1988, 118쪽.
278) 김규영, 「아우구스띠누스의 생애와 사상」, 형설출판사, 1980, 171-175쪽; 柳田謙十郎, 이운구 옮김, 『역사철학』, 심산, 2003, 39-40쪽; Karl Lwith, 앞의 책, 259쪽.

체에 대한 인식은 신적인 진리 안에서의 세계 인식이다." 더불어 그는 창조론에다 선험철학적인 의미를 부여하였는데, 인류의 역사를 6시기로 나눈 것도 어쩌면 7일 동안의 창조 이야기와 밀접한 연관을 짓고 있는지도 모른다. 그만큼 아우구스티누스는 역사 인식 혹은 시간 의식의 개념을 창조 사건에다 두고 있다고 볼 수 있다.279) 이러한 바탕 위에 서있는 그의 시간 해석에 대한 한 대목을 살펴보면 다음과 같다.

"그럼 시간이란 무엇이오니까?Quid est ergo tempus? 누가 이를 쉽고 간단하게 설명하겠습니까? 누구 있어 이를 생각으로 알아듣고, 적절한 말로 표현할 수 있으오리까? 그럼에도 우리의 대화 가운데 시간처럼 예사롭고 알려진 것이 또 어디 있습니까. 그렇습니다. 우리가 스스로 말할 때 이를 아는 것이 사실이요, 남한테 들을 적에도 알아듣는 것이 사실입니다. 하다면 도대체 시간이 무엇입니까? 아무도 묻는 이가 없으면 아는 듯하다가도 막상 묻는 이에게 설명을 하려 들자면 말문이 막히고 맙니다. 그러나 제법 안답시고 말을 한다면 이렇습니다. 흘러가는 무엇이 없을 때 과거의 시간이 있지 아니하고, 흘러오는 무엇이 없을 때 미래의 시간도 있지 아니할 것이며, 아무 것도 없을 때 현재라는 시간도 있지 아니할 것이다."280)

아우구스티누스에 따르면, 시간이란 비존재non esse로 흘러가는 것이다. 『고백록』Confessiones에서 밝혀진 바와 같이, 과거는 이미 없고iam non esse, 미래는 아직 없는 것non dumn esse이고, 현재는 아직 오지 않는 것으로

---

279) Richard Schaeffler, *Einführung in die Geschichtsphilosophie*, Darmstadt, 1994, 김 진 옮김, 『역사철학』, 철학과 현실사, 1997, 151-152쪽; 그레이스 케인스(Grace E. Cairns)는 7시기로 나눈다. 신이 구속받는 자와 성도들을 그 안에서 쉬게 하는 '안식일의 시대'가 포함된다. Grace E. Cairns, *Philosophies of History. Meeting of East and West in Cycle-Pattern Theories of History*, 이성기 옮김, 『역사철학. 역사 순환론 속에서의 동양과 서양의 만남』, 대원사, 1990, 250-255쪽 참조.
280) S. Aurelii Augustini, *CONFESSIONUM*, 11권 14장, 최민순 옮김, 『고백록』, 성바오로출판사, 1991, 324쪽.

부터 연장이 없는 것을 통하여, 이미 없어져버린 것으로 무상하게 흘러가는 것이다. 그는 시간을 실존론적으로 이해함으로써 시간의 아포리아 aporia에서 벗어난다. 즉 아우구스티누스는 과거를 기억으로 알게 되고, 미래를 기대예상, expectatio 속에 현존해 있는 것으로, 현재는 지나가고 있지만 우리들의 직관contuitus 속에 현존하고 있다고 본다. 그러므로 인간의 시간 경험은 내면에서 혹은 영혼 속에서 과거, 현재, 미래가 기억, 직관, 기대의 형태로 파악되어지는 것이지, 세 가지의 시간이 있다고 말하고 있는 것이 아니다.[281]

아우구스티누스의 윤리는 이러한 시간의식과 밀접한 연관성을 지니고 있다. 그래서 아우구스티누스의 '행복의 윤리'를 이해하기 위한 조건은 먼저 시간이해가 선행되어야만 한다. 그에 따르면 시간이란 과거, 현재, 미래를 향해 영혼이 분산, 팽창되어 간다고 말한다. 우리의 의식이 과거를 기억하고, 현재를 직관하며, 미래를 기대한다는 점이 그 근거이다. 그러나 시간이란 소극적인 측면에 머무르지 않고 영원을 지향해 나아간다. 여기서 영원이란 시간의 영역에 속하는 것도, 무한한 시간도 아니다. 그것은 탈시간적, 시간초월적이라 말할 수 있다. 그러므로 인간의 행복은 항상 가변적인 흘러가는 시간에서 찾아야 할 것이 아니라, 변하지 않는 영원성에서 찾아야 한다. 시간에 예속되지 않고 시간을 초월한 영원한 현재인 신에게서 행복을 추구해야 한다.[282] 그래서 아우구스티누스에 따르면, 인간의 행복이란 절대자에게서 발견하게 된다. 가변적인 인간이 불변하며 절대 무한인 신을 경험할 때만이 비로소 행복을 깨닫게 되기 때문이다. 인간이 지상에 살면서 절대자에게 도달할 때 행복할 수 있다는 것은 궁극적으로 '사랑의 윤리'로 귀결된다. 최고선인 절대자를 만나

---

281) 선한용, 앞의 책, 74-77쪽; Anthony Kenny, *A Brief History of Western Philosophy*, Oxford, Blackwell Publishers, 1998, 이영주 옮김, 『서양철학사』, 동문선, 2003, 190-191쪽.
282) 문시영, 『아우구스티누스와 행복의 윤리학』, 서광사, 1996, 60-62쪽.

고 그 신을 누릴 때섬길 때 인간은 선을 추구하며 선에 머무르게 된다. 물론 인간은 신을 외면할 수도 있고 신에게 영원히 귀의 할 수 있는 '자유의지' free will가 있다. 그러나 최고선인 절대자를 발견하고 그 안에서 선을 추구하는 것이야말로 인간의 행복이고, 그 의지는 신에 의해 작정되어지는 것이다.

그런데 어떻게 유한자인 인간이 무한자인 절대자를 사랑할 수 있는가? 아우구스티누스는 은총gratia이 매개한다고 말한다. 신의 도움 없이는 사랑할 수 없는 것이다. 그러나 신의 은총은 자유의지에 반하는 것이 아니라 역설적이게도 인간을 자유롭게 한다. 우리는 자유 의지에 따라 악을 행할 수도, 선을 행할 수도 있다. 그러나 신의 은총은 우리로 하여금 선을 행하도록 우리의 의지를 움직이고 활동하는 힘이다. 여기에서 신이 행하는 모든 것이 은총이다. 즉 무로부터의 창조는 신의 은총으로서, 인간을 신의 형상imago Dei으로 창조한 것 또한 은총이다. 한마디로 창조 사건 자체는 은총이다. 무엇보다도 로고스Logos의 강생육화, incarnatio은 신이 인간이 된 사건으로 신의 무한한 은총이 아닐 수 없다.[283]

아우구스티누스는 인류의 역사를 선의 역사와 악의 역사가 서로 갈등하며 나아가는 변증의 역사로 본다. 즉 신을 사랑하는 사람의 도덕적 원리가 지배하는 역사와 신을 멀리하는 악의 원리가 지배하는 역사가 있다는 것이다. 전자를 예루살렘의 도시를 형성하는 천상의 나라, 후자를 바빌론의 도시를 형성하는 지상의 나라로 본 것이다. 그는 필연적으로 역사철학 혹은 철학을 그리스도교적인 신을 아는 지혜로서 이해하면서 시간적이고 계기적인 것은 영원한 것에 의해서 판단되어질 수 있다고 생각했다. 다시 말하면, 역사철학은 역사적인 현상들과 사건들에 관한 정신

---

[283] 김규영, 『아우구스띠누스의 생애와 사상』, 형설출판사, 1980, 145-155쪽.

적이고 도덕적인 식별이다.[284] 이러한 역사 이해를 통해서 인간과 자연의 관계는 인간이 자연 속의 존재라는 것을 깨달아야 하는데, 그러기 위해서 civitas^{나라, 도성}, polis^{πολις}는 사회 공동체의 유대관계 안에서 신을 사랑하며, 인간 안에서는 사랑의 유대 관계가 선행되어야만 한다.[285]

그러나 아우구스티누스에게 있어서 진정한 국가란 존재하지 않는다. 지상에서 참된 평화와 참된 사랑의 질서는 신의 나라에서나 가능한 것이기 때문이다. 고로 우리는 이 땅에서 신의 나라를 위해 절대자의 선을 구현하며 사랑하는 공동체로 만들어가야 할 과제를 부여받게 된다.[286] 이처럼 아우구스티누스는 『신국론』De civitate Dei에서 최고선인 '평화' 혹은 '평화의 윤리'를 이야기하고 있다. 평화를 누릴 때 우리가 진정으로 행복하며, 평화처럼 우리가 열망하는 것이 없으며, 평화보다 더 만족스러운 것이 없노라고 말한다. 그래서 이 평화를 성취하기 위해서는 전쟁도 불사하는 것처럼 보인다. 그러나 전쟁의 승리는 오로지 평화를 위한 것임을 놓고 볼 때 '평화'란 인간의 행복을 위한 절대적인 요소라는 것을 강조하는 것으로 이해할 수 있다.[287]

앞에서 말한 바와 같이, 아우구스티누스의 역사적 윤리는 '사랑의 윤리'이다. 모든 대상과 사물은 수단이 아니라 목적이다. 이 '목적론적 윤리'의 핵심은 바로 '네 이웃을 네 몸과 같이 사랑하라'에 있다. 곧 아우구스티누스의 사랑의 윤리는 신을 위해 자신뿐만 아니라 자연만물이 존재한다는 것을 깨닫는 것이다. 신의 은총은 사랑을 원한다. 우리의 역사는 이상적인 사랑과 현실적인 투쟁 사이의 관계에 놓여 있다. 여기에서 신의 의지인 사랑의 윤리를 실현하는 것이 인간의 역사이고 신의 나라를

---

284) 위의 책, 159-162쪽.
285) 위의 책, 165-167쪽.
286) 위의 책, 167-170쪽.
287) S. Aurelii Augustini, *De Civitate Dei*, 조호연 · 김종흡 옮김, 『신국론』, 현대지성사, 1997, 19권 10장-11장.

세워 가는 길인 것이다.288)

그렇다면 이 땅에서 사랑의 질서를 만들어가야 하는 주체는 누구인가? 아우구스티누스의 논리대로라면 신을 사랑하는 사람, 신의 정신에 부합하는 사람, 신의 나라를 실현해나가는 사람들이면 누구나 주체가 될 수 있다. 사실 오늘날의 그리스도교 국가와 이슬람 국가와의 관계를 놓고 볼 때, 각자는 스스로 신의 정신에 입각하여 신의 도성을 실현해나가는 국가 공동체임을 자부한다. 그들 스스로 역사의 주체로 인식하고 있는 것이다. 역사의 주체는 인간이며 동시에 인간은 스스로 역사를 만들어간다. 그래서 "인간은 부단히 흐르는 현재에 살면서, 자신의 삶의 목적과 관심을 통해 과거로부터 미래로 자신을 기투企投하며 살고 있다. 달리 표현하면 인간은 흐르는 현재를 통해서 과거와 미래라는 시간 안에 산다고 할 수 있다. 과거와 미래는 부단히 흘러가는 현재의 지평이다."289)

현재의 지평 속에서 이해된 역사성은 레비나스E. Levinas가 말하고 있는 '타자성'을 떠올리게 한다. "아무에게도 속하지 않은 미래, 사람이 수용할 수 없는 미래는 시간의 한 요소가 되기 위해서는 어쨌거나 현재와 관계를 맺어야 한다… 미래와의 관계, 즉 현재 속에서의 미래의 현존은 타자와 얼굴과 얼굴을 마주한 상황에서 비로소 실현되는 것처럼 보인다. 얼굴과 얼굴을 마주한 상황은 진정한 시간의 실현이다. 미래를 향한 현재의 침식은 홀로 있는 주체의 일이 아니라 상호주관적인 관계이다. 시간의 조건은 인간들 사이의 관계 속에, 그리고 역사 속에 있다."290) 종교와 종교, 사람과 사람 사이에 가장 가까운 것이 얼굴이다. 현재 속에서

---
288) 김규영, 앞의 책, 162-165쪽.
289) 이선관, "역사에서의 연속성", 한국현상학회 편, 『역사와 현상학』, 철학과 현실사, 1999, 28-29쪽.
290) Emmnuel Levinas, *LE TEPS ET L'AUTRE*, Fata Morgana, 1979, 강영안 옮김, 『시간과 타자』, 문예출판사, 1996, 92-93쪽.

미래의 희망을 발견할 수 있는 것은 상대방의 얼굴, 즉 타자의 존재가 나의 존재 이유임을 인식할 때 우리에게 역사적 시간은 비로소 의미를 띠게 된다. 역사적 시간 속에 살고 있는 시대적 사람 혹은 시대epoch를 현상학적인 판단중지에포케, epoche 해야 한다. 우리가 타자에 대한 속견과 편견을 완전히 제거하고, 환원을 통한 태도 변경으로 타자를 바라본다면 우리 공동의 목표인 신의 도성을 실현하고 그야말로 행복한 삶을 살 수 있지 않을까?

8.3. 아우구스티누스의 종교 생태학적 지평과 호모 렐리기오수스 Homo Religiosus

오늘날 지구촌의 종교적인 상황과 정치적인 상황은 매우 밀접한 관계를 맺고 있는 것 같다. 미국은 세계의 패권을 장악·유지하고자 하는 욕망을 가지다 못해 유럽의 우방국가들과의 공조 속에 중동 전체를 잠식하고 심지어 석유 자원과 중국의 견제를 동시에 획득하고자 한다. 여기에 이라크와 주변 중동국가들은 자신들의 목숨을 내놓고 이른바 자본주의를 내세우고 신자유주의를 부르짖는 국가들에 맞서고 있는 것이다. 중요한 문제는 미국을 비롯한 유럽국가에서는 '그리스도교'를, 이에 반해 중동국가들은 '이슬람교'를 전쟁 이데올로기로 활용하고 있다는 점이다. 그러나 종교가 인간의 역사적, 문화적 현상이나 창조물에 지나지 않는다 하더라도, 혹은 종교의 개념이 서구의 발명품에 불과할지라도 그것이 종교를 이데올로기로 확증할 수 있는 근거가 되지 않는다.[291]

우리가 종교에 대해서 보편적으로 정의 내릴 수는 없지만 몇몇 학자들을 통해 종교의 성격을 규명해본다면, 종교학자 막스 뮐러Max Müller는

---

291) John H. Hick, *Philosophy of Religion*, Prentice Hall, Inc., 1990, pp. 110-111.

"종교란 인간으로 하여금 여러 가지 이름과 여러 가지 모양으로 무한자를 알 수 있게 하는 능력 혹은 지향"이라고 했고, 임마누엘 칸트는 "종교는 우리의 모든 의무를 신의 명령으로 받아들이는 것"The recognition of all our duties as divine commands이라고 했다. 또한, 에리히 프롬Erich Fromm은 "종교란 개인에게 살길을 보여주며 헌신의 대상을 부여해 주는 사상과 행동의 체계로서 한 사람뿐 아니라 여러 사람이 단체로서 받아들일 수 있는 것"이라고 했다. 이러한 학자들의 주장들에 근거한다면 종교란 특정한 사람들의 신념 체계, 의지의 행위, 사회적 가치 등을 지닌 도덕적 혹은 형이상학적 태도이다. 그러므로 사람들이 종교적인 삶을 산다는 것은 사적인 욕망에 치우치지 않고 인류와 사회의 불의에 항거하고 선한 사회를 위해 자비와 사랑을 베푸는 것이라 볼 수 있다.[292]

그렇다면 이러한 지향성을 지닌 어떠한 특정 종교라도 진리 혹은 진리 해석을 독점한다는 것은 있을 수 없다. 진리를 독점하고 진리 해석의 절대성을 갖고 있다고 주장하는 종교 공동체는 종교 혹은 자신들의 경전canon을 오독誤讀하는 것이다. 이러한 오독은 잘못된 실천으로 이어진다는 점에서 종교가 지닌 맹점이 드러난다. 종교는 평화, 헌신, 사랑을 위해 인간과 인간, 그리고 세계를 하나로 묶는religare 역할을 해야 한다. 그런데 어느 특정한 종교를 표방하는 민족이 또 다른 특정 종교를 표방하는 민족을 해한다는 것, 그것도 종교의 정신에 위배되는 심각한 오독에 입각한 종교적 실천을 가져온다는 것은 삶의 덕, 행복을 증진하기 위한 정신적, 영적 매체라 볼 수 없다. 물론 아우구스티누스도 모든 자연 질서가 절대자를 향하도록 되어 있는데, 그 근본적인 질서는 절대자를 사랑하고, 그 절대자 안에서 이웃과 자신을 사랑하는 것이라고 말하고 있다.

---

292) 김하태·한태동·지동식 공저, 『종교와 기독교』, 연세대학교 출판부, 1967, 57-72쪽.

절대자의 질서는 그 근본이 '사랑'에 있음을 강조하고 있는 것이다.293)

그럼에도 아우구스티누스에게서 드러나는 종교와의 대화를 위한 걸림돌은 호교론적 역사관이다. 호교론 혹은 변증이라 함은 이웃종교와 타자그리스도교인이 아닌 사람에 대해서는 배타성을 가지며, 동시에 그리스도교만이 구원의 절대성을 갖고 있다고 강변強辯하는 것을 말한다. 또한 변증은 타자에 대해서 소통의 울타리를 가로막는 방법이다. 변증이 또 하나의 종교의 배타적 권력 담론을 양산하는 것이다. 그것은 자칫하면 상호간의 대화의 방식 혹은 쌍방의 방식이 아니라 일방 통행방식의 교리적 전달에 그친다.294)

게다가 그리스도교 역사관은 신앙이 전제되지 않으면 쉽게 동의하기 힘든 점들이 있으며, 직선적 시간관과 종말관은 사상이나 철학이 아니라고 거부될 수 있다.295) 그럼에도 아우구스티누스를 대하는 이들은 역사의 주체로서 스스로 신의 도성을 완성해간다고 느낄 것이다. 아우구스티누스를 독해하는 주체로서의 인간이 발견해야 할 점은 자신이 바로 신의 도성을 이루어 가는 주체로 인식해야 한다는 점이다. 아우구스티누스의 역사인식이 갖는 난점을 극복하기 위해서는 그리스도교적인 입장과 태도에서 확장된 종교신학적 태도, 즉 사랑과 덕을 실현해나가는 종교 공동체가 바로 선의 역사를 실현하는 것임을 확신하는 것이다. 이러한 맥락에서 가톨릭 신학자인 한스 큉Hans Küng은 "그리스도교의 복음이란 예수의 빛과 힘으로 말미암아 우리는 오늘의 세계에서도 참으로 인간답게 살아가며 처신하고 고난을 참아 받고 또한 죽을 수도 있으니, 그 이

---

293) Thomas J. Bigham and Albert T. Mollegen, "The Christian Ethic", Roy W. Battenhouse, ed. *A Companion to the Study of St. Augustine*, New York: Oxford University Press, 1955, p. 391.
294) 그런 의미에서 샘 해리스(Sam Harris)가 말한 각 종교의 교리가 지닌 편협성, 위험성, 불완전성을 지적한 것은 타당하다. Sam Harris, *The End of Faith*, 2004, 김원옥 옮김, 『종교의 종말』, 한언, 2005, 18쪽 참조.
295) 이석우, 『아우구스티누스』, 민음사, 1995, 397쪽.

유는 전적으로 하나님에게 지탱되어 마지막 순간까지 사람들을 위해 봉사할 수 있기 때문"이라고 말한 바 있다.296) 미래의 종교적인 인간Homo Religiosus은 아우구스티누스가 말한 사랑과 덕, 그리고 평화의 정신을 가지고 모든 인류에게 봉사하고 헌신하는 모습이라고 볼 수 있다. 그렇게 될 때에야 비로소 이 역사적인 인간은 신의 도성을 위해 한 발짝 다가서며 선의 역사를 구현하는 인간으로 성장할 수 있을 것이다. 어쩌면 그러한 선의 역사의 구현은 '종교 간 우정' interreligious friendship, 요15:13-15에서 출발하여야 사람들과의 새로운 관계와 삶의 방향을 제시해줄지 모른다. 종교 간 우정은 자신의 종교 이야기를 나누는 상호간의 우호를 통해 종교와 삶의 지평이 넓어지며, 절대적 사랑을 온전하게 실천하는 보완적 정서와 소통이기 때문이다.297)

우리는 오늘의 지구적 현실에서 '종교생태학은 가능한가' 298) 라는 물음보다는 '종교생태학이 가능하기 위한 조건은 무엇인가'를 물어야 할 것이다. 종교생태학이 가능하기 위한 조건은 화해와 이해, 화합과 공존이다. 그런데 아우구스티누스는 그 해답을 이미 자신의 저서들을 통해서, 특히 역사인식을 통해서 밝히고 있다. 사랑의 윤리, 덕의 윤리라고 말이다. 우리는 그 사랑과 덕을 역사 한 가운데 있는 모든 지구촌 사람들의 규범과 삶의 역사를 주도하는 철학으로 삼아야 한다. 다시 말해서 메

---

296) Hans Küng, "그리스도교의 복음", 분도출판사 편집부 편, 『종교란 무엇인가』, 분도출판사, 1982, 105-122쪽.
297) James L. Fredericks, *Faith among Faiths. Christian Theology and Non-Christian Religions*, New York/Mahwah, N.J.. Paulist Press, 1999, pp. 173-179.
298) '종교생태학'(Religious Ecology)이라는 개념은 국내에서 이준모가 처음 사용한 용어라 볼 수 있다. 그가 말하는 종교생태학이란 '생명'을 중심 개념으로 하여 회개, 해탈, 무위자연의 상관관계를 본질적으로 해명하고자 하는 것이다. 즉, 종교가 자연과 생명을 위한 자기를 위한 존재이어야 함과 동시에 타자를 위한 존재를 규명하고 있다. 글쓴이는 여기서 위와 같은 견해에 전적으로 동감하면서 더 나아가 종교 간의 유기체적 관계, 상호의존적 관계, 공존적 관계, 종교의 다원화의 상생의 차원을 모색한다는 차원에서 '종교생태학'이라는 개념을 빌려오고자 한다. 이준모, "종교다원주의에서 종교생태학으로(1)", 「기독교사상」, 484호, 1999/4, 106-116쪽 참조

를로 퐁티M. Merleau-Ponty가 "나는 나에게 있어서 절대적 원천"이라고 말한 것처럼, 역사 안에서 우리는 세계의 경험과 2차적 학문적 인식에 의존하지 않고 절대적 원천인 우리 자신이 직접 세계를 구성하고 역사를 주도하는 주체가 되어야 할 것이다.[299] 그것은 오늘의 지구와 종교의 현실이 암울하고 고통스럽기 때문이며, 미래의 목적론적 종말을 현재 여기서 구현하여 신의 도성을 앞당기는 지름길이라 생각되기 때문이다.

8.4. 아우구스티누스의 역사철학에 대한 해석학적 반성의 요청

글이란 모름지기 시대적 산물이다. 이 말은 글의 시효가 당대의 삶을 해석하고 지탱하는 수단으로서 의미를 갖는다는 뜻이다. 그러나 글의 모음, 즉 텍스트가 일단 고정되어 더 이상의 유효한 해석과 심지어 비판을 발생시키지 못한다면, 그래서 텍스트 외에 모든 것은 주변화 된다면, 그 텍스트는 더 이상 의미가 없다. 따라서 어떠한 텍스트이든지간에 철저하게 독자들에 의해 재해석되어 삶의 전개에 긍정적 메시지를 낳을 수 있어야 한다. 따라서 기록된 텍스트 읽기만큼 중요한 것이 독자의 독해적 삶reading life이다. 다시 말해서 기록된 텍스트의 독해가 읽힌 텍스트만으로 존재한다면 역사는 개선될 수가 없을 것이다. 역사가 현재의 사건의 계기들을 통해서 지금보다 나은 역사로서 나아가게 하기 위해서는 이글턴Terry Eagleton이 말하고 있는 것처럼, "행위되는 역사"가 되어야만 한다. 그러나 이것은 어디까지나 제대로 된 우리의 텍스트 읽기가 가능할 때만이 설득력이 있는 것이다. 왜냐하면 텍스트를 통한 우리의 인식이 우

---

299) Maurice Merleau-Ponty, *Phénoménologie de la Perception*, Editions Gallimard, 1945, 류의근 옮김, 『지각의 현상학』, 문학과 지성사, 2002, 15쪽.

리 자신을 새롭게 보고 우리의 역사를 풍요롭게 하기 때문이다. 텍스트를 통한 언어적 인식은 곧 우리가 잃어버렸던 세계, 관심을 새롭게 열어 보여준다.[300] 그런 의미에서 오늘을 위한 아우구스티누스의 역사철학에 대한 새로운 해석학은 반성의 전기를 맞이하고 있다고 본다.

우리의 역사에 대한 독해가 오늘 우리에게 의미가 있으려면 '타자의 타자성'에 대한 고통을 제거하는 방향으로 나아가야 한다. 만일 아우구스티누스의 역사 이해가 오늘날 우리에게 절대적인 고통을 안겨다 준다면 그 역사 이해에 대한 재해석relegere과 반성이 필요하다.[301] 역사는 반복되는 것이 아니라 유일회성이기 때문이다. 그러나 이 유일회성이라는 관점은 모든 인간에게 단 한 번의 역사적 사건으로 다가오는 것으로서, 고통의 현실은 과거의 사건이나 미래의 사건이 아니라 바로 오늘 여기에서의 사건이라는 의미에서이다. 또한 아우구스티누스의 역사철학에 대한 해석학이 타자를 위한 해석학이 되어야 한다고 할 때에 그것은 타자의 고난과 억압을 제거하고 정의를 실현하기 위한 타자와의 대화적 해석학이 요구된다. 왜냐하면 진정한 의미에서의 역사철학은 과거의 것을 단순히 해석하고 반성하는 데서 그치는 것이 아니라 인간의 해방과 실천, 더 나아가서는 보편적인 인간과의 대화를 통한 세계 해방을 가져와야 하기 때문이다. 따라서 아우구스티누스가 오늘을 위해 진정한 의미를 확보하기 위해서는 타자와 만나는 해석학, 이웃종교와 만나는 해석학이 절실히 요구되는 것이다.[302]

질송E. Gilson이 지적하고 있나시씨, 설대자가 이 세상을 만드실 때부터

---

300) 정기철, 『상징, 은유, 그리고 이야기』, 문예출판사, 2000, 144쪽.
301) Terry Eagelton, *The Illusions of Postmodernism*, 1996, 김준환 옮김, 『포스트모더니즘의 환상』, 실천문학, 2000, 104쪽, Theodor W. Adorno, *Negative Dialectics,* London, 1973, 320쪽 재인용; 책을 다시 읽는다는 뜻의 라틴어 *relegere*는 텍스트를 읽으면서 부단히 새로운 의미를 발견해내는 것을 의미한다
302) Paul Knitter, 김기석 옮김, "종교해방신학을 향하여", 변선환박사화갑기념논문집, 『종교다원주의와 신학의 미래』, 종로서적, 1989, 71-101쪽.

이미 신의 도성을 점진적으로 세우실 작정을 하고 있었다. 그런 시각에서 본다면 아우구스티누스의 역사철학에서 보편사적 의미는 어떤 신비가 내재되어 있는 것이다. 다시 말해서 신에 의해 선택받은 자들을 행복으로 이끄는 것은 전적으로 신의 자비라는 점이다. 그런데 왜 어떤 사람은 구원을 받고 어떤 사람은 유기遺棄되는가? 이것이 신의 비밀이라고 질송은 말한다. "이 신비는 모든 사람이 구원을 얻지 못하는 근거가 아니라 모든 사람들 가운데 어떤 사람이 구원을 얻는 근거이다." 신의 도성이 선택받은 자들의 것이라면, 그것도 소수의 것이라면 그 소수는 도대체 누구인가?[303] 글쓴이는 시간의 유일회성을 깨닫고 그 유일회성을 귀중하게 여기며, 그 시간을 신의 카이로스kairos라고 인식하고 행동하는 자가 아닐까 생각한다. 그 유일회성의 시간 속에서 만나는 타자를 이웃 사랑하듯 보듬는 사람, 그래서 신의 사랑으로 신의 도성을 구현하는 자의 것이 아닐까. 역사의 주체임을 깨닫고 신의 의지 안에서 신의 뜻을 구현하는 사람의 것이 아닐까. 신은 미래의 종말에 가서야만 비로소 온전한 모습으로 현현하는 것이 아니다. 미래의 종말론적인 구원은 신이 우리와 함께 하심을 믿고 역사성을 깨닫는 사람들에게 바로 지금 여기에서 선취先取되는 것이다.[304]

아우구스티누스가 역사철학 혹은 그리스도교의 역사신학에서 획기적인 견해를 제시한 것은 사실이다. 하지만 그의 역사 이해는 어디까지나 그리스도교적인 시각에서 전개되었다는 것을 기억해야 한다. 따라서 이웃종교, 특히 당시 이방종교들 고유의 역사와는 상관없이 그리스도교적인 역사관으로 보편사를 제시했다. 그리스도교적인 보편사에는 그리스도교의 신학적 교리와 사관에 위배되는 어떠한 종교도 구원 일반에 포섭

---

303) Etienne Gilson, 앞의 책, 123쪽.
304) 김기봉, 『"역사란 무엇인가"를 넘어서』, 푸른역사, 2000, 90쪽.

될 수가 없는 것이다.

앞에서도 물었던 것처럼 오늘날 종교 혹은 철학이 어떠한 역사관을 제시할 수 있는가에 따라 현재 지구가 처해있는 여러 문제들을 공정하게 바라볼 수 있는 안목이 생길 수 있을 것이다. 포스트모던 시대에 살고 있는 우리는 또한 다원화된 사회 속에서 살고 있다. 이는 다시 말해서 어떠한 사상과 입장도 탈중심적인 담론으로 이끌려가고 있음을 의미한다. 그러므로 아우구스티누스의 역사철학에서 성찰하고 미래를 희망으로 바라보아야 할 것은 이웃나라들과 이웃종교들의 역사를 어느 한 국가와 어느 한 종교의 역사로 포괄해서는 안 된다는 점이다. 우주의 역사가 시작된 이래로 지구상의 모든 국가들은 공통된 역사를 가지고 태동하였다. 이는 인류학적, 고고학적 연구 성과를 토대로 드러난 문헌들을 통해서도 입증된 바, 우리 인류의 조상들은 한 뿌리에서 발생되었다는 점이다. 물론 개별적인 역사와 인류는 또한 특수한 역사를 만들어 왔던 것도 사실이다. 그러나 어느 개별적인 역사가 자신의 역사 우월주의를 내세워 모든 역사를 자신의 보편사관에 입각해 하나의 역사로 만들어 버린다는 것은 문제가 아닐 수 없다.

그렇다면 역사철학은 보편적인 인간을 대상으로 하는가? 아니면 특수한 시간 속의 특수한 인간을 대상으로 하는가?[305] 지금까지의 역사란 특정한 시간 안에 존재하는 특수한 인간을 대상으로 기술하여 왔다. 역사가 인간의 궤적을 탐구하는 것은 당연하다 하겠으나, 그 궤적에는 역사적 인간의 성찰과 함께 사연을 토대로 하여 자연을 대하는 인간에 대한 성찰을 필연적으로 동반해야만 한다. 자연의 문제는 과거 인간의 성찰이 결여된 데에도 문제가 있기 때문이다. 그러므로 역사철학은 보편적인 인간의 역사가 지닌 본질을 천착하는 데 본연의 목적이 있을 뿐만 아니라

---

305) Marc Bloch, 고봉만 옮김, 『역사를 위한 변명』, 한길사, 2000, 49-53쪽.

앞으로 인간의 삶의 토대라 할 수 있는 자연의 역사, 환경의 역사조차도 아우를 수 있는 지평이 확대되어야 할 것이다. 이는 '인간의 사건'과 '사실 중심의 역사'에서 '해석'과 그에 따른 '성찰 중심의 역사'를 통하여 오늘의 문제를 묻고 답변하는 역사철학이 되어야함을 말하는 것이다.

이제 우리는 엠마누엘 레비나스$^{E. Levinas}$가 말한 바와 같이, 타자^{Autre}에 대해 책임적인 존재로서 살아가야 할 것이다. 아우구스티누스가 자신의 역사철학을 변증적인 입장에서 기술했던 것은 타자에 대한 배려와 타자에 대한 책임성, 타자에 대한 의무론적 존재를 인식한 데서 출발했다기보다, 자신의 종교에 대한 변론적 태도로서, 자신의 관심에서 배태된 변증철학이었음을 알 수가 있다. 현대 이슬람과의 관계에서 우리는 지독할 정도로 묵시적이며, 직선적인 종말론적 태도를 발견한다. 전쟁으로 사무쳐버린 무슬림과 종교적 배타주의와 역사 우월주의에 서 있는 그리스도교는 묵시적 종말론에 자신의 전쟁 이데올로기를 무장시켜 타자를 지배하고 살육하는 데 조금도 주저하지 않고 있기 때문이다. 아우구스티누스가 말한 것처럼, 그리스도인의 덕은 절대자를 사랑하고, 우리의 타자인 이웃을 사랑하는 데에 있다. 이것은 그의 철학적 신학의 총체이기도 하지만 성서 전체의 정수라고 할 수 있다. 지금 우리의 역사는 이것을 실현할 것인가 말 것인가의 물음에 있지 않다. 오히려 역사의 기술과 해석, 그와 더불어 역사의 실천은 이와 같은 '덕'을 실현할 것을 강요하고 책임 지우고 있는 것이다.

9장
종교적 생태담론의 현주소와 그 과제

9.1. 국외 생태신학의 동향들

오늘날의 생태학적 사유는 1970년에 미국의 역사학자 린 화이트Lynn White가 "The Historical Roots of our Ecological Crisis"라는 글을 발표하면서, 유대-그리스도교가 자연지배에 대한 신학적 근거를 제공함으로써 오늘날과 같은 환경문제가 발생하였다고 비판하여 그 각성의 시발점이 되었다. 그 이후에 학계뿐만 아니라 운동단체 및 시민단체에서는 환경문제와 현대문명에 대해서 지속적인 관심을 가지고 성찰하여왔다. 그러니 대개가 그렇듯이 학문이란 자신의 실존적인 상황과 그 물음에서 비롯된다. 마찬가지로 '생태담론'도 현대문명의 위기와 인간의 미래에 대한 위협에 직면하여 새롭게 묻게 된 학문적인 영역이라 볼 수 있다. 물음에는 대답이 뒤따라야 한다. 그런데 오늘날 대부분의 생태담론은 문제의 시발점을 찾는 데 급급한 나머지 실천적 대안과 그 영향력이 미약한 것 같다. 이러한 상황 속에서 국내에서는 생태신학에 대한 이해와 관심의 부족으로 그 자리 매김이 쉽지 않지만, 영미를 비롯한 서구 유럽에서는 생태신학적 작업이 활발하게 진행되고 있다.[306]

떼이야르 드 샤르댕Pierre Teilhard de Chadin은 '우주적 그리스도론'의 선구자라 볼 수 있다. 샤르댕은 예수회 소속 신학자이면서 진화론을 주장한 생물학자이다. 한때 도외시되었던 그가 다시 학계의 전면에 소개되기 시작한 것은 생태위기와 맞물려 그의 독특한 진화론적 관점이 생태신학의 이론을 정초하는 데에 신뢰성을 얻고 있기 때문이다. 그리고 다분히 과학적 시각에서 보는 관점이지만, '계속적 창조'creatio continua라 일컫는 생성적 신학轉化神學: becoming theology을 말함으로써 생태신학의 청지기적 의무를 일깨웠다. 게다가 그 유명한 '오메가 포인트'의 정점에 그리스도가 있음을 주창하여 그의 창조신학을 모태로 같은 맥락의 자연신학에 관한 연구가 활발히 진행되고 있다. 특히 그의 생물학적 연구는 인간이 자연의 일부라는 사실 그리고 인간이 긴 역사를 통하여 진화해온 생물종임을 알게 해 주는 역할을 함으로써 인간으로 하여금 겸허한 자세로 자연을 대하게 만들었다.

자연과학과 과학철학에 남다른 관심을 기울이고 있는 뮌헨대학의 명예교수 볼프하르트 판넨베르크Wolfhart Pannenberg는 유신론적 진화론자다. 판넨베르크에게 있어서 창조와 진화는 대립된 개념이 아니다. 창조는 신

---

[306] 최근에 지구 곳곳에서 발생하고 있는 심각한 환경문제와 더불어 활발히 논의되고 있는 '환경신학'(環境神學)은 응용신학(applied theology)분야의 하나로서 협의의 개념이다. 그런데 '환경신학'이라는 용어는 환경문제에 관한 이론적 작업의 배경과 그 실천에 있어서 '인간'을 중심으로 하는 소위 '인간중심주의' 사유이기 때문에, 여기서는보다 포괄적인 의미의 '생태신학'(生態神學)이라는 용어를 사용할 것이다. 생태신학이라는 용어는 환경신학에서 사고하는 인간중심주의에서 탈피한 지구의 모든 생물과 무생물 그 어느 것도 주변이 아닌 자기의 중심이 될 수 있는 가능성을 열어 놓는다고 볼 수 있겠다. 물론 이 개념 외에도 '환경윤리'니 '생태윤리'라는 말을 사용하기도 하지만 넓은 의미의 신학을 포괄하지는 못한다. 따라서 생태신학이 윤리적 정향(orientation)까지도 포괄한다고 보기 때문에 '생태신학'이라는 개념이 타당하다고 생각한다.

의 피조물과 함께 지속적으로 이루어지는 과정이다. 다시 말해서 그는 창조의 사건이 일회성에 그친 과거의 사건으로 머무는 것이 아니라 계속적으로 창조되고 있는 creatio continua 역동적 창조론을 주장함으로써 인간이 하나님의 창조 사역에 공동 협력자로서 또 청지기로서의 책무를 수행해야 하는 존재적 정위를 밝혀주고 있다. 앞에서 밝힌 것처럼 그는 과학과 신학의 지속적인 대화를 통하여 신학의 과학화 작업을 꾀하려고 하는 과학주의적 신학자로 볼 수 있다.307) 샤르댕은 생물학적 관점에서 진화론적 창조론을 주장하였지만, 판넨베르크는 물리학적 관점우발성, 장이론에서 유신론적 창조론신과 인간의 공동협력을 주장했다는 점에 있어서 구별된다.

보프L. Boff는 남미의 해방신학자로서 라틴 아메리카의 정치적, 경제적 상황에 대한 예리한 분석을 통해 민중이 처한 가난의 고통을 그리스도교 해방신학적 관점에서 기술하고 있는 탁월한 신학자이다. 오랜 기간에 걸쳐 자본주의 국가들의 정치, 경제적 수탈을 힘겹게 극복해나가는 과정 속에서 가난이 의미하는 것이 무엇인지를 특수한 국가적 상황에서 분석하고 있는데, 그리스도교는 가난한 자들을 우선적으로 편들어 주어야 한다고 생각한다. 라틴 아메리카는 국가의 경제적 불균형과 빈곤의 장기화로 인해서 해방신학적 이론이 설득력을 잃어감에 따라 그에 대한 대안으로 경제신학이니 생태신학이니 하는 더 진일보된 이론과 실천을 요구하고 있다. 그러한 상황을 반영하듯 최근에 보프가 자신의 글을 생태신학에다 초점을 맞추어 가고 있음을 보게 된다. 그는 자신의 생태담론을 통하여 가난으로부터의 해방을 비롯한 자연의 해방을 강력하게 부르짖고 있다. 특이한 점은 생태학적 신학의 접목을 통해 만유내재신론panen-

---

307) 정기철,『시간문제와 종말론. 시간의 철학과 시간의 신학』, 한들출판사, 2000, 55-61쪽 참조.

theism을 주장하고 있는 점이다. "모든 것이 신은 아니다. 그러나 모든 것 안에 신이 있다"라는 그의 창조적 언설에는 세상이 하나님을 알게 해주고 하나님과 만나는 집oikos이라는 생태신학적 세계관을 엿보게 한다.308)

알로이스 피어리스Aloysius Pieris 역시 해방신학자다. 해방신학자들의 공통된 논지는 가난으로부터의 해방을 부르짖는다는 점이다. 피어리스 신부는 스리랑카의 예수회 소속 신학자답게 그의 글 곳곳에서는 불교적인 냄새가 묻어난다. 더욱이 그의 가난에 대한 영성은 오늘날 환경 위기에 직면해 있는 우리들에게 시사하는 바가 크다. 그에게 있어서 가난은 강요된 가난forced poverty이 아니라 자발적 가난voluntary poverty이다. 이 가난은 예수를 따르고 섬기는 것과 동의어로 보고 있는데, 그 이유는 "가난 속에서, 가난을 통해서 그리스도를 앎과 그리스도를 따름이 서로 변증법적 관계"를 이루기 때문이다. 그런데 우리가 가난해진다는 의미는 자발적으로 가난해진다는 의미와 동시에 가난한 자를 편든다는 의미를 내포하고 있다. 따라서 우리의 가난한 삶은 그리스도를 아는 방편이고 그 앎을 우리의 삶에 실천하고 또한 나눔의 삶을 통하여 하나님의 나라를 실현하는 길인 것이다.309)

위르겐 몰트만J. Moltmann은 일찍이 정치신학자로 알려져 있었지만 최근 들어 조직신학적 입장에서 생태학적 문제를 다루고 있는 독일신학계의 거장이다. 그의 대표적 저서들을 거론해본다면, 『희망의 신학』1973, 『십자가에 달리신 하나님』1982, 『생명의 영』1992, 『오시는 하나님』1997 이외에 다수가 있다. 자신의 대부분의 저작에서 생태학적 성령론, 생태학적 그리스도론 등을 언급하고 있는 것을 보면 그의 환경문제에 대한 신

---

308) L. Boff, *Ecology & Liberation. A New Paradigm*, trans. John Cumming, Maryknoll, New York: Orbis Books, 1995, pp. 51-52.
309) Aloysius Pieris, 성염 역, 『아시아의 해방신학. 가난과 종교 속의 그리스도교』, 분도출판사, 1988, 36-48쪽.

학적 관심사는 매우 광범위하다 할 것이다. 특히 『창조 안에 계신 하느님』1986에서는 생태학적 창조론을 집중적으로 다루고 있다. 그의 신관에 의하면 하나님은 삼위일체론적 창조자이며 우주 안에 편만해 계신 하나님이다. 창조는 우주적 그리스도를 통해서 세계가 창조되며 성령을 통해서 하나님과 사귐이 이루어진다. 이러한 삼위일체적 창조론은 하나님의 세계 초월과 세계 내재를 결합시키는 중요한 개념이 된다.310) 또한 창조의 역사가 하나님을 향해 개방되어 있고 그에 따라 하나님의 세계 초월과 세계 내재의 상호 작용으로서의 개방적, 참여적, 선취적 체계로 이해되어야 할 필요성을 강조하면서 이러한 창조가 태초의 창조를 뒤따르는 계속적 창조피조세계의 보존과 완성의 준비가 되어야 한다고 주장한다.311)

문화사학자이자 지질학자인 토마스 베리Thomas Berry는 '생태 감성적 영성' ecologically sensitive spirituality을 말하고 있는데, 인간이 자연으로부터 소외된 영성에서 자연과 친밀한 영성으로, 언어 계시 안에 계시된 신의 영성에서 우리와 관련된 가시적 세계 안에 드러난 신의 영성으로 전회해야 한다고 주장한다.312) 특히 현대 물리학과 천문학의 영향을 받아 브라이언 스윔Brian Swimme과 공동 저술한 *"The Universe Story"*는 상대성 이론, 양자역학, 하이젠베르크의 불확정성의 원리 등의 이론적 배경들을 통해 우주의 자기 조직화와 우리 세계의 이해를 보다 더 상호 연관적으로 전개하고 있다. 가이아 가설은 이러한 발전들 중에 하나로 볼 수 있는데, 1994년에 지은 *"The Gaia Theory: Its Religions Implications"*에서 가이아 가설의 새로운 우주론이 필요함을 논증하였다. 우주는 관계적 사건으로서, 특히 빅뱅은 원초적인 종교적 의미를 함의하고 있다고 주장하기

---

310) J. Moltmann, *Gott in der Schöpfung-Ökologische Schöpfungslehre*, München: Kaiser Verlag, 1985, 김균진 옮김, 『창조 안에 계신 하느님』, 한국신학연구소, 1994, 121-132쪽.
311) 위의 책, 238-256쪽.
312) Thomas Berry, "An Ecologically Sensitive Spirituality", *CSB*5, 2, 1997: 4 재인용-, Margaret Brennan, "Christology and Spirituality", *TJT*16, spring 2000, pp. 27-38.

도 하였다. 또한 토마스 베리에 따르면, 인간은 지금 지질학적인 진화 과정을 경험하고 있는데, 신생대에서 기술대Technozoic, 생태대Ecozoic로 접어들어야 한다고 보았다. 그러면서 미래는 우주 만물의 신비에 대한 경외심에 기초하여 모든 지질학적, 생물학적, 인간적 구성원들 사이의 친밀한 관계가 유지되는 지구공동체의 평화를 지향하는 비전이 되어야 할 것을 역설하였다.[313]

매튜 폭스Matthew Fox는 피조세계를 긍정하기 위해서 만유내재신론panentheism을 주장하는데 이는 레오나르도 보프의 입장과 일치한다. 창조가 축복이라고 말하는 그는 그리스도교의 진정한 영성이란 인간을 포함한 사물의 근원적인 선을 인정하는 일이며, 이때의 선이란 생명을 주고받는 모든 사물들 간의 근본적인 관계성을 지시한다고 이해한다. 또한 그리스도란 역사적 예수에게로 제한되거나 인간 존재와 관계하는 분만이 아니라 오히려 상호관계적인 삶의 우주적 원리로서 전 피조세계 속에 현재하고 있는 하나님의 내재적 지혜라고 해석한다.[314] 더 나아가서 만물의 고통을 끌어안고 그 고통에 참여하기 위해서 케노시스적 삶을 살아야 함을 강조하고 하나님에 대한 가부장적 시각을 벗고 어머니인 하나님 상과 균형을 이루는 모성적 상징을 우주 출산과 섬김으로 이해한다. 이는 송천성의 '자궁의 신학' 과도 일맥상통하는 바가 있다. 또한 생태회복을 위한 가난과 자비의 정신을 요구하는 것은 그가 생태영성적 바탕 위에 서 있음을 드러낸다.

송천성宋泉盛의 신학적 입장은 고통과 고난, 희망과 부활이라는 그의 신학적 테마에서 알 수 있듯이 제3세계 국가들의 가난과 고통, 압제에

---

313) Stephen Bede Scharper, *Redeeming the Time. A Political Theology of the Environment*, New York: The Continuum Publishing Company, 1997, pp. 71-72; 김준우, "대멸종 시대의 목회윤리-21세기 생태대를 향한 출애굽을 위하여", 한국기독교연구소 편, 『생태계의 위기와 기독교의 대응』, 한국기독교연구소, 2000, 102쪽.
314) 이정배, 『평신도와 함께 하는 생명신학』, 기독교대한감리회 홍보출판국, 2001, 82-83쪽.

대한 항거적인 메시지가 강하다. 그래서 송천성을 생태신학자로 분류한다는 것이 무리가 있다고 생각할지도 모른다. 그러나 그가 말하는 이른바 '자궁의 신학' the theology of the womb은 우주적 구원을 이야기하는 데 핵심어가 될 수 있다. 그것은 새로운 창조가 이루어지려면, 고통이 수반되어야 함을 일깨워 주는 암시와 희망을 배태하고 있기 때문이다. 생태학적 위기 앞에 위험과 몸부림, 고통이 없이 새로운 우주 생성이 이루어질 수 없다. 자궁은 새로운 생명을 잉태하는 씨앗의 근원이다. 송천성이 말하는 것처럼 "온 우주가 사실은 하나의 자궁과 같다. 그곳에서 새 생명이 움터 나오고자 몸부림치고 있는 것이다. 불의와 압제와 증오로 가득 찬 세계, 그 속에서 하나님의 구원 사명이 정의와 자유와 사랑으로 한 새 생명을 탄생시키고자 투쟁하고 있는 것이다." 이러한 논리에서 볼 때, 송천성의 '자궁의 신학' 은 달리 생태해방의 신학이요, 희망의 신학이라고 이름 붙일 수 있을 것이다.[315]

현재 밴더빌트 대학교 신학부에서 교편을 잡고 있는 샐리 맥페이그Sallie Mcfague는 지구를 하나님의 몸으로 기술한다. 그녀의 논지에 의하면 하나님의 몸인 이 세계^{또는 우주}는 구원을 지향하며, 모든 몸들all bodies의 해방과 치유, 그리고 완성을 지향한다는 것이다. 그런 의미에서 하나님의 몸이라는 메타포는 '우주적 그리스도' 라 말할 수 있다. 예수의 이야기를 통해 모든 억압받는 사람들과 가난한 사람들을 편드는 하나님의 사랑을 발견하는 것과 같이 자연도 '새로운 가난한 자' 라는 것이다. 또한 예수 사역의 초점이 구체적인 몸을 지향하고 있고 육체적 질병과 굶주림을 해결하는 데 관심을 기울였던 것처럼 하나님의 몸인 지구도 돌봐야 한다고 말한다. 이런 맥락에서 맥페이그의 전체적인 입장은 '우주적 그리스도

---

[315] Choan-Seng Song, *Third-Eye Theology. Theology in Formation in Asian Settings*, Maryknoll, New York: Orbis Books, 1979, 성염 옮김, 『아시아인의 심성과 신학. 中. 희망에 이르는 고통』, 분도출판사, 1982, 50-52쪽.

론'으로 향하고 있는 것을 알 수 있다.316) 그러므로 구원은 우리를 위해 이루어졌던 무언가가 아니라 모든 피조세계가 참여해야 하는 어떤 과제이다. 즉 우주 속에서 하나님의 육화를 어떻게 이해해야 하는가를 보여주면서 우주를 하나님의 몸이라는 메타포로 사용하고 있는 것이다. 또한 그녀는 예수의 치유 행위를 몸의 건강과 밀접한 관계가 있다고 보고 모든 피조세계의 돌봄으로 확장해야 한다고 주장한다. 그래서 맥페이그에 따르면, 모든 피조세계가 해방과 치유를 공유한다는 것은 예수를 통해 계시된 하나님의 사랑을 포괄한다.317)

도로테 죌레Dorothee Sölle는 기존의 창조신학에서 논하는 것처럼 노동을 저주나 징벌의 결과로 보지 않는다. 오히려 노동을 자연과의 화해라고 본다. 노동은 자연을 복구하기 위한 것이라 하면서 노동에 대한 관점을 달리 한다. 인간의 노동은 자연을 굴복시키고 지배하기 위한 것이 아니라 자연과의 교제이며, 그러한 의미에서 노동자는 청지기라는 것이다. 따라서 창조과정에 참여하는 노동자로서의 인간은 생명을 위한 존재이기에 좋고 생산적이며 소외되지 않은 노동을 요청하는데, 그것은 자연에 폭력을 가하지 않으면서 화해에 기여하는 것이다.318)

로즈마리 류터Rosemary Radford Ruether는 게렛 감리교신학교 교수로서, 여성신학적 접근에 따라 남성들의 가부장적 지배가 여성과 자연을 얼마나 유린했는가를 고발하고 있다.319) 특히 남성본위사상과 비인격적 자연관에 대한 시원이 그리스 사상에서 비롯되었음을 지적하고, 남성과 여

---

316) Sallie Mcfague, *The Body of God. An Ecological Theology,* Minneapolis: Fortress Press, 1993, pp. 160-170.
317) Ellen M. Leonard, "Contemporary Christologies in Response to Feminist and Ecological Challenges", *TJT* 16, spring 2000, pp. 19-20.
318) Dorothee Sölle, *lieben und arbeiten. Eine Theologie der Schöpfung,* 박재순 역, 『사랑과 노동』, 한국신학연구소, 1987, 175-189쪽.
319) Resemary Radford Reuther, *Sexism and God-Talk. Toward a Feminist Theology,* Boston: Beacon Press, 1983, 안성님 옮김, 『성차별과 신학』, 대한기독교출판사, 1985, 85쪽.

성의 이원화, 사회적 지배와 자연에 대한 구조적 모순, 그리고 착취에 대한 해결책을 생태정의eco-justice에서 찾고 있다.320) 그녀는 죌레의 입장과 마찬가지로 인간의 노동이 대지와 육체를 지배한다고 보고, 총체적 해결의 모색을 지혜의 신여성으로부터 얻어내어 평화와 조화 그리고 회복을 제안한다.321) 또한 류터의 생태신학은 전통적인 그리스도론에 입각한 기술 방식이 아니라 그리스도의 말씀과 행업에 근거한 '구속적 그리스론'에서 시작한다. 이것은 그녀의 독특한 저서 *"Gaia and God"*1992에서 드러나고 있는 '우주적 그리스도론'과 맥을 같이 하는데, 그녀는 이 책에서 우주적 그리스도론이 히브리 사상과 그리스 사상의 그리스도교적 종합에서 나왔음을 추적한다. 그녀의 또 다른 저서 *"Women.Healing Earth"*에서는 어떻게 종교가 여성과 자연을 지배하였으며, 그 해결책은 무엇인지를 고민하면서 그리스도가 모든 문화 속에 녹아져야 한다고 강조한다.322) 따라서 이 모든 이론과 실천들이 이루어지기 위해서 신학은, 지구 전반에서 일어나고 있는 지배문화를 비판해야만 하고, 신학과 과학뿐만 아니라 경제학 등 다른 분야와 학제간 연구를 통해서 공동협력을 해야 할 것이다.323)

위에서 살펴본 바와 같이, 서구의 생태신학적 특색은 인간과 신이 서로 교제하는 관계라는 것, 우주와 인간이 상호의존적인 존재들의 그물망으로 여긴다는 점이다. 그래서 우주 안에서 나 자신을, 나 자신 안에서 우주를 발견한다는 입장에 서서 가난의 영성을 이야기하되 단지 수덕적 가난만을 주장하고 있는 것이 아니라는 점이다.324) 그러니까 서구 생태

---

320) 위의 책, 103쪽.
321) 위의 책, 283-287쪽.
322) Ellen M. Leonard, 앞의 책, 17-18쪽.
323) Dieter T. Hessel, "Why This Field Guide?", Dieter T. Hessel, ed. *Theology for Earth Community. A Field Guide,* Maryknoll, New York: Orbis Books, 1996, pp. 5-7.
324) Thomas Berry, The Spirituality of the Earth, Charles Birch et al., ed. *Liberating Life*.

신학의 이론이 단지 공허한 담론에 그치지 않고 실천적 모색도 함께 궁리한다는 것을 알 수 있다.

9.2. 국내 생태신학의 동향들

우리나라에서는 생태신학의 '전문적인' 저변 확대가 약한 편이라 주로 조직신학혹은 교의신학적인 측면 내지는 간혹 윤리신학적인 측면에서만 연구되어질 뿐이다. 그럼에도 불구하고 국내에서 왕성한 활동을 전개하고 있는 학자들로서, 개신교에서는 감리교신학대학교의 이정배 교수, 한남대학교의 조용훈 교수, 관동대학교의 장도곤 교수 등을 꼽을 수 있겠고, 가톨릭에서는 대구가톨릭대학교의 전헌호 신부, 부산가톨릭대학교의 구경국 신부와 안명옥 신부, 대구대교구의 정홍규 신부 등을 거론할 수 있겠다. 이들은 자신의 주전공과 관심 영역 안에서 특히 환경문제를 집중적으로 다루고 있는 학자들이다.

이정배는 우리에게 토착화 신학자로 알려져 있었다. 그래서 이웃종교와의 대화 문제에도 적극적인 관심을 가지고 자신의 논지를 개진하는 학자이면서 동시에 이웃종교의 관점과 그리스도교의 관점을 비교하면서 환경문제를 다룬다. 최근에는 자연과학적 관심이 증대됨에 따라 학제간 연구와 함께 과학과 종교에 관한 번역도 한창이다. 그의 대표적인 저서와 역서들을 소개하면 『생태학과 신학』1989, 『시간이 촉박하다』1987, 『토착화와 생명문화』1991, 『한국적 생명신학』1996, 『생명권 정치학』1996, 『신학의 생명화 신학의 영성화』1999, 『다석 유영모의 동양사상과 신학』2002, 『한국개신교전위토착화신학연구』2003 등 다수가 있다.

Contemporary Approaches to Ecological Theology, Maryknoll, New York: Orbis Books, 1990, p. 155; Charles Cummings, Eco-Spirituality, Paulist Press, 1991, 정홍규 옮김, 『환경신학』, 성바오로, 1999, 100쪽.

그가 생태신학에 천착하면서 여기저기서 주창하고 있는 것이 있다면 '적색은총'과 '녹색은총'이다. 사족을 달자면, 전자는 십자가 은총, 십자가 사건을 의미하고, 후자는 타자의 음성을 듣고 바라보는 경청의 은총이다. 자연의 은총은 녹색은총만 가지고 될 게 아니다. 자연의 음성과 약자의 소리에 귀를 기울일 뿐만 아니라 십자가 사건을 통한 자연의 고통스런 폭력과도 맞서 싸워야 하는 것이다. 자연을 피폐시키고 미래를 절망스럽게 만드는 자연의 억압과 지배에 당당히 맞서 싸우는 것이 바로 십자가 은총이라 보는 것이다.

조용훈은 독일에서 윤리신학을 전공한 학자로서 윤리적인 관점에서 환경문제의 이론과 실천적인 방향을 제시하고 있다. 최근에는 이웃종교 안에서의 자연관을 관심 있게 기술하고 있는 것을 엿볼 수 있다. 그의 대표적인 저술로서는 『기독교환경윤리의 실천과제』1997와 『지구화 시대의 기독교』1999 그리고 『동서양의 자연관과 기독교 환경윤리』2002가 있다. 먼저 『기독교환경윤리의 실천과제』의 내용을 살펴보면, 조용훈은 소비, 정치, 경제, 과학기술과 환경문제의 연관성을 다양하게 고찰함으로써 생태학적 윤리의 지평을 확장시킨다. 특히 자동차 문화가 가지고 있는 환경문제를 그리스도교 환경윤리의 실천적인 영역으로 다루면서, 자동차 신화에서 벗어나 환경친화적인 자동차 사용을 제안, 큰 차를 선호하는 한국인에게 가치관의 변화를 역설하고 있다. 또한 핵에너지와 환경문제에서는 지속가능한 에너지 체계를 모색, 환경친화적이고 재생가능한 에너지 개발과 소력 및 능력 발전, 소수력 발전 에너지 소비 절약을 위한 에너지 소비 아스케제askese를 윤리적 과제로 제시하고 있다.

『지구화 시대의 기독교』에서는 지구화 시대의 그리스도교 윤리적 관점에서 환경문제를 다루고 있다. 특히 이 책에서는 소비문화가 미치는 해악을 비판하면서 절약의 생활이 합리적이며 자족적인 생활 방식으로 정착되어야 할 것을 제안하고 있다. 또한 지속가능한 개발이 되기 위해서는 평화와 정의로운 개발이 요청된다고 밝히고 있다.

장도곤은 생태신학을 예수의 사상을 중심으로 전개한다는 특징을 지니고 있다. 2002년에 출판된 『예수중심의 생태신학』이라는 제목에서 드러나고 있듯이 예수 사건에서 나타난 신학적 범주들을 중심으로 기술하고 있음을 알 수 있다. 그는 환경문제에 대한 논의를 예수의 청빈, 겸손, 사랑, 그리고 정의로 풀어간다. 더불어 그의 논문에서는 인구문제와 과소비, 개발 문화 등을 문제시하면서 인간 존재의 힘을 통제해야 함을 역설한다. 그러나 굳이 그의 책에서 흠을 잡는다면, 자연친화적 사상가로서 더글러스 홀Douglas J. Hall과 제임스 내쉬James A. Nash를 거명하고 있지만, 오히려 창조 영성가인 매튜 폭스Matthew Fox나 심층생태학자인 아느네스Arne Naess를 자연숭배사상가로 폄하하여 분류하고 있다는 것이다. 그럼에도 불구하고 특이한 것은 인간의 무분별한 개발과 관련하여 인간이 '시간적 이웃인 후손'과 '공간적 이웃인 다른 피조세계'를 고려해야한다고 주장하면서 '절대적 인간중심주의'와 구별하여 '상대적 인간적 중심주의' 혹은 '관리적 인간중심주의'라는 새로운 용어를 사용하고 있다는 점이다.

가톨릭에서는 오스트리아 빈Wien에서 로마노 과르디니R. Guardini를 연구하고 돌아와 환경문제와 영성을 접목하면서 많은 활동과 저술을 하고 있는 글쓴이의 스승 전헌호 신부가 있다. 그는 환경문제를 단지 공적 담론으로만 삼지 않고 실질적인 삶으로 표출하면서, 더욱이 개신교 전통에 있어서 '역사적 진공'이라 할 수 있는 영성신학적인 접근을 통하여 풍부한 대안을 제시하고 있다. 그의 저서들과 역서들을 소개해보면, 『인간에의 연민』1991, 『교의와 교의신학』1993, 『넉넉한 가운데서의 삶』1996, 『자연환경, 인간환경』1998, 『코모 호숫가에서 보낸 편지』1998, 『불완전한 인간과 힘』1999, 『다시 찾은 기쁨』1999, 『아래로부터의 영성』1999, 『거룩한 갈망』1999, 『교회 영성을 빛낸 수도회 창설자』2000/2001, 『영적 삶의 샘』 2003/2004, 『내가 우주보다 더 위대하다고?』2004 등 그 수만 헤아려도 연구의 열정을 가늠케 한다.

그의 저술에서 알 수 있듯이 자연과학의 물리학과 생태신학을 연결하여 폭넓은 시각을 제공해주고 있는 바, 그 첫 성과물이 『상대성 이론과 예수의 부활』2001이라 볼 수 있다. 현재 그는 국내의 독자들에게 잘 알려진 안셀름 그륀Anselm Grün 신부의 많은 책을 번역하면서 '아래로부터의 영성' 혹은 보편적이고 일상적인 영성을 알리는 데에도 정열을 쏟고 있다. 또한 환경과 영성의 조화를 꾀하고 영성에서 환경의 문제를, 과학적 사유에서 인간학적 사유의 지평을 넓히면서 생태신학이 나아가야 할 길을 성실하게 제시하고 있다.

부산가톨릭대학교 신학대학 윤리신학 교수인 구경국 신부는 『그리스도교 환경윤리』2000에서 현재의 환경문제 실태를 비판적으로 기술하면서 그 역사적 맥락을 중세와 근대의 데카르트R. Descartes에서 파생되었음을 지적하고, 그에 대한 그리스도교의 역할을 찾고 있다. 동시에 그는 그리스도교 환경윤리를 위한 이론적 설정 작업을 성서에서 찾아 자연과 인간의 새로운 관계를 모색하고 있다. 그의 저서는 인간중심주의 윤리에서 전체론적 환경윤리와 성서적 환경윤리로 나아갈 것을 제안하면서 구체적인 실천방안까지도 제시하는 매우 충실한 논문이라 볼 수 있다.

역시 같은 대학교의 윤리신학 교수인 안명옥 신부는 『윤리신학의 관심사』1997 제1부 6장 윤리신학의 방법론에서 자연에 대한 윤리적 개념을 정리하면서 자연을 '인격적 실재'로 인식하고 있다. 나아가 제2부 1장과 2장에서는 환경윤리와 생명윤리를 언급하고 있는데, 여기에서 그는 자연의 독자성을 인정해야 할 것과 사랑에 입각한 보전과 자연에 대한 윤리적 사유가 인간의 생존을 위한 윤리가 아니라 인격적인 전체성과 동반자적인 연대성 등의 윤리적 원리들을 변화시킬 수 있는 포괄적인 개인윤리 또는 사회윤리로 통합되어야 할 것을 요청하고 있다.

현재까지의 한국 생태신학계의 동향을 분석해본다면, 그리스도교의 관점에서 현상의 문제를 분석하고 접근하면서 자체의 반성적인 시각을 반영하고 있다. 문제는 두루뭉술한 대안 제시이거나 그렇지 않으면 대안제시를 한다 하더라도 그 현실성이 뒤떨어진다는 데에 있다. 자본주의 사회에서 소비문화와 그 생활방식을 역행한다는 것은 쉬운 일이 아닐 것이다. 이러한 상황에도 불구하고 그리스도교의 생태적 태도들은 전승되어 온 성서와 그 성서를 바탕으로 해석해 온 신학자들의 견해들이 대부분이라 할 수 있다. 그 이론들을 답습하고 현실상황을 고려하지 않고 대안을 제시한다는 것은 생태신학이 안고 있는 해석학의 한계이며, 이것은 한국 신학계의 현실일 뿐만 아니라 서구 신학계에서도 공통된 과제임에 틀림이 없다. 게다가 신학이 환경문제에 대해서 단지 공적 담론으로만 그쳐서 추상적인 학문으로 인식되기 쉽다는 것이다. 그것은 사회학자 니클라스 루만Niklas Luhmann의 비판에서도 반성할 만한 지적을 발견하게 된다.

"현재 미래의 불확실성에게 세계 질서라는 신의 존엄을 추측하는 것으로 만족시킬 수 있는 것은 거의 없을 것이다. 왜 신은 단위 물질(원자)을 완벽하게 만들지 않았고, 화학 비료를 허용했으며, 거대 복합 기업의 지배자가 경제를 지배하도록 내버려두었는지 등과 같이, 신이 이 모든 것을 허용할 수 있다는 식의 신정론도 더 이상 아무런 도움을 주지 않는다. 현실의 문제성은 더 이상 신의 해명에 대한 질문으로 조정되거나 해결되지 않는다… 이론 형성의 이론(과학 이론)이나 법률의 정당성 이론이나 자본주의나 사회주의의 경제적 우월성에 관한 이론 같은 것이 요구되는 것이다. 오늘날 종교 체계는 이에 상응하는 것을 아무 것도 제공하지 못하고 있다… 종교나 그의 이름에 걸맞는 신학은 환경 위기에 대한 사회적 반향에 그 어떤 도움도 줄 수 없을 것이다. 물론 누구나 하는 것처럼, 문제가 어느 정도 입증된 다음에는 종교도 숲의 고사나 대기 오염, 핵무기의 위험이나 약물 과용의 심각성에 대해 이러 저러하게 언급할 수 있겠지만, 순수하게 독자적인 문제화의 형태로는 거의 관여할 수 없을 것이다. 종교는 사회적 문제 의식의 발달에만 의지할 따름이다."[325]

한 가지 고무적인 사실은 현대의 학문적 흐름과 인간이 처해 있는 전체적인 삶의 변화에 발맞춰 과학적 사유를 통한 미시적인 혹은 거시적인 접근 방법을 시도하고자 하는 노력들이 보인다는 점이다. 일례로 개신교 안에서 이정배는 이웃종교와의 대화뿐 아니라 과학적 사유도 포용력 있게 받아들여 생태학적 신학을 전개해나가고 있다. 가톨릭에서는 단연 전헌호 신부이다. 과학적인 관심을 가지고 신학적인 이슈들을 현실에 맞게 추구한다는 점에서는 이정배와 맥을 같이 한다. 하지만 전헌호 신부는 현실 문제에 대해 과거 개신교가 잊고 있었던 훌륭한 영성가들을 통해 적절한 대안 제시를 한다는 점에서는 차별성이 있다. 다시 말해서 그리스도인이 삶을 대하는 방식을 영성적으로 사유하게 하고 그것을 통해 오늘날 '우리가 어떻게 살아가야 할 것인가' 하는 실천적인 지혜를 알게 해주는 역할을 한다는 것이다.

글쓴이는 향후 생태신학이 추구해야 할 방향은 깊이 있는 '학제간 연구'라고 생각한다. 자연과학뿐만 아니라 경제학, 정치학, 사회학, 의학, 철학, 민속학, 인류학 등 다각도의 대화와 접근을 통하여 환경문제를 풀어가야 한다고 보는 것이다. 물론 현재에도 이와 같은 방향이 필연적이

---

[325] Niklas Luhmann, *Oekologische Kommunikation*, Wiesbaden: Westdeutscher Verlag Gmbh, 1990, 이남복 옮김, 『현대 사회는 생태학적 위협에 대처할 수 있는가』, 백의, 2002, 159-160쪽.

라고 보고 나름대로 독창적인 방법론을 개진하는 학자들이 없는 것은 아니다. 하지만 아직도 학문의 장이라고 할 수 있는 대학 내에서는 그와 같은 학제간의 연구들이 미진하기 때문에 현안의 문제를 바라보는 데 좀 더 종합적이고 통전적인 대안 제시가 어려워진다. 따라서 대학이 사회문제와 미래문제에 대해서 발 빠르게 움직일 수 있는 행정과 교육이 뒤따라야 할 것이라고 본다.

더불어 생태신학은 영성신학과 맥을 같이 해야만 한다. 생태학적 담론은 이론에 그치는 것이 아니라 삶과 직접적인 관계를 맺고 있기 때문에, 그 자양분을 영성신학에서 길어 올려야 한다. 대부분의 사람들은 '환경'을 21세기의 세계 화두로 삼는 데에 큰 이견이 없을 것이다. 게다가 그리스도인이라면 환경문제에 대해서 그 심각성을 인식하지 못한 신자는 없을 것이다. 그렇다면 이러한 난제 앞에서 그리스도인이 자신의 신앙과 삶의 방식에서 추구해야 할 것은 생태영성적 삶이며, 그리스도 닮음imitatio Christi을 추구했던 대영성가들의 삶이 아닐까 싶다. 과거의 영성적 전통을 소중히 여기고 내면화한다는 것은 오늘을 살아가는 그리스도인들에게는 현재를 성실하게 살아가는 힘이 되는 것이고, 미래의 미지의 세대들을 배려하는 생태적 아스케제askese를 가능하게 할 것이다. 더불어 과거의 영성가들의 삶을 오늘의 상황 속에서 재해석하고 실천할 때 생태신학은 힘을 얻을 것이고 실천적 사유가 소박한 담론으로 치부되기 쉬운 맹점을 극복해 나갈 수 있을 것이다.

10장
생태적 존재론과 비판적 사유

10.1. 포스트 그노시스, 그 아이러니, 그리고 적색병리적 주이상스

그노시스, 안티 그리스도교

종교사적인 관점에서 보면, 기원후 2-3세기의 영지주의靈知主義, Gnosticism는 뜨거운 감자였다. 그리스도교에서는 예수 이후에 집대성된 여러 신앙문서들 속에 과연 영지주의의 사상들이 얼마나 침투해 있는가를 놓고 많은 논쟁을 해왔다. 그런 연구의 선봉에 서 있었던 루돌프 불트만R. Bultmann에 의하면, 영지주의의 은유들은 요한복음서를 이해하는 데 반드시 필요하다고 주장했다. 이것은 태생적으로 영지주의가 그리스도교와 함께 자라고 머물러 있었다는 사실을 입증하는 것이다. 더불어 누가복음서와 요한복음서는 이 영지주의와 대립하며 그 경계의 물꼬를 조금도 늦추지 않았음을 보게 된다.

그렇다면 이 영지주의라는 게 도대체 무엇이길래 그리도 대립각을 세웠을까? 원시 그리스도교에서 영지주의는 이미 철학적 형태를 띠고 있었으며, 더불어 영적 그리스도를 찾기 위해 애를 썼다. 영지주의는 인간을 영, 육, 혼으로 나누고, 그중에 영靈만 구원을 받을 수가 있다고 주장했다. 더 나아가서 이 세계를 악으로 규정하고 특정한 사람만이 신에 대한 비밀스런 인식gnosis을 통해서 탈출할 수 있다고 했다. "세상은 악의 세력들이 빚어 낸 함정이다. 영지주의자만이, 내면 가장 깊은 곳에 숨어 있는 인식의 불꽃 덕분에 그 함정에서 빠져나올 수 있다."

이와 같은 영지주의는 사도행전에 나오는 시몬행8:9-24을 시조로 보고 있다. 이러한 영지주의적인 꼴을 가진 종파sects는 성 아우구스티누스에게 많은 영향을 주었던 마니교Manicheism, 만다교Mandaean, 카발라 신비론 등이 있다. 요즈음 화제가 되고 있는 도마복음 역시 그 형태를 띠고 있다. 그뿐만 아니라 유대교와 신약성서, 즉 갈라디아서, 골로새서, 에베소서, 사목서간목회서신, 요한계 문헌1요한, 가현설과의 갈등 등은 영지주의의 흔적들을 완전히 배제하고 논할 수는 없다. 그러나 역사적으로 보면 영지주의는 그리스도교에 중요한 영향을 끼쳤음에도 불구하고 신플라톤주의자 플로티노스Plotinus를 비롯하여 여러 그리스도교 영성가들과 교부들에 의해 비판을 받았다. 그만큼 영지주의의 잔존물에 대한 혐오가 대단했음을 방증하는 것이다.

그노시스, 그 현대적 잉여물

현대의 삶의 체계도 고대 그노시스의 잔존물과 잉여물의 소산이라면 과언일까? 과거 영지주의가 아닌 것을 추구하고, 그 아닌 것으로 인해 정통교회에서는 그노시스를 이단으로 단죄하였는데, 현대도 "아닌 것"에 대해서 광적으로 발작을 한다. 그 아닌 것에 대한 추적과 적발로 인해서 지금 세계는 또 다른 영지주의적 현상에 몸살을 앓고 있다. 금세기 탁월한 철학자 슬라보예 지젝S. Zizek은 이러한 현상에 대해서 다음과 같이 비판한다. "사회관계가 자본에 의해 지배되는 한, 남성과 여성간에는 성차별이 항상 존재할 것이고, 세계 전쟁에 대한 위협이 항상 존재할 것이다. 또한 정치적사회적 자유는 언제든지 유예될 수 있는 위험에 처하게 될 것이며, 자연은 무자비한 착취의 대상일 뿐일 것이다." 자본이 새로운 영지주의적 세계를 낳고 있다는 것을 암시적으로 지적하고 있는 내용이라고 본다.

지금 세계는 하나의 자본에 의해 움직이고 있고, 민주주의라고는 하지만 다양성이 아닌 획일주의로 역행하는 정치적 형태를 띠고 있다. 그것은 다시 말하면 양지 아니면 음지, 아군이 아니면 적군이라는 발상과 다르지 않다. 이른바 이원론적 사고 구조가 여전히 판을 치는 세상이다. 자본주의 아니면 모두가 굶어죽는다는 논리는 예수 아니면 모두 죽는다는 예수 천당, 불신 지옥과 다르지 않고, 대통령의 말은 곧 민주주의다 라는 등식은 그의 말에 구원이 있다는 것으로 해석할 수밖에 없는 논리적 구조를 가지고 있다. 영지주의도 그랬다. 육체를 부정하고 영혼만을 장땡으로 생각하던 시절, 그래서 예수가 몸으로 왔지만 죽기 전에 그 껍데기를 홀라당 벗어 놓고 영혼만 빠져 나갔다고 주장하는 이들, 이른바 가현설docetism을 말하는 이들이 있었다.

오늘날 영지주의의 논리는 정치, 경제, 자연, 사회, 문화, 여성, 어린이, 노인, 장애자, 새터민, 동성애, 이주 노동자 등에게도 똑같이 적용된다. 여기에서 앞서 말한 지젝의 또 다른 비판이 유효성을 갖는다. "우리는 종교적인 의례의 기계에 복종하면서 이미 그것을 알지 못한 채로 믿는다… 믿음은 죽은 문자, 이해되지 않은 문자에 대한 복종이다." 사회의 의례가 눈을 가리고 삶의 환상을 꿈꾸도록 만드는 현실을 올바로 보지 못하게 한다. 관념은 싸구려가 되었고 현실은 시궁창이 되었음에도 불구하고 우리는 그 위에서 뒹굴며 또 하나의 의례에 기계적으로 움직이고 있음을 전혀 인식하지 못한다. 모든 삶의 논리가 가현적暇顯的이라는 사실은 우리 삶의 직접성과 진실성을 망각하도록 만들기 때문이다.

교회는 정통이라고 하면서 영지주의를 비판해왔고 또한 영지주의를 거부해 왔다. 그런데 정작 정통교회는 영지주의적인 요소가 없을까? 아니 영지주의가 아니라고 저항하고 싶을 것이다. 여전히 중세적 꿈을 꾸고 있는데도 말이다. 서공석 신부는 현대 교회의 중세적 사고와 언어를 다음과 같이 비판하고 있다. "과거 언어의 반복으로 신학은 말이 안 되는 학문이라는 인상을 준다. 영성이라는 미명하에 격리와 침묵의 지나친 강조는 의사소통 장애자들을 만들어 내고 있다. 과거 중세 사회와 다른 정보 사회 안에서 우리는 살고 있다." 더 나아가서 그는 교회와 목회자가 "실어증"에 걸릴 것을 염려하였다.

물질은 악이요 영혼과 정신은 선이라고 말하고 있으면서 그 틀거지에서 벗어나지 못하는 교회 공동체의 논리는 고대 영지주의가 말하는 논리를 그대로 답습하고 있는 것이다. 게다가 영지주의적 사고를 엄연히 가지고 있고 그러한 신앙의 논리로 일관하면서 교회는 사회와 전혀 의사소통을 하지 못하는 공동체로 전락하고 급기야 실어증에 걸린 존재가 된다는 것은 진리와 도덕에 대한 검열구조를 부인하는 것이 아닌가 하는 것이다.

이와 같은 현상적 미메시스를 고스란히 반영하고 있는 우리 사회는 중세적 사고와 언어, 이원론적 사유에 따른 삶의 왜곡된 모습을 여기저기서 발견하게 된다. 소위 중세의 '이단심문' inquisitio pravitatis hereticae이 횡행하고 있는 것이다. '심문' 혹은 '재판' Inquisitio은 '촉구', '탐색', '적발'이라는 의미를 갖고 있기 때문이다. 우리 사회의 각 분야를 적발하려고 하는 경찰관, 검찰관, 재판관, 금융기관, 관료기관 등이 등장하여 현대판

마녀사냥을 하고 있다. 정부에 우호적이 않고, 기존 종교에 몸담고 있지 않으며, 자본주의만을 인간 삶의 유일한 체제로 인정하지 않으면 현대판 이단 심문의 철퇴를 맞는 오늘의 현실은 그노시스의 잔존물 속에 있는 것이다. 그뿐만 아니라 그 그노시스의 잔존물의 새로운 잉여물이 잉태되어 무한한 사냥이 가능하게 되는 것이다. 그러한 그노시스적 체제에서는 종교, 정치, 경제, 문화 등으로 인한 인간 삶을 창조하는 상상력이 상실될 수밖에 없다.

그노시스, 영원의 갈망_영원성의 섬광

종교적 상상력, 정치적 상상력은 나와 너의 구별이 없다. 상상력Einbildungskraft, 칸트적인 의미에서 구상력은 과거의 기억을 통한 오늘의 현실 속에서 새로운 생산성을 추구하기 때문이다. 공유된 기억들은 너와 내가 포함되어 있는 공동체를 구성하는 영원을 비추는 내적인 힘이다. 그로 인한 생산성은 분명히 현실을 변혁하는 힘이기도 하다. 그런데 현대의 새로운 영지주의는 그러한 여지를 주지 않는다. 너무나 분명한 나와 너, 피와 아, 흰색과 흑색 등을 골라내기 때문이다. 거기에는 현실과 미래를 위한 생산적 운동이 전개될 수가 없다는 것은 명약관화한 일이다.

그러므로 그노시스를 극복하기 위해서 주체성, 복수성, 다양성을 확보해야 한다. 네그리A. Negri와 하트M. Hardt가 민중의 주체성을 위해서 다중multiple을 주장한 것처럼, 자본의, 정치의, 종교의 그노시스를 넘어서기 위해서 복수성과 다양성을 통해 끊임없는 변증법적 긴장을 갖도록 하는 것이다. 그리스도교의 성숙과 발전이 그노시스가 있어서 가능하였던 것처럼, 지금 자본의 독주, 정치의 폭력, 종교의 독단이 또 다른 형태의 그노시스가 되어 버린 지구적, 사회적 체제가 자체의 반성이 요구되고 있는 것도 그 때문이다.

영지주의자gnostikos라는 말은 직역하면 '지식을 찾는 사람'이 된다. 신에 대한 명료한 인식과 영적 감각에 민감한 사람들만이 구원을 얻을 수 있다는 것을 의미한다. 그런데 새로운 구원은 영원한 인간의 욕구와 갈망을 표상하는 것이다. 영지靈知. 고대철학에서는 신비적 앎, 인식적 앎이란 신에 대한 직관theoria이었다. 관조contemplatio적 삶을 가장 우선으로 여기던 고대 철학 이후에 신의 영역을 본다는 것theoria/theory는 하나의 터부가 되었다.

그 터부가 깨지면 타자에 대한 인식은 또 다른 폭력으로 나타나게 마련이다. 이미 프랑스 철학자 푸코M. Foucault가 타자의 지식을 확인하는 시험조차도 하나의 폭력임을 예리하게 지적한 것처럼, 사회나 국가는 개인의 영역 전체를 감시하고 적발하려고 한다. 그래서 칸트는 신의 영역을 이성으로 넘보지 말라는 겸손한 태도를 요청하고 신비적 삶은 결국 아는 게 아니라 도덕적으로 행위실천이성하는 데 있음을 설파했다. 그런 의미에서 이제 정치, 경제, 종교도 결국 실천적 지혜라는 사실을 알아야 할 것이다. 지혜라는 것은 어떠한 것도 수단이 되어서는 안 되는 그 본유의 가치를 지닌 것이기에 더욱 그렇다. 그렇지 않으면 자칫 또 하나의 그노시스즘에 빠져 그 주이상스Jouissance에서 벗어나지 못할 수도 있기 때문이다.

고대로부터 지금까지 영지주의는 우리의 삶과 함께 해왔다. 종교는 종교 나름대로 자신의 기득권에 방해가 되는 그 공동체를 짓밟아 왔다. 정치는 자신의 세력과 지배를 위해서 또 다른 적을 숙청하기도 했다. 경제적 측면에서는 소수의 이득을 챙기고자 하는 자본가들에 의해 다수의 민중들이 억압되어 왔다. 종래의 권력은 끊임없이 자신의 공동체의 존속을 위해 영지주의적 잔존물을 제거해왔다고 생각했다. 그러나 정작 자신의 공동체마저 영지주의의 영원성의 섬광에 실명失明을 하고 만 것은 무슨 아이러니일까? 이것이 영지주의의 진정한 전략은 아니었을까하는 생각을 하게 되니 씁쓸한 마음을 감출 길이 없다.

거짓 사회의 거짓말, 그 패러독스

그리스도교의 예수 이야기가 기록된 복음서를 읽다 보면 1세기 '배반'의 드라마가 우리 앞에 펼쳐진다. 예수의 제자였던 가리옷 사람 유다가롯 유다가 예수에게 입을 맞춤으로써 돌이킬 수 없는 배반의 나락으로 떨어지고 만다. 그 이유를 장황하게 설명할 수는 없지만 아마도 그는 예수가 자신들의 메시아가 될 거라고 확신하며 그 모진 고난을 감내하고 따라 다녔을 것이다. 그러나 자신의 스승은 아무 미련이 없다는 듯이 비무장인 채 죽음의 그늘이 드리워진 예루살렘으로 들어가는 모습을 보고는 그에게 실망감을 감추지 못하고 등을 돌린다. 그 때 평상시처럼 스승에게 예를 올리듯 '입을 맞춘' 행위는 일가친척이나 아주 가까운 친구의 정분을 나타내는 기표이자, 제자가 스승에게 예를 표하는 행위였다. 그러니까 '입맞춤'은 서로 포옹하며 친근함을 상징하는 고대근동지역의 인사법이었다. 한마디로 존경과 사랑을 담은 애정표현이라고 볼 수 있다. 그렇다고 유다가 예수와 사제지간을 넘어선 키스를 했다는 말은 아니다. 중요한 것은 사람들 간의 존경과 애정의 상징적 행위조차도 배신, 즉 신의를 저버리는 모진 행위가 될 수 있구나 하는 것이다. 그렇다면 애초에 유다의 입맞춤은 위선과 거짓된 행위였음에 틀림없다.

마찬가지로 정치인들의 페르조나는 파악하기가 힘이 늘어 난감하기 짝이 없다. 정치인들은 민초들에게 입을 맞추고, 악수를 청하면서 입만 열면 백성을 섬기고 사랑하는 종이 되겠다고 다짐을 한다. 그러나 민초들은 그것이 얼마 안 가서 곧 거짓말이라는 것을 알게 되면서도, 다만 이 사회 속에서 약정된 기호와 상징에 따라 정치인의 입맞춤과 악수례에 호응을 하는 것뿐이다. 하지만 역설적이게도 민초들은 거짓말을 거짓말로 여기지 않는다.

그렇다면 거짓말을 거짓말로 여기지 않는 기이한 현상을 어떻게 이해 해야 할까? 기원전 6세기경에 이와 비스름한 이야기 하나가 전해 온다. 소크라테스 이전의 철학자인 에피메니데스Epimenides는 크레타 출신으로서 예언자 노릇을 했다는 인물이다. 그는 "크레타 사람들은 모두 거짓말 쟁이다"라고 말했다. 이 말은 바울의 목회서신바울 친서로 보기는 어렵지만으로 보고 있는 디도서 1장 12절에도 나온다. "그들 중의 한 사람에피메니데스이 "우리 그레데 사람들은 언제나 거짓말쟁이이고 몹쓸 짐승이고 먹는 것밖에 모르는 게으름뱅이이다"하고 말하지 않았습니까? 이 말을 한 사람은 바로 그들의 예언자라는 사람입니다."

그런데 에피메니데스의 역설은 다음과 같은 추론에 따라 모순에 봉착하게 된다. 1 만일 에피메니데스가 '모든 크레타 사람은 거짓말쟁이'라고 한말이 참이라면, 모든 크레타 사람은 거짓말쟁이가 된다. 2 그러나 에피메니데스 역시 크레타 사람이므로 그의 말은 거짓말이 되고 만다. 3 에피메니데스가 한말이 거짓이라면, 모든 크레타 사람은 거짓말쟁이가 아니다. 4 그렇다면 에피메니데스 역시 크레타 사람이므로, 그의 말은 참말이 된다. 5 이와 같이 에피메니데스가 한 말은 동시에 참도 되고 거짓말도 될 수 있다. 다시 말해서 에피메니데스의 주장을 참말이라고 결정하면 거짓말이 되고, 반대로 거짓말이라고 결정하면 참말이기 때문에 논리적으로 참과 거짓을 결정할 수 없게 되는 것이다.

오늘날 정치인들도 에피메니데스의 논리를 가지고 교묘하게 민초들에게 거짓말을 한다. 크레타 출신인 자신마저 싸잡아 거짓말쟁이로 만든 것이 되니 그가 한말은 모두가 거짓말이라 하더라도 자신은 정직한 사람이라는 역설이 성립되는 정치현실 속에서 버젓이 거짓말투성이가 합리화되어 정직한 정치인에 의한 참된 공약인 양 비쳐지기 때문에 판단하기가 매우 어려운 것이다.

20세기 초현실주의 화가였던 살바도르 달리salvador Dali는 이렇게 말한 적이 있다.

"나는 최상의 돼지라고 할 수 있소. … 돼지는 엉큼하게 한 발씩 내딛을 뿐만 아니라, 우리 시대의 오물들 앞에서 절대 물러서는 법이 없지요. 나는 내 오물을 추종자들에게 나눠준다오. 일용할 양식으로 나눠주는 거지." 정치가와 돼지, 닮은 구석이 있지 않은가? 이제 막 선거를 끝내고 샴페인을 터뜨린 정치가들이여, 제발 민초들로부터 등을 돌리는 모사꾼이 되지 않기를 바란다. 정치인들이 유권자들을 향해서 내세웠던 공약들, 민초들에게 사랑과 존경의 표시로 악수례와 입맞춤을 하면서 다가왔던 마음이 거짓이 아니기를 바란다. 말에 거짓이 없는 것이 신信이요, 말에 성실한 것이 신이다. 그러므로 민초들의 믿음을 저버리는 등돌림은 하지 말아 달라. 더불어 민초들이 바라지 않는데도 불구하고 4대강 살리기라는 명분을 위해서 파헤친 자연에 대해서도 등을 돌리지 말아 달라.

'환대' 歡待, hospitality라는 말의 어원은 라틴어의 hostis에서 온 말이다. hostis는 모순된 이중적 의미를 담고 있다. 하나는 '손님'이라는 뜻이고, 또 다른 하나는 '적'이라는 뜻이 그것이다. 정치인이 유권자들과 입을 맞추고 악수례를 하고 포옹을 하는 것은 그들을 자신들의 소중한 손님으로, 더 나아가 민초들을 자신들의 주인host으로 환대하고 섬기겠다는 인간생태학적 지표인 한편, 적으로 인정하는 수단이 되기도 한다. 그 안에 드러난 모순된 의미들의 해소는 늘 희생양이라는 제의적, 축제 정치에 의해 이루어져 왔다. 그러므로 에피메니데스의 역설에 감추어진 논리를 파악하고 누가 거짓말을 하고 있는지를 비판krinein하는 정치이성비판이 뿌리부터 이루어지지 않는 이상, 누가 거짓사회에서 거짓말을 하고 있는지,

혹은 누가 정직한 사회에서 거짓말을 하고 있는지 명석판명하게 알 수가 없을 것이다. 그러나 그 언어행위가 거짓말인지 아닌지는 곧 밝혀질 것이다. 적어도 우리 사회의 구성원 "모두가 거짓말을 하는 크레타 사람은 아니기 때문"이다.

잉여가치의 희생양

밴쿠버 동계 올림픽은 막을 내렸다. 시간 속으로 사라지고 이제 그 기억은 가물가물할 것이다. 그런데 그 기억이 사라지기도 전에 우리들의 머릿속에 각인시킨 온갖 이데올로기들이 우리의 심기를 불편하게 한다. 한국은 늘 기적 같은 메달을 바랐고, 인터넷 홈페이지들은 연일 모 피겨 스케이팅 선수의 금메달 기대감을 담은 화면을 띄우기 바빴다. 급했던 것일까? 아니면 그 선수로 인한 특수를 원했던 것일까? 그것도 아니면 진정 이 나라의 자존심을 세워 주기를 간절히 바라서 그랬던 것일까? 메달을 딸 때마다 온갖 매스컴들은 해당 선수를 인터뷰하고 한국을 빛낸 위대한 선수인 양 그를 치켜세웠다. 메달을 따지 못한 선수들은 기가 죽었으며, 그간의 노력들이 거품으로 돌아간 듯이 아쉬워했다.

그런데 여기서 우리가 잊고 있는 몇 가지 사실들에 대해서 생각해 볼 필요가 있다. 한국 선수들이 메달을 획득하든 못하든 태극 마크를 달고 열심히 뛰어 주는 것만으로도 대한민국의 이름은 가치가 있다. 아니 자랑스러운 인간임에 틀림이 없다. 그러나 사람들은 우리나라 선수가 메달을 안타깝게 놓치는 날에는 일본 선수가, 미국 선수가, 중국 선수가 어떻다느니, 심지어 심판이 어떻다느니 하면서 우리 선수의 억울함을 투사하거나 분노를 표출하는 것을 보게 된다. 국민은 현실의 진실을 버거워하면서 카타르시스를 느끼고 우리의 무의식적인 감정은 정작 현상의 본질은 보지 못한 채 괜한 유아기적 병리현상과 같은 반일, 반미 감정만 더

부추기는 것이 아니던가 하는 것이다. 이러한 현상을 보더라도 우리 사회가 아직도 성숙되지 못하고 건전한 사회가 아니라는 것을 반증하는 것이다. 우리는 여전히 이성적이면서 예리한 통찰력을 가지고 전체를 바라보지 못한다. 그것은 공정하고 객관적이어야 할 매스컴도 예외는 아니라고 본다.

  반면에 외국의 선수들은 자신이 최선을 다하고 결승지점에 들어 온 것에 대해 본인뿐만 아니라 같은 나라의 감독과 동료들조차도 기뻐해주는 것을 보게 된다. 메달도 중요하지만 경기를 통해 기량을 한껏 발휘한 자신의 모습에 대해 대견스러워하는 것이다. 육체적으로는 유한하지만 인간의 정신과 그 진리가 땀을 통해서 드러났다는 것을 인식한 것이다. 그러나 우리는 스스로 그 자랑스러움을 상실한 채, 오로지 메달 좀 더 솔직해지자면, 개인과 국가에게 돌아 올 가장된 진리 즉 잉여적 자본혹은 잉여적 가치을 빼앗긴 것에 대한 아쉬움이 더 큰 상처가 되었기 때문일 것이다. 스포츠의 자본화된 왜곡과 변질이다.

  스포츠를 통해서 전 세계가 서로 화합하고 화해하며 이해하는 '우리' 공동체를 지향하는 것이 아니라 '나' 민족주의, '나' 우선주의, '나' 일등주의, '나' 대학주의, '나' 기업주의 등을 내세우기 때문이다. 공공연하게 '우리 공동체' 라는 표현을 쓸 때는 그 의미 안에 '더불어', '함께' 라는 의식이 전제되어 있다. 그런 의미에서 볼 때 공동체 놀이였던 동계 올림픽은 '우리에게 없었다'. 적어도 우리나라는 말이다. 스포츠 상업주의, 신자유주의적 스포츠 문화 상품, 선진국늘만의 잔치를 떠올리는 올림픽은 육체적 겨룸에서 나타난 본래적 인간의 진리와 그 공유된 스포츠 정신은 사라졌다.

  더 중요한 것은 스포츠의 본래 정신은 사라지고 이데올로기, 천민자본주의만 판을 친 또 다른 모습을 보게 된 것이다. 문화 뒤의 이데올로기를 비판적으로 보았던 지젝S. Zizek, 그의 논리를 따라가다 보면 이번 올림픽에서 특정의 선수를 겨냥함으로써, 정치경제적 측면에서는 백성들의 눈을 가리고, 자본을 위해 선수들을 세계적, 유목적 노동자, 특정 기업의 노동자로 전락시키고 만 것이다. 게다가 사회적 측면에서는 지배 계급의 불평등과 불편함을 망각하게 하여 민중으로 하여금 눈을 감게 만드는 것이다. 우리 사회는 결국 백성들에게 맞지도 않는 옷을 입혀서 춤을 추게 만들고, 어느새 우리 자신도 익숙한 옷 한 벌이 되어 버렸다. 세속적 의식ritual에 의해 수동적인 정보에 참여하는 백성들은 왜곡된 진실이 진리인 양 믿어 의심치 않는다. 그러므로 이제라도 물어야 할 것이다. 선수들은 얼음 위에서 은폐된 몸의 진리를 드러내는 자국 백성들의 대표자였는가? 아니면 숨겨진 이데올로기와 자본의 유목적 노동자였는가? 또 돌아 온 선수들은 앞으로 얼마나 많은 잉여 가치의 희생양이 될 것이며 그에 따라 얼마나 많은 백성들이 일차원적 소비자로 강요당할 것인가?

일찍이 함석헌은, "한국 사람은 심각성이 부족하다. 파고들지 못한다는 말이다. 생각하는 힘이 모자란다는 말이다. 깊은 사색이 없다. 현상 뒤에 실재를 붙잡으려고… 하는 얼이 모자란다… 철학 없는 국민이요… 이것이 큰 잘못이다"라고 말했다. 요즈음 이 말이 자꾸 되새겨지는 것은 무슨 연유인지 모르겠다.

기계 장치와 인간, 그 비련의 숨바꼭질

"소비-장치는 소비를 이끌어내기 위해 '도덕'의 탈을 쓰기도 한다… '휴대 전화'라는 장치에 포획되도록 스스로를 내버려둔 자는, 얼마나 강한 욕망에 의해 그렇게 됐든 간에, 새로운 주체성을 획득하기는커녕 그저 하나의 번호를 얻을 뿐이다. 그 번호를 통해 그 사람은 때때로 통제당할 수 있다."
_양창렬/아감벤

"우리가 사는 세계는 과연 인간다운 세상인가?" 아니 "미래 우리 자손들의 삶의 세계는 인간다운 세상이 펼쳐질까?" 하는 회의적인 물음들이 생긴다. "후손들은 자신들의 선조를 어떻게 인식할 것인가?", "자랑스러운 존재로 기억할 것인가?" 연이은 자문에도 자신이 없다.

얼마 전 한 방송 매체에서는 서울 어느 지역의 폐쇄회로카메라CCTV 설치에 대한 실태를 보도한 적이 있었다. 우리나라의 치안에 대한 문제점들이 많다고는 하나 시민들의 사생활이 일일이 노출된다는 점에서는 별로 반가운 일이 아니라는 생각이 들었다. 그럼에도 그 지역 시민들은 폐쇄회로카메라를 설치해달라고 하는 민원이 쇄도한다고 한다. 언젠가는 그 폐쇄회로카메라가 우리를 사회적 수용소의 수인囚人으로 강제할 수 있다는 사실을 모른 채 말이다.

이미 우리는 삶의 여러 영역에 걸쳐 과학기술과 기계에 의존하면서 살 수밖에 없는 존재가 되어 버렸다. 우리 자신이 미처 인식하지 못한 사이 인간의 이성은 그것들에 매몰되고 만 것이다. 독일철학자 칸트를 비롯하여 프랑크푸르트학파 철학자들은 이성을 비판하면서 도구화된 이성이 문제라고 보았다. 이성은 인간의 삶에 진보를 가져오기도 하지만 이성을 남용하여 이 땅을 파국으로 몰고 갈 수 있기 때문이다.

다시 폐쇄회로카메라로 돌아가서 생각해보면, 과연 우리는 카메라에 노출된 자신을 이성적으로 진보한 결과물로서 받아들일 수 있을까 하는 의문이 든다. 카메라는 단순히 자신의 모습을 메모리칩에다 담거나 인화지에다 기록하는 것을 넘어서 나의 존재 자체를 낱낱이 파헤치고 위협하는 도구가 되었다고 말한다면 지나친 비약이라고 해야 할까? 우리의 삶의 생태적 시스템, 유기적 체계, 상호부조의 관계가 무너진 결과는 아닐까? 오죽하면 폐쇄회로카메라가 우리의 일거수일투족을 살피면서 삶을 보호하고 안전을 책임진다는 것일까 하는 반문이 생긴다. 이제 우리의 이웃은 인간으로서, 사람으로서의 감정을 가진 존재가 아니라 기계와 과학기술이 친구가 되고 이웃이 돼버렸다고 생각하니 왠지 마음이 씁쓸해진다.

이웃이 사라진 세상, 인간이 담벼락을 두고 이 집과 저 집이 그래도 하나가 되었던 인간미 풀풀 나는 세상이 사라지고 기계가 우리의 몸과 마음을 위로하고 지키는 이웃이 된 것이다. 그러다가 정작 사람과 사람 사이를 의미하는 '인간' 人間이라는 말이 사라지는 것은 아닐까? 사람과 사람 사이의 벽이 더 두텁게 만들어지고 더 높게 올라가는 것은 마음의 불신과 사회적 구조로 인해서 생긴 심리적 왜곡, 불평등과 불만의 고조일 것이다. 인간은 그것을 이성이라는 성숙한 방식으로 해결하고 해소하기보다는 오히려 기계라는 것에 내맡기고-아감벤G. Agamben의 말을 빌린다면, 기계장치를 소비하고, 소비-장치인 기계장치에게 나를 계산 가능한 존재로 내어 맡겨버리는-자신과 이웃으로부터 숨어버린다. 그런데 문제는 은폐된 나를 더 잘 찾아주고 눈에 띄게 만들어주는 첨단의 기계가 있으니 결국 나라는 존재는 탈은폐가 되는 것이다.

기계가 사람과 사람 사이의 관계를 매개해 주는 좋은 시대가 되었다는 것은 이제 기계의 진리, 기계를 통해서 인간의 탈은폐성알레테이아이 표현된다고 말할 수 있을 것이다. 인간의 진리 추구와 이웃을 통한 감정의 교류는 직접 맞대면하여 말과 목소리, 표정, 제스처에 반응하면서 의사소통을 하는 것이 아니라, 기계가 그 사이를 대신하는 매개자 역할을 하고, 해석자로서 등장한다는 것을 의미한다. 그러면 자연스럽게 인간이라는 말이 사라지지 않을까? 점점 그 개념이나 의미가 애매모호해지기 시작했으니 말이다. 그렇다 하더라도 여전히 인간은 인간이 아니겠느냐는 반문이 있을지 모르나 이미 인간의 정신이나 이성, 그리고 그 관계적 의미는 퇴색되기 시작했다. 그러니 그 말이 무슨 소용이 있겠는가. 사람과 사람 사이의 서사narrative를 기계가 기억하고 이어준다는 것은, 폴 리쾨르Paul Ricoeur의 말에 의하면, 인간의 삶의 시간이 인간의 시간이 아니라 기계의 시간이 돼버리기 때문이다.

그러므로 앞질러 말한다면, 미래의 우리 후손들은 지금의 선조들로부터 이어받은 이성이라는 유전인자를 신뢰하지 않을지도 모른다. 그것은 이성의 오류에 의해서 가져온 결과가 미래 인간들에게 얼마나 큰 상처와 고통이 될 수 있는가를 지금 생각해보면 알 수가 있을 것이다. 건강한 인간 환경 혹은 자연 환경을 후손들에게 물려주는 것은 매우 중요한 일이고 반드시 그렇게 해야 할 것이다. 그러나 그보다 더 중요한 것은 총체적인 의미에서의 그 환경을 이어받은 후손들의 이성을 건전하고 비판적으로 만들어주는 것 또한 간과하지 말아야 할 유산이다.

오늘도 친절한(?) 이웃인 폐쇄회로카메라는 나의 주체성을 보증해주기 위해서 이리저리 소비-장치를 가동하고 있으니 그것을 생각하면 기쁨으로 받아들여야 할까? 왠지 그럴수록 벤담J. Bentham의 "파놉티콘"panopticon이 연상된다면 지나치게 불길한 상상일까?

10.2. 녹색의 아방가르드와 타자인 프로메테우스

자연의 아픈 기억들

"어떤 일이 일어나건 우리는 길을 잃었다.
우리 세계는, 나의 세계는 치료할 수 없는 운명에 처해 있다."
—미르체아 엘리아데M. Eliade

현대 생활세계에서 무엇이 인간의 타락일까? 종교학자 엘리아데는 현대의 타락을 두 번째 타락이라고 규정한다. 인간의 생활세계에 대한 성스러움, 자연과의 조화 등이 상실된 상태를 일컫는 것이다. 물론 첫 번째의 타락은 신화적 의미에서 인간의 낙원을 상실한 타락일 것이다. 타락이라는 말이 어쩌면 종교적인 개념으로 인식될 수도 있지만, 지금의 환경문제를 보면 인간 심성에 대한 종교의 해석학적 시원을 반드시 운운하지 않아도 인간이라는 존재의 악한 본질을 가늠케 한다. 인간은 유사 이래로 자기, 자기 가족, 자기 부족, 자기 마을, 자기 국가 등 "자기"라는 것을 지키기 위해서 부단히 전쟁을 해왔고, 지금도 그 전쟁은 끊임없이 일어나고 있다.

경상북도 칠곡에서 일어난 고엽제 매립 문제만 해도 우리 한반도는 항상 전쟁의 난리 통에 있었고, 전쟁이 없다 하더라도 전쟁은 여전히 진행 중에 있다는 것을 알 수 있다. 전쟁을 준비하는 것조차도 전쟁 중이라는 것을 암시하는 것이다. 혹자는 전쟁을 겪어보지 않아서, 혹은 전쟁의 참상을 미리 방비하기 위해서라고 할 수도 있지만, 한반도에서 미국의 군사작전을 위해서 우리 땅을 빌려주어야 하고, 설령 그것이 한반도를 지켜내는/지켜주는 중요한 우방적 군사력이라는 사실을 감안한다 하더라도, 그와 같은 우리의 배려가 타자의 땅에다 오염물질을 묻어버리는 행위조차도 용인해야 한다는 것을 의미하지는 않는다. 타자의 땅이라고는 하나 진정한 의미에서 과연 그것이 타자의 땅인가 하는 의문을 들기도 하지만, 땅은 엄마이고 엄마로서의 땅이 아니 존재하는 곳이 없다고 한다면 타자의 땅이건 아니면 자신의 앞마당이건 땅으로서의 엄마에게 죽으라고 사약을 내리지는 않을 것이다. 여기에 환경과 전쟁, 땅과 전쟁과의 연관성을 무시할 수 없는 점이 있다.

모든 전쟁은 땅흙/地, 바다물/水, 하늘바람/風을 통한 불火의 싸움이었다. 그로 인해서 사방세계가 다 고통이었다. 각 나라의 육해공군은 화력火力을 통해서 적을 제압하였으니 그야말로 모든 물질의 근원을 총동원해서 싸움을 했다는 말이 된다. 아이러니가 아닐 수 없다. 그런 의미에서 인간은 지수화풍의 집합체이면서 그 지수화풍을 수단으로 지수화풍을 죽여 왔으니 그것이 타락이 아니고 무엇이겠는가? 인간의 문명발달의 기원은 불의 발명에 있다는 것은 상식으로 통한다. 고대 그리스 신화에서도 프로메테우스가 불을 훔쳐 인간에게 줌으로써 그 벌로 독수리에게 간을 쪼아 먹히는 고통을 받았다는 것을 이야기해주고 있다. 신화는 불이 갖고 있는 현실성 보다는 그 위험성과 상징성을 더 강하게 드러내주고 있는 듯하다. 불은 신화적으로도, 종교적으로 심판을 의미할 때 자주 등장하고는 한다. 반면에 불은 생명을 탄생시키고 새로운 존재로 변화하도록 하는 성스러운 매체 구실도 한다. 그 양면성을 지닌 불을 인간이 어떻게 사용하느냐에 따라서 인간 역사의 운명이 달라질 거라고 본다.

최근에 일본에서 발생한 원자력 핵발전소 문제만 하더라도 그 문제의 근원은 불을 잘 다룰 수 있다는 인간의 오만이었다. 어쩌면 이러다가는 불로 시작한 인간의 문명이 불로 막을 내릴 수도 있을 것이다. 수마水魔/水神, 풍마風魔/風神 만큼이나 화마火魔/火神도 얼마나 무서운가를 인간은 아직도 깨닫지 못하는 것 같다.

이번에 일어난 고엽제 매립과 관련된 사건은 인간을 비롯하여 지수화풍 전체에 걸쳐 심각한 오염을 가져올 것이다. 베트남 전쟁에 참전했던 군인들은 이미 그 후유의증으로 고통을 겪고 있으며, 땅과 물, 공기는 오염이 되어 또 다른 인간에게 그 피해가 이어지고 있다면 이번에 매립된 고엽제55갤런 드럼통 250개, 약 3만 2천 리터로 인한 피해는 얼마나 될까? 나뭇잎을 고사시키는 고엽제, 각종 암과 신경계를 손상시키는 다이옥신을 함유하고 있는 고엽제, 땅과 지하수를 오염시키는 고엽제인근에 낙동강이 있으니 또 한 번의 악몽이 되살아나는 듯하다. 상상만 해도 끔찍한 일이 아닐 수 없다.

우리 인간은 끝끝내 누군가를 죽이지 않으면 안 되는 욕망하는 카인과도 존재일까? 그 타락의 끝은 어디까지일까? 자신의 영혼을 내어주고라도 이 세계를 억지다짐으로 쟁취하고 싶은 파우스트적 욕망은 원초적인 타락을 반증하는 것은 아닐까?

'기억한다'는 뜻을 가진 라틴어 '모네레' monere가 '기억한다'는 본뜻 이외에 '경고한다'는 뜻을 함께 가지고 있는 이유는 이제라도 우리가 과거와 현재를 교훈삼아 생활세계 곧 이 땅의 미래를 예측하라는 것이다. 그렇게 된다면 자연을 성스럽게 여기고 사물 하나하나에 거룩한 기운을 느낄 수 있는 에덴에 대한 기억은 영원한 꿈으로만 남지 않을 것이다.

죽어 경직되어 가고 있는 세계

"나로서는 지금 출구도 입구도 모른다. 나는 출구도 입구도 모르는 채 그저 서성거리고 있는 존재일 뿐이다. —바로 이것이 현대성의 탄식이다… 우리는 지금 그러한 현대성에 의해서 병들어 있는 것이다." Der Antichrist
"내가 약속해야 할 최후의 것이란 바로 인간을 '개혁하는 것'일 것이다"
Ecce homo_프리드리히 니체

전세계는 또 한 번 자연의 가스러진 소리, 곧 대자연의 기침에 놀라고 말았다. 문제는 재채기가 날 것을 알면서도 코앞에서 촛불을 붙이면 안 된다는 단순한 논리를 망각하고 말았다는 데에 있다. 원자력 그 자체는 촛불에 비유하기에는 가공할만한 위협적 존재이지만, 현재 우리의 초점이 스러져간 인간의 생명에서 인간이 만들어 놓은 첨단의 기술문명에 의한 2차적 피해에 쏠려 있는 것은 또 다른 아이러니다. 이것은 자연이 우리에게 위압적으로 다가온 것보다 더 두렵고 공포스러운 존재가 아니겠는가.

독일 철학자 칸트는 자신의 저서 『판단력비판』에서 대자연의 거대한 실체와 위력 앞에서 왜소해지는 인간 자신을 바라봄으로써 오히려 자연보다 더 위대한 도덕적, 이성적 인간의 모습을 발견하는 이른바 '숭고미'를 말한 바 있다. 숭고미의 요지는 자연 앞에 선 인간의 감성혹은 이성이 외부를 지향하는 것이 아니라 내면을 지향한다는 것을 말해주고 있다. 저마다 일본의 지진과 쓰나미를 바라보면서 인간이 한없이 작고 연약한 존재라는 생각을 하게 되었다. 매우 미약하고 미욱한 존재에 불과하다는 것이다. 흔히 갖고 있는 생각과는 달리, 수만 명의 생명을 사라지게 한 자연은 인간에게 해를 끼치고자 작정을 한 것이 아니다. 자연은 늘 그래왔듯이 '스스로 그러함'이기 때문이다. 다만 이러한 상황에서 우리의 시선 혹은 이성이 어떻게, 어디에 고정되어 있는가 하는 것이다. 인간이란 존재는 이런 일을 경험하게 되면 자연 초월적 존재를 향하게 되는 것이 당연하다 할 것이다. 그러나 해석의 과잉은 자칫 쓰라린 상처만 남기게 된다.

자연은 자연일 뿐이다. 그럼에도 지금 일본 열도에서 발생한 사건을 두고 트리플 '재난' 지진, 쓰나미, 원전 사고이니 '재해'니 하는 말들을 한다. 그러나 재해가 사전적인 의미에는 부합할지 모르지만, 이 말의 원의를 뜯어보면 인간중심주의적인 발상이 묻어난다. 자연으로 인한 '피해'라는 말을 쓸 때도 역시 마찬가지지만, 알고 보면 재해는 언제나 인간재해만 있을 뿐이다. 이를 두고 신이 자연을 통해 인간에게 징계를 한 것처럼 몰지각한 해석을 내놓는 것은 절대 금물이라는 것이다.

이러한 상황에서 자연이 우리에게 가지고 온 인간의 죽음제1차보다 원자력의 핵방사능 유출이 가시고 올 인산의 죽음제2차에 대한 철저한 반성이 있어야 한다. 자연이 아닌 가공된 인위적인 2차적 자연이 인간에게 그야말로 막대한 피해이것이야말로 피해요, 재해다!를 입힐 수 있기 때문이다. 문명사회를 이끌어 온 원자력에 대한 맹신과 과도한 의존도는 지구를 무無의 상태로 만들 수 있다. 이것은 한스 요나스Hans Jonas의 말을 빌린다면,

자칫 인류의 '환경적 자살'이 될 수 있는 가능성이 농후하다. 인간이라는 개별적 존재가 스스로 목숨을 끊는 자살이란 없다. 자살은 늘 공동체적, 사회적 자살이다. 환경적 자살도 인류 전체의 사멸이요, 멸망이다. 핵은 일순간에 인류의 환경적 자살을 가지고 올 잠재태이다. 발터 벤야민W. Benjamin은 이러한 문명에 대해 비아냥거리듯이 말했다. "죽어 경직되어 가고 있는 세계를 두고 진보를 이야기 하다니 도대체 무슨 소리인가?"

그렇다면 현대 문명을 이끌어가는 원자력에 대한 의존도를 줄일 수는 없는 것일까? 그 해답은 역시 우리 자신의 에너지 절약문제와 밀접한 연관이 있다. 이미 우리나라도 4개의 발전소에서 20 여기가 운용하는 에너지를 통해 경제성장모든 것을 경제적 가치로 환원하는 것도 문제이지만을 이어가고, 인간 개개인의 문명적 혜택을 풍요롭게 유지해 나갈 수밖에 없는 구조적 문제를 안고 있다. 이때 교회는 자연환경을 배려하는 환경사목적 마인드로 전환해야만 할 것이다. 이를테면 크게는 생태적 부담이 가장 큰 폐쇄적 폐기형 대형교회를 지향하기 보다는 지역사회와 호흡하는 순환형 생명교회를 지향해야만 한다. 작게는 생태적 교회가 되기 위해 재생용지를 사용하는 것을 당연한 것으로 여기고, 주보 또한 가능한 한 재생용지로 대체해 나가는 방향을 검토하는 것도 좋은 방안이다. 더 나아가서 교회는 태양열을 이용해 자가발전이 가능한 구조로, 미사를 드릴 때는 자연 채광을 통해 전기를 사용하지 않고도 예배가 가능한 교회 구조로 변화되어야 할 것이다. 사목적 차원에서도 적어도 한 달에 한 번 정도는 승용차가 아닌 대중교통을 이용하거나 자전거를 타고 오는 주일말하자면 No Impact Man Day을 제정하는 것도 좋은 방법이 될 것이다. 그러나 무엇보다도 중요한 것은 '조금 불편하고', '조금 더럽게', '조금 부족하게' 살겠다는 "의식"과 함께 교회의 신앙적 전통인 "가난"의 아스케제Askese를 몸소 살아 보겠다는 의지가 수반되어야 할 것이다.

지금 일본은 가족, 친인척, 마을 주민, 더 나아가서 국민의 죽음과 더불어 핵방사능 유출이라는 초국가적 재난의 사태를 경험하고 있다. 그런 일본을 보고 행여 민족적 감정을 앞세우거나 신앙적 편견과 주관적 신앙의 잣대를 들이대서 저주스런 망언을 퍼붓는 태도를 삼가야 할 것이다. 그들의 지정학적 위치가 우리에게 닥쳐 올 피해를 막아주었다고 하는 것도 그들이 알게 모르게 우리에게 베푼 은덕virtus일 수 있으니 말이다. 다시 한 번 주지해야 할 것은 그 어느 때보다도 이번 일본의 사태에 대해서 자연은 자연일 뿐, 하나님이 자연을 통해 그들을 벌하신 게 아니라는 건 강하고 이성적 사고가 필요한 때라 여겨진다. 마지막으로, 글쓴이의 강의를 수강하고 있는 대학생들이 지난 4월 1일 저녁 9시에서 10시까지 한 시간 동안 전기를 소등하는 운동을 전개했다. 이참에 전기 사용의 금욕, 절제 등의 아스케제를 통해서 고스러진 자연을 위해서, 그리고 자연의 포효에 고통을 당하고 있는 전지구인의 아픔에 동참하는 일도 뜻깊은 일이 될 것이다.

자연의 자유와 인간의 자유

막연히 지금 살고 있는 세계, 혹은 환경세계가 개선되리라 생각하던 시절이 있었다. 인간의 이성과 의지, 윤리적 숙고, 제도적·정책적 통제, 심지어 그것도 안 되면 인간이 이룬 첨단의 과학기술로 환경문제를 해결할 수 있다고 확신했다. 그러니 시간이 갈수록 그깃이 얼마나 부질없는가라는 생각을 갖게 되면서 체념과 자기 합리화를 하고 있는 글쓴이의 모습을 보게 된다.

그럼에도 포기할 수 없는 이유가 있다. 인간에게는 "초월성"transcendere이라는 것이 있기 때문이다. 에리히 프롬E. Fromm은 그것을 '존재의 삶'

으로 풀었다. 지금 여기에서 존재하지 않으면 아무런 의미가 없다. 지금 여기에서 존재하는 것은 지금의 나로서 존재하기 위하여 시간마저 소유하려는 처절한 몸부림이 아니라 놓아-버림이다. 무엇을 가졌다 하는 순간, 무엇을 인식했다고 하는 순간 우리의 세계, 정신, 존재자는 여전히 우리와 함께, 우리를 넘어서, 우리를 기다리고 있는 포괄자Umgreifende로서 버티고 있으니 나는 나 자신은 고사하고 세계도 소유할 수 없다.

그런데 권력자들과 자본가들은 인간의 이성과 세계를 마음대로 할 수 있다는 착각을 한다. 실상은 여전히 그 세계는 파악 불가능한 채 초월해 있으며, 인간은 삶을 무한히 초월할 수 있는 존재 가능성이라는 것을 무시하고 있는 듯하다. 글쓴이는 그 존재 가능성을 골드만E. Goldman, 골드윈W. Goldwin, 크로포트킨Peter Kropotkin, 촘스키N. Chomsky, 그리고 한국의 이회영 등과 같은 역사적 인물이 지닌 진취적인 사상에서 발견한다. 이들을 아나키스트anarchist라고 말하며, 불순한 전복적 사상을 가진 사람들이라고 치부하고 말지만 사실 전복적 사고와 행위는 원래의 무지배적 상태, 자유와 해방의 상태에 있었던 인간의 모습으로 환원하겠다는 의지로 보아야 할 것이다. 그들은 인간의 자유를 억압, 강제, 강압, 속박하는 어떠한 제도나 위계적 질서를 거부하였다. 그렇기 때문에 아나키스트는 말한다. "인간이여, 자유하라!"

이러한 아나키스트의 입장에서 생태철학을 전개한 머레이 북친M. Bookchin은 이른바 '생물권적 민주주의'를 외친다. 그는 인간의 사회적 구조에서 등장한 위계적 지배와 이분법적 사유 등이 고스란히 자연을 대하는 우리들의 모습 속에 반영이 되어 있다고 주장한다. 다시 말해서 환경문제는 인간에 의한 인간의 지배, 즉 사회문제에서 발단했다는 것이다. 따라서 환경문제의 극복은 먼저 인간의 이성이 제공한 통찰력을 통하여 사회 체제 속의 인간과 인간의 지배를 극복하고 공생적 삶과 사회적 구원을 실현시킬 때 가능한 일이다.

"자연이여, 자유하라!" 인간은 자연을 자유롭게 해야 할 의무가 있다. 억압하고 지배하고 착취하려는 인간의 본능을 제어하고 자연과 공생, 공락, 공존할 수 있는 길을 모색해야 한다는 것은 생태아나키즘의 모토요 생존 전략이다. 그러나 국가의 지극히 현실적인 정치적 행보 그리고 그 정권과 결탁한 일부 자본가들을 위한 생존 전략은 또 다른 생명적인 것들에 대해서 폭력을 행사하고 지배, 억압, 강압, 강제 등을 동원한 고통과 죽음을 가져올 뿐이다. 그러므로 북친이 말하고 있는 것처럼, 인간은 합리적인 인간상을 통하여 갈등, 우연, 훼손, 강요에 의식적으로 사려 깊게 대처하는 자연 즉 자유로운 자연을 지향하는 생태사회를 구현해야만 할 것이다.

민초들은 초월을 하지 말라 해도 초월을 할 수밖에 없다. 자연도 초월을 하지 말라 해도 초월을 할 수밖에 없다. 그래서 초월은 본시 포월匍越, transcendere의 다른 이름이다. 그것은 기어가다 기어가다匍 기어코 넘어가는越 존재자의 몸부림인 것이다. 민초와 자연이 닮은 구석이 거기에 있다. 민초가 자연에 대해서 더 가까울 수밖에 없을 만큼 상처가 많기 때문이다. 옛말에 포복구지匍匐救之라는 말이 있다. 급히 서둘러 구한다는 뜻으로, 엎어지고 넘어지고 기어서라도 남의 상사喪事에 있는 힘을 다하여 도우라는 말이다. 국가는 포월적인 삶을 살고 있는 민초들의 마음을 달래야 하기도 하지만, 그 민초의 삶과 너무도 흡사한 자연의 아픔을 싸매야 하는 책무가 있다. 자칫 이제 더 이상 자연이란 아무 것도 아닌 존재, 지연은 더 이상 생명적이지 않은 존재가 되어버릴 수도 있기 때문이다. 생명의 상자는 권력자의 손에 쥐어져 있고 우리는 그것을 선물로도 인식할 수 없게 된 이 상황에서 자연은 그저 한갓된 사물에 지나지 않게 돼버렸다. 그러나 자연이 사물성으로만 인식됨으로써 자유와 해방의 존재가 되지 못한다면 진정한 의미에서 자연은 '아직 아닌 것'이며, '더 이상' 자연은 자연이 아니다. 머레이 북친은 말한다. "자연은 우리가 사용하도록 존재하지 않는다. 그러나 자연은 우리의 독특성을 가능하게 하였다. … 우리 인간은 자연 속에 우리 자신의 자리를 가지고 있어야 할 뿐만 아니라, 자연도 우리 속에 자신의 자리를 가지고 있어야 한다." 자연을 인간의 몸알리매우 친한 친구로 보지 않고 오히려 괘달머리적게사람됨이 멋없고 거친 구는 인간은 명심해야 할 것이다.

자연의 메저키스트

"내 마음은 속에 담겨 있는 자연, 꼭 그만큼의 자연이 나의 집이다"
_{1840년 12월 20일 헨리 데이빗 소로우의 일기 중에서}

프랑스 현상학자 모리스 메를로-퐁티Maurice Merleau-Ponty는 "우리가 자문하는 것은 세계가 존재하는가가 아니고, 세계에게 존재함이 무엇일까이다"라고 말했다. 요컨대 세계에 대한 우리의 존재 물음이 먼저가 아니라 우리에 대한 세계 존재의 물음이 먼저라는 것을 말해 준다. 이것을 자연에다 대입시켜서 다시 물음을 묻는다면, 자연에 대한 인간의 존재 물음이 먼저가 아니라, 인간에 대한 자연의 존재 물음이 먼저여야 한다는 말로 바꿀 수 있을 것이다. 자연을 존재가 아니라 비존재로 인식하면서 살아가는 우리가 반드시 취해야 할 태도가 아닌가 하는 생각을 해보게 된다.

자연이라는 존재는 아 프리오리a priori, 경험에 앞선/선천적하게 우리에게 현전해 있으며, 우리는 다만 그 자연의 일부분에 불과하다는 것이 이미 밝혀졌다. 그럼에도 우리는 여전히 자연을 인식의 대상으로만 규정할 뿐, 자연과 더불어 어떻게 살아가야 할 것인가의 물음에 대한 이성적 행위는 더디기만 하다. 우리가 자연을 본다는 것see/schauen/theoria은 주체인 인간이 자연이라는 대상을 능동적으로 바라보는 것이라고 생각한다. 그러나 메를로-퐁티는 '세계가 보여진다' 고 주장하면서, 우리의 시각에 의해, 눈에 의해 사물이 보여진다고 말한다. 그런 의미에서 자연은 우리가 보고 있는 것이 아니라 오히려 자연이 우리를 보고 있는 것이고, 자연은 우리에게 보여지고 있는 것이다.

불어의 언어유희가 '본다' voir는 의미를 통해 자연의 폭력성을 잘 짚어 준다고 보는데, '가지고 있다' 혹은 '소유하다' avoir, '알다' savoir는 동근원적인 의미를 나타낸다는 것을 알 수 있다. 다시 말해서 자연을 바라본다는 것은 자연에 대한 정보를 알게 됨으로써 자연을 인간의 도구로 소유하게 되는 폭력성이 도사리고 있다는 것을 깨닫게 해 준다. 그런데 그 폭력성의 근저에 매저키즘피학증이 자리 잡고 있는 인간의 병리적 현상이 있다는 것을 간과해서는 안 된다. 매저키즘의 논리는 간단하다. "새디스트는 타인의 고통에서 쾌락을 얻으며, 매저키스트는 쾌감의 필수적 전제조건으로서 스스로 고통을 겪는다." 물론 이 매저키즘의 현상은 자연을 비롯하여 정치, 경제, 사회, 문화, 여성, 어린이, 교육, 예술 등에 이르기까지 다양하게 나타나고 있다는 것을 알아야 한다. 그래서 데리다J. Derrida는 인간의 폭력Gewalt을 "승인되지 않은 힘"으로 정의한다. 누구에 의해서도 허락되거나 인정되지 않은 힘을 마구 사용하는 것을 일컫는 것이다.

그런데 그 폭력성을 매저키즘으로 풀어낸 철학자가 바로 들뢰즈G. Deleuze, 1925-95이다. 그의 논조를 인용한다면, 매저키즘은 여성과 계약관계를 체결하면서 여성을 폭군으로 만들며 학대와 고통의 의식을 통한 극도의 쾌감을 위해 그녀에게 몸을 내맡긴다. 여기에서 주목해야 할 것은 매저키즘이 인간의 병리적 현상이라고 단정해 버리는 심리적 에로티시즘의 한 형태로 치부하지 말아야 한다는 것이다. 오히려 인간은 자신의 쾌락을 위해서 폭력을 자행하며 그 폭력은 극도의 감각적 즐거움을 허용한다는 점이다. 매저키스트는 말한다. "나를 때려줘." 이에 들뢰즈는 이렇게 주장한다. "매저키스트는 죄의식을 느끼며 매질을 원하고, 이를 통해 속죄를 얻고자 한다. … 매저키즘의 공식은 바로 굴욕을 당하는 아버지인 것이다. 그러므로 아버지는 매질을 가하는 사람이 아니라 매질을 당하는 사람이다."

환경철학적 논의를 위해서 일부러 들뢰즈의 논거를 가지고 자연을 새디스트로, 인간을 마치 아버지와 같은 매저키스트로 구분하려는 것은 아니다. 그러나 우리는 자신 안에 자연이라는 본성을 가지고 있음으로서 매저키스트로서의 인간이 자칫 새디스트적인 인간과 동일시 될 수 있다는 것을 말하고자 하는 것이다.

우리는 자연에게 고통을 줌으로써 자신의 쾌락을 추구하거나, 스스로 고통을 받으면서 쾌락을 추구하는 그 어느 극단의 인간이 되어서는 안 된다. 자연과 인간에게 동일하게 가하는 어떠한 고통과 쾌락의 미학이 미화될 수는 없기 때문이다. 이제 인간은 여성과도 같은 유약한 자연, 자궁에서 생명을 잉태하는 근원적 생명 자체인 자연에게 비이성적인 마구잡이의 폭력을 가해서는 안 될 것이다. 자연은 쾌락적 소비재가 아니라 공유재이자 모든 생명이 함께 어우러져서 신명나는 생명놀이, 생명잔치가 벌어지는 장이기 때문이다. 이에 위르겐 하버마스J. Habermas는 인간의 소비주의를 경박한 문화현상이라고 비판한다. "물질주의적인 서양문화는 오직 획일적인 소비주의 문화를 통해서만, 위대한 세계 종교의 영향을 받아서 그 윤곽이 형성된 다른 문화를 만나게 됩니다. 이러한 획일주의 소비주의 문화는 견딜 수 없을 정도로 자극적이고 경박합니다." 이 소비적인 인간의 탐욕스런 욕망이 스스로 본래적, 본성적으로 자연인 인간 자신에게 폭력을 가하는 매저키스트가 되고 있는 것이다.

 헨리 데이빗 소로우Henry D. Thoreau, 1817-62는 1861년 1월 3일자 자신의 일기에서 이렇게 기록하고 있다. "대부분의 사람들은 자연을 아낄 줄 모른다. 그리고 자기 소유라면 자연의 모든 아름다움을 둔 몇 푼에도 팔아넘기려 한다. 그 대가가 고작 럼주 한 잔인 경우도 많다. 인간이 아직 날 수 없다는 점은 천만다행이다. 덕분에 하늘은 땅처럼 황폐화되지 않았으니! 당분간 하늘만큼은 무사히 남아 있을 테니". 그의 일기를 읽다보니 문득 이런 의문이 든다. '사회나 자연에 대한 "구조적 폭력성"하버마스으로 인해서 자멸의 길을 걷고 있는 우리 인간, 그리고 인간에 의한 정치경제를 위해서 얼마만한 자연이 남아 있을까? 또한 그들 마음속에 자연은 있기나 한 것일까?

10.3. 녹색세계를 꿈꾸는 정치적 존재와 언어들

자연의 길, 굴뚝의 길

 우리 속담에 "아니 땐 굴뚝에 연기나랴"하는 말이 있다. 비슷한 속담으로는 "아니 때린 장구 북 소리 날까"도 있다. 굴뚝과 연기. 이 둘의 관계는 어떤 원인과 결과를 설명해주는 상관성이 있다. 다시 말해서 굴뚝은 불을 땜으로써 연기가 잘 빠져나가게 하는 구실을 한다. 연기는 불을 때서 나는 현상, 그러니까 불을 때서 나타나는 결과라고 볼 수 있다. 그러므로 결과는 그 원인에 반드시 부합을 해야만 설득력을 얻게 되는 것이다.

 이러한 속담을 현대 환경문제에 어떻게 적용할 수 있을까? 지난번 코펜하겐 기후회의에서 전 세계 193개의 국가들이 만나서 지구 온난화를 막기 위해 중지衆智를 모으는 합의에 들어갔지만 결과는 만족할만한 것이 못 되었다. 그냥 흉내만 낸 것이다. 대부분의 학자들은 지금의 지구 온난화 문제가 여러 환경적 재앙을 일으키고 있다고 지적하고 있지만, 신자유주의를 부르짖는 선진국들은 이 말에 귀를 기울이지 않는다. 오로지 자국의 경제적 이득과 정치적 입지만을 생각하는 그들에게 환경문제란 거추장스러운 일로만 치부되기 때문이다.

그런데 환경문제라는 말이 공공연하게 일상 언어처럼 사용된다는 것은 그 발단에 있어서 이전까지는 없었던 현상이 발생되었기 때문이라는 상식적인 생각을 할 수 있다. 문제가 생겼기 때문에 환경문제라는 이름이 붙여진 것이다. 아니 땐 굴뚝에 연기가 날 리가 없지 않겠는가? 불을 지피니 굴뚝에서 연기가 난 것처럼 말이다. 불을 지핀 것은 '사실'이고, 연기는 불을 지핀 '결과'로서 이루어진 것이다. 불을 지피지 않았다면 연기가 오를 리가 없을 것이다. 굴뚝에서 난 연기를 미루어 불을 지폈다는 것을 짐작할 수 있는 것과 마찬가지로, 지구 온난화의 문제는 그 원인이 산업을 발달시키기 위해서 끊임없이 화석연료를 사용해 온 인류의 욕망의 결과이다.

그것을 틱낫한Thich Nhat Hanh 스님은 화엄사상과 연기설로 풀이를 한다. "내가 꽃을 만질 때마다 나는 해를 만집니다… 꽃을 만질 때 나는 하늘로 날아오르지 않고 구름을 만집니다. 꽃을 만질 때 나는 나의 의식과 여러분의 의식 그리고 지구라는 행성을 함께 만집니다. 이것이 화엄 세계입니다. 사물의 서로 안에 있음을 꿰뚫어보기 때문에 이런 기적이 가능한 거예요. 여러분이 진정으로 꽃 한 송이를 깊게 만지면 여러분은 우주를 만지고 있는 겁니다. 우주는 하나도 아니고 여럿도 아닙니다. 하나를 만지면 여럿을 만지고 여럿을 만지면 하나를 만집니다." 그러므로 원인이 없이 결과는 없다. 모두가 그리 된 것은 그만한 원인이 있기 때문에 그렇게 된 것이다. 다 연결이 되어 있다는 것이다.

지금의 환경문제는 흙, 바람, 물, 불 등으로부터 원인이 있는 것이 아니다. 그것의 원인인 인간에게 원인이 있다. 인간의 마음을 고쳐먹는다면 현재의 아픔으로 다가오는 결과로서의 환경문제가 해소될 수 있지 않을까? 연기를 바라보면서 검은 연기가 난다느니, 흰 연기가 난다느니, 혹은 연기가 잘 올라간다느니 못 올라간다느니 하면서 본질을 회피하는 일은 없어야 한다. 연기의 원인이 되는 것을 찾아 그것을 고치면 될 일이다.

따라서 이제는 환경문제에 대해서 거춤거춤 지나갈 것이 아니다. 그것의 원인만이 아니라 그 결과로서 벌어질 것을 예측하며 대처하는 거추꾼들이 많아져서 자연에 대해 깊이 귀를 기울이지 않으면 안 될 것이다. 그런 의미에서 일본의 료칸 선사의 유명한 일화는 생명을 어떻게 사랑할 것인가를 다시 한 번 생각하게 해 준다. 료칸 선사는 해우소 안에서 대나무의 순이 자라는 것을 보고 그 대나무가 잘 자라게 하기 위해서 변소 천장의 구멍을 내려다가 그만 변소를 홀라당 태워 먹었다. 게다가 타버린 변소도 애석해 하지도 않았고 하늘이 보이는 변소도 나쁘지 않겠다는 생각을 했다고 한다. 그뿐만 아니라 이번에는 대나무의 순이 변소가 아니라 마루 밑에서 자라는 것이었다. 그것을 안 료칸 선사는 마루 판자를 뜯어내고는 대나무가 자유롭게 자라게 해주었다고 한다. 이것이 진정한 환경 거추꾼일을 보살펴 주선하거나 거들어 주는 사람의 모습은 아니겠는가?

생명길은 나란히길

지금 우리의 삶 속에서 정말로 필요한 것은 무엇일까? 자연, 인간, 사회, 국가, 정치, 경제 등 각각의 큰 이야기들을 함께 나눌 때 시대적으로 요청되어지는 핵심어를 꼽으라고 한다면 글쓴이는 '따뜻함'을 선택하고 싶다. 다시 말해서 공동체나 이념, 생존의 문제 등을 바라보는 따뜻한 시선, 따뜻한 눈, 따뜻한 마음 같은 것을 말하는 것이다. 따뜻함은 서로 다독거림, 서로 모난 것을 다듬음, 따가운 시선에도 아랑곳하지 않고 내 순수자아가 따라가는 존재의 갈쌍함, 상처 난 사람들, 찢긴 자연, 고통을 당하는 약자여성, 노인, 어린이, 장애인, 노숙자 등를 다시 끌어안는 행위와 마음이다.

수많은 논리와 논쟁들은 자신의 입장을 내세우느라 가슴과 가슴이 만나지 못한다. 가슴으로 느끼지 못하기 때문이다. 좀 더 깊이 보면 나의 사사로운 마음이 타자와의 따뜻한 관계, 우정 어린 마음에 대한 저해 요인이 되기 때문이다. 한 발짝 물러서서 그들을 전체로서, 마음으로 보려고 한다면 가슴으로 통할 수 있을 것이다. 가슴은 타자와 내가 서로 보이지 않기 때문에 알 수 없는 불가해한 것이 아니라 따뜻함이라는 공통감각으로 본다면 구석이 환하게 밝아지는 체험을 하게 되는 근원이다. 그것이 인간과 인간, 자연과 인간이 가진 원시적 감성이다. 오히려 이성이나 도덕보다 더 원초적일 수 있다. 원시적 혹은 원초적이라 함은 인간이 지향해야 하는 가장 근원적인 삶의 태도와 감정을 말하는 것이다.

우리는 사실 도시 속에서 살면서, 혹은 심지어 자연 속에서 살고 있으면서도 자연 안에 내가 있다고 생각하지 않는다. 사계절이 바뀔 때마다 삶의 한쪽 귀퉁이로 쫓겨나버린 자연을 그저 찾아갈 뿐이다. 그러나 자연은 늘 우리를 따뜻하게 보듬고 있었다는 생각을 한다면 구태여 자연을 도시에서 몰아내고, 나의 만족과 욕망을 위해서 자연을 때맞춰 찾는 것과 같은 알량한 베풂이 우리에게 있는 것처럼 살아서는 안 될 것이다. 자연이 한 시도 떠난 적이 없건만 우리는 큰 집과 큰 상가와 큰 주차장 등을 짓기 위해 숲을 짓밟으면서 우리 자신이 살고 있는 도시가 회색 건물로 둘러싸인 삭막한 곳이라고 혀를 내두른다.

그러나 정작 그렇게 만든 원인은 우리 자신 안에 있다. 따뜻한 자연으로부터 따뜻한 마음을 품고 살도록 되어 있는 작은 피조물에 불과한데 우리는 냉랭해져버린 가슴을 쓸어내리면서 자신의 주변을 비난하고 비판하는 꼴이 돼버렸다. 그러므로 자연은 우리와 함께, 우리 안에, 우리 앞에 있다. 지금은 그것을 깨달아야 할 일이다. 인간은 자연 앞에 있으면서 그 얼굴을 마주 보며 살아가야만 하는 존재이다. 여성, 어린이, 노인, 장애인 등 우리 시대의 모든 약자들을 삐딱한 시선으로 보며, 흘끗 곁눈질하면서 괜한 폭력을 행사하는 것은 그들을 온전히 마주 보지 못해서이다.

마주 본다는 것은 그들의 눈짓, 손짓, 발짓 등 온갖 몸짓에 시선을 떼지 않고 따뜻한 눈으로 끝까지 보는 것을 말한다. 그렇게 될 때 그들과 띠앗형제자매의 두터운 정이 좋게 된다. 약자들에 대한 폭력은 소외된 인간에게만 해당되는 것이 아니다. 그 범주에 이제 자연이라는 세계를 넣어야 할 때가 온 것 같다. 얼마나 자연Nature을 유린하는가 하는 것은 결국 얼마나 내가 나 자신의 본성nature을 학대하는가와 매우 밀접한 연관이 있다는 사실을 잊지 말아야 한다.

따뜻한 가슴을 안고 살아야 지구의 모든 생명에 대해 함부로 말짓거리지도, 마구 짓밟지도 않을 것이다. 따뜻함. 그 언어도 언제부터인가 우리 자신이 짓누르면서 모든 생명적인 것의 날갯짓마저도 방해하고 있었던 것은 아닐까? 이제는 우리도 듬쑥한됨됨이가 가볍지 않고 속이 깊게 차 있다 마음을 가지고 자연을 그늘러야돌보고 보살펴 주다하지 않을까?

동네洞네, 그 명미明媚함의 수호

동네洞네. 동네라고 해서 무슨 행정구역을 말하는 것이 아니다. 동네는 같은 마음을 가지고 오랫동안 함께 삼아온 사람들의 마을을 일컫는 것이다. 동네라는 말, 마을이라는 말은 언제 들어도 정겹다. 그러나 언제부터인가 우리나라에서는 동네라는 말, 마을이라는 말을 아파트에다 이름을 붙이기 시작했다. 마을이라는 말마디에서 파생된 "마실가다"라는 사투리가 있듯이, 사람들은 "마을가다"를 이웃집에 놀러가는 것을 의미했다.

사람들은 그런 마을 혹은 동네를 산으로 둘러싼 두릉마을, 작은 마을인 소실마을, 소나무가 많은 솔밭마을 등으로 불렀다. 모두가 아름다운 이름이다. 회색 콘크리트로 지어진 아파트에다 예쁜 색깔로 칠을 하고, 디자인과 편리성을 고려한다고 해서 아름다운 마을 공동체가 되는 것은 아닐 것이다. 마을의 값이 회사의 브랜드나 그 아파트를 홍보하는 연예인 등의 이름값으로 정해지는 슬픈 현실이니 말이다. 다시 말해서 우리의 근본적인 삶의 터전을 지칭하며 자연의 적합한 지형지물을 묘사한 아름다운 이름이 우리나라 말도, 외래어도 아닌 단어가 묘하게 합성이 되어서 그럴 듯한 이름이 되는 세상이니 우리가 전통적으로 간직해 온 아름다운 동네 이름이 사라지고 있는 것이다. 이른바 언어의 상실이자 고향의 상실을 경험하고 있는 것이다.

그런데 안타깝게도 이런 현실은 아파트를 지으면서 생기는 문제만은 아니다. 지금 정부가 추진하고 있는 4대강 사업도 어떤 의미에서는 마을의 공동체를 와해시키고 있는 것이기도 한다. 강을 넓히고 강을 살린다는 명목 하에 강 인근의 땅을 팔고 동네를 떠나거나 그렇지 않으면 4대강 사업으로 인해서 이익의 대소大小를 경험한 마을은 더 이상 마을이 아니라 미움과 질시, 위화감이 조성이 되는 마을로 바뀌고 만다. 더 나아가서 마을은 자체적인 생계, 혹은 자립 경제 공동체로서의 기능을 상실하게 된다.

그러므로 마을은 마음을 주고받으며 그 마음을 찾아 놀러갈 수조차 없는 죽어 가는 마을이 되고 만 것이다. 강을 살린다는 명분이 사람을 죽이고 이웃과의 관계가 깨지는 현상이 된다는 것은 더더욱 기이한 현상이 아닐 수 없다. 강을 경제적 가치로 환산하고 정치적 잣대로만 판단한 것이 강도 죽이고, 사람도 죽이는 꼴이 되었으니 아파트로 인해서 죽어버린 도시 사람의 심성이, 이제는 강-강으로 사업을 한다는 것도 이해가 안 되지만-으로 인해서 시골마을은 아름다운 이름들을 버린 채 점점 잊히고 있는지도 모른다.

아파트 동네나 시골 동네는 모두가 한동네이자 삼동네三洞네이다. 그 한동네를 정권이 바뀔 때마다, 그리고 그 정부와 결탁된 자본에 의해서 동네를 와해시키는 무리들 전체를 동네매 혹은 동네볼기로 다스려야 할 일이다. 그러기 위해서는 "동네가 구열하면 소를 잡아먹고 집단이 구열하면 닭을 잡아먹는다"는 속담처럼, 동네가 정치와 자본에 휘둘리지 않고 서로 단합하고 화목하게 살아갈 수 있어야 한다.

새로운 정부가 들어설 때마다 몸살을 앓는 동네들은 언제쯤이나 노래가락을 뽑고 신명나는 춤을 추며 잔치 한 판 벌여볼까? 이 정부에서 아름다운 동네잔치가 그렇게 보기 힘든 일일까? 이 정부는 정말 "동네 개 짖는 소리만 못하게 여긴다"는 것처럼 강의 울부짖는 소리, 동네가 깨지는 소리, 마을 사람들의 아파하며 가슴 치는 소리를 듣기나 하는 것일까? 마을, 말을 서로 주고받으며 소통하는 공동체이다. 그런데 말없이 흐르는 강을 뒤집고 제2의 자연을 또다시 파괴적인 제2의 자연으로 만드는 사람들은 마을의 말을 잘 모르는 사람이다. 마을을 헤집으면서 왔던 사람이기에 묵묵무언默默無言를 흐르는 강을 파헤치는 일쯤은 아무 일도 아닐 것이다. 그렇다고 마을이 말을 아름거리면 누가 하겠는가? 아마도 강, 즉 자연이 말을 할 것이다. 인간을 향한 저항, 경고, 그리고 보복의 말로 맹폭盲爆할 것이다. 지금도 그 말을 끊임없이 우리 눈앞에서 퍼붓고 있는데도 불구하고, 귀를 닫아 버린다면 끝내 동네의 아름다운 말, 동네의 생명의 말은 사라지고 한가히 '마을가는' 일은 영원히 없을지도 모를 일이다.

마을의 살림은 근본적으로 '말' 言語에 있다. 그 말은 저항의 말, 사랑의 말, 생명의 말이다. 저마다 고향이라 여기는 아름다운 마을이 기억 속에 남아 있기를 바랄 것이다. 그렇다면 마을은 사심과 이익을 떠나 맑고 순수한 정신으로 맑은 우리 동네, 지구 마을, 우주 공동체를 바라볼 줄 알아야 할 것이다. 유유히 흘러가는 강의 말을 가만히 들어보면 그 말이 무슨 말인지, 마을의 마음이 무엇인지 깨달아질 것이다.

10.4. 녹색민주주의와 자연 본유적 삶

마을은 평화요, 자연은 민주주의다!

마을이란 공동체의 다양한 구성원들이 집단의 이익과 상관없이, 혹은 그 이익이 상충된다 하더라도 대화하고 조율하면서 한 마음을 가지고 살아가려는 의지의 산물이다. 그런 공동체의 맹점은 어느 특정 개인의 이익을 앞세워서 갈등을 일으킬 때는 존속하기 어렵다는 데에 있다. 더군다나 그 이익이 공동체 내부에서 일어난 자연스러운 현상이라면 얼마든지 자체의 의사소통으로 건전한 논의가 가능할 수 있다. 하지만 자신의 사심어린 마음이 외부의 조건에 의해 영향을 받아서 공동체를 와해시키는 기폭제 역할을 한다면 그 마음은 이기심의 발로로 밖에는 여겨지지 않는다. 여기서 외부의 조건이라 하면 국가, 정치, 경제, 전쟁, 테러 등에 의해서 영향을 받는 것을 의미한다.

함석헌은 '국가주의를 청산하지 않으면 인류의 구원이 없다. 나라 때문에 살 수가 없다'고 말하면서 "세계사에 있어 가장 큰 우상은 지배주의의 권력 국가"라고 비판한다. 이것은 무슨 의미일까? 인간의 자유를 저해하는 체제가 설령 국가라 하더라도 거부를 해야 한다는 것이다. 국가가 하는 일이라면, 혹은 국익을 위해서라면 인간 개개인이 추구해야 하는 권리와 자유는 뒷전으로 해도 된다는 것인가. 함석헌은 그에 대한 근본적인 물음을 던지고 있는 것이다. 그렇게 지배적인 권력을 내세워 국가를 통해서 국민의 자유를 억압한다면 더 이상 국가는 소용이 없다는 논리일 것이다. 인간이라면 누구나 살 권리, 살 자유를 가지고 있다. 하지만 그러기 위해서 타자의 살 권리와 살 자유를 빼앗아 가면서까지 권리와 자유를 쟁취한다는 것은 있을 수 없는 일이다. 어느 누구의 땅이든 그 땅을 사사로이 점유하겠다는 것에는 타당한 명분이 있어야 한다. 그 명분이 행여 자신의 사적 관심과 이익을 위한 것이라면 삶의 권리와 자유를 누리는 것과는 상반된 오류를 범하고 있는 것이다.

마을이나 환경은 이익과는 관련이 없다. 다만 그것들은 살아야 하고 살아줘야 하는 관계 속에 있는 것들이다. 초점을 보다 분명하게 할 필요가 있다. 국익이 되는 어떤 것이라도-전쟁, 무기 수입과 수출, 평화를 가장한 일체의 폭력과 행위와 대처 등-인간의 자유와 권리, 그리고 행복보다 우선할 수는 없다. 미래는 현재에서 배태되는 시간의 예견과 뒤 미룸이다. 현재의 평화가 담보되지 않은 상황은 미래의 평화도 요원할 수밖에 없다.

사람과 사람, 사람과 자연, 사람과 지금의 시간성이 서로 연대하고 화합하지 않는 한 인간의 모든 행위는 설득력을 상실한다. 사람을 위한 민주주의와 평등도 필요하지만 자연을 배려하고 평등을 기반으로 하는 민주적 사고도 반드시 필요하다. 설득력을 상실한 인간의 장소성은 실존의 기억이 희미해지고 신뢰는 설 자리를 찾아 헤맨다. 바닥을 뒹굴고 사람과 사람의 몸짓이 칼이 되고 도끼가 될 때 상처는 깊어가기만 한다. 무엇을 위한 삶-자리 다툼과 삶-자리 양보여야 하는가에 대한 물음의 깊이를 뒤로 한 채 오직 이익이 상충되는 지점에서 칼날을 세우고 있을 뿐이다. 더는 물러설 수 없는 경계에서 문득 살아야 할 것과 살려내야 할 것과 살아주어야 할 것들을 생각해보면 안 되는 것일까? 내가 아닌 타자가, 인간이 아닌 자연이, 서슬이 시퍼런 무기가 아닌 우주를 떠올린다면 안 되는 것일까?

지금 강정마을의 사태는 바로 제주지역공동체라는 특정의 장소에 군사시설이 들어온다는 것에 대한 대립과 반목으로 비춰지지만 실상은 군사시설만이 아니라 아시아 지역 공동체의 평화와 제주지역 개인의 자유와도 밀접하게 연관된 문제이기 때문에 보다 더 예민할 수밖에 없다. 기지건설은 만일의 사태를 대비하기 위한 수단일 뿐이다. 물론 그 이면에는 다른 전략과 장치들이 있을 수도 있다. 하지만 그것을 차치하더라도 시민들은 주거라는 장소의 평화를 박탈당한다는 악감정이 너무 강하게 생겨났는지도 모른다. 이를 해소하고 소통, 설득하지 않고서는 문제 해결은 어려울 것이다. 이것이 강정마을이 처한 현실을 바라보면서 지금 당장 생각해봐야 할 것들이다.

'2012 서울 핵안보정상회의'를 바라보며 떠오르는 생각들

서울에서 개최되고 있는 핵안보정상회의는 총 53개국에서 참가하였다. 핵테러에 대한 국가 안보를 다지는 것을 골자로 진행되고 있는 이번 회의는 다만 핵과 관련된 사안만 처리하는 것이 아닌 모양이다. 글쓴이는 핵안보를 위해서 각국의 정상들이 모인 자리가 다수의 선진국의 결속을 확인하고 자국의 이익을 도모하는 데 그치지 않았으면 한다. 더욱이 핵 안보security라고는 하지만 핵의 안전성 문제를 반드시 짚고 넘어가지 않으면 안 된다. 자국에서 운영 중인 핵의 안전성 자체가 무엇보다도 심각한 문제가 있음에도 불구하고 외부적인 요인에 의해서 초래되는 핵 안보에 대한 위기를 미연에 방지하고 사전에 예방하자는 논의는 회의의 핵심에서 벗어나는 얘기일 수도 있다.

일본의 후쿠시마 원전 사고가 발생한 지 얼마 되지 않은 상황에서, 그리고 그 복구와 피해는 지금도 진행 중이라는 사실을 감안한다면 핵 안보라는 것을 단순히 자국의 핵시설을 폭파하고 핵테러를 불사하는 익명의 불순한 자들에 대한 경계와 정보나 주고받는 자리로 그쳐서는 안 될 것이다. 이번 회의에서 원자력 발전에 대한 심도 있는 내용들이 다루어져야 하는 것은 물론이거니와 핵에너지로 인한 산업 발달이나 원자력을 통한 에너지를 생산하는 선진국으로 인해서 인접 다수 국가들이 피해를 보지 않도록 하는 상호 안전성에 대한 논의들도 더불어 이루어져야 한다.

인간의 기억은 과거의 정보를 현재에 보존하여 그 흐름을 통해 미래를 예견하고, 현재의 경험을 통하여 미래의 기억까지도 가능하게 만든다. 그런 차원에서 보면 후쿠시마 원전 사고의 기억은 과거의 사건이지만 현재의 우리 삶의 가능성을 예측하게 만드는 것임에 틀림이 없다. 다시 말해서 과거의 기억은 현재와 미래에도 충분히 일어날 수 있다는 것을 점치게 만드는 가능한 위기, 위험 가능성이라는 점에서 핵 자체에 대한 반성에서 비롯되지 않으면 안 된다. 만일 그러한 반성과 성찰이 없이 진행되는 회의라면 이번 핵안보정상회의는 근본적으로 올바른 방향성을 잡고 논의되리라는 것을 기대하기가 어렵다는 생각이 든다.

함석헌은 "세계가 앓고 있다. 유마維摩는 중생의 병을 앓았다지만, 우리야말로 세계의 죽을 병을 앓아야 한다. 앓는 것이 아는 일이요, 알면 살아날 것이다"[326] 라고 말했다. 그가 말한 것처럼 우리 시대는 지금 심

---

326) 함석헌, 『함석헌전집 「역사와 민족 9」』, 한길사, 1983, 284쪽.

각한 병을 앓고 있다. 문제는 그 병을 앓고 있다는 사실을 알고 있느냐 모르고 있느냐 하는 사실 뿐이다. 만일 알고 있다면 처방만 잘 내리면 될 것이다. 그러면 병도 고치고 살 수도 있으니 말이다. 앓고 있다는 사실만 알아도 인류가 살아날 확률이 많을 것인데, 그것을 전혀 모르고 있으면서 각국이 경제적 가치만 생각하고 여전히 핵을 고집하고 있다면 살아날 가망성이 줄어드는 것이리라.

지금 핵안보정상회의는 바로 인류 전체가 병을 앓고 있다는 사실에서 출발해야 한다. 그것도 핵으로 인해서 심각한 병을 앓고 있다는 것을 인지하고 그에 대한 대책과 결단들이 필요한 것이다. 인류 전체가 병을 앓고 있고, 앞으로 그보다 더 심각한 병에 걸릴 수도 있음에도 불구하고 자국의 이익을 위해서 핵을 포기하거나 대안 에너지를 개발하겠다는 의지가 없다면 어떻게 인류 전체의 생명을 구할 수 있겠는가. 함석헌은 거듭해서 말하고 있다. "곡성직상간운소哭聲直上干雲霄라, 씨올의 부르짖는 소리는 사뭇 하늘을 뚫고 올라간다… 오늘은 그보다 더 악독한 것들이 지구를 나사로 조이고 허공을 독기로 덮고 대양에 독약을 흘려 넣어 생명의 씨를 온통 없애버리려고 하고 있다. 누가 이것을 우주에 외치며 한 삶의 주인에게 호소할 수 있을까?"[327] 핵안보정상회의가 서울에서 열리고 있는 지금, 일본의 후쿠시마 원전 사고로 죽어간 이들과 고통당하고 있는 이들의 곡소리가 하늘에 사무치고 있음을 알아야 할 것이다. 과거에 벌어진 생명 현상에 대한 아수라장은 현재에 기억으로 보존될 뿐만 아니라 상상과 가상의 사건으로 우리 앞에 늘 일어나고 있다. 그것은 하나의 정확한 사건과 날짜가 각인된 핵의 역사요, 인류 죽음의 역사라는 것을 다시 한번 상기하기를 바란다.

그러므로 함석헌은 말한다. "세계 장래의 운명은 생각하는 씨올에게

---

327) 위의 책, 1983, 285쪽.

맡겨진 것이다. 그렇다. 생각하는 씨울이다. 생각밖에 못하는 것이 씨울이요, 생각해야만 씨울이다."[328] 핵안보정상회의라고 해서 핵의 문제는 이른바 국가의 수장들에게 맡겨 놓을 문제는 아닌 것이다. 이제 씨울의 기억 속에 각인된 사건들은 곧 우리의 상상이 아닌 현실이 될 수 있다는 자각과 함께 핵의 안전성에 대한 회의를 품고 세계의 씨울로서 세계의 운명과 세계의 생명 현상의 지속을 위해서 적극적인 행동이 필요한 때라고 여겨진다.

고통당할 권리? 착취당할 의무?

"파괴하고 증오하고 분노할 시간은 이제 없다. 축제와 기쁨 그리고 희망으로 우리는 우리의 세계를 건설해야만 한다."_ Ivan D. Illich

인간은 자신도 모르게 타자에게 피해를 준다는 사실을 깨닫지 못하는 것일까? 내가 입고 먹고 자고 배설하고, 말하고 걷고 하는 행위들은 반드시 나 혼자만의 힘과 능력, 의지만으로 되지 않는다. 단지 노동 임금으로 거의 모든 것들을 해결할 수 있는 도시인의 편리한 삶은 바로 타자를 인식하지 못하며 착각에 빠지도록 만든다. 심지어 우리가 생존하는 것조차 한 순간이라도 물, 흙, 바람, 불의 작용이 없다면 불가능한 것이다. 사람들은 그것을 자꾸 잊고 산다. 보다 근원적인 자신의 삶의 토대가 자연이라는 것을 망각한다. 아무리 형이상학적 사변을 늘어놓고 초월을 지향한다 하더라도 삶의 지반인 자연에서 출발하지 않은 사유가 어디 있단 말인가.

마찬가지로 우리가 지금 간단하게 해결하고 그나마 의식주의 문제에

---

328) 위의 책, 285쪽.

서 조금 벗어난 풍요로운 삶을 살아갈 수 있었던 것도 따지고 보면 자연 덕택이라고 해도 과언이 아닐 것이다. 그런 차원에서 크게는 현재 우리 지구, 작게는 우리나라의 자연 환경의 현실을 보면 불안하고 안타깝기가 그지없다. 환경론자들이 누누이 강조하고 있듯이, 미래의 지속가능한 삶을 위해서는 자연을 잘 관리하고 보전해야 하기 때문이다. 해년마다 과거의 기상 기록들을 갈아치우는 현상들을 목도할 때, 지금 삶의 패턴들을 반성·성찰하고 자연과 벗하는 삶의 방향을 모색해야만 한다는 위기의식을 갖게 만든다. 예년에 비해 뜨거운 기온으로 인해 장마도 늦을 거라는 예보와 함께 전국의 저수지가 바닥을 보이고 있는 실정이다. 고구마, 마늘 등 농작물이 고사 직전이다. 그러다보니 감자, 양파, 대파, 무, 붉은 고추 등의 농산물 가격이 폭등하고 있다. 5월부터 6월 현재까지의 강수량은 과거에 비교해 볼 때, 105년 만에 가장 적은 비가 내린 것이라고 한다.

우리의 삶은 환경이 열어 밝혀 준다. 환경이 우리 삶을 현시顯示해 주지 않으면 잠시라도 살아갈 수 없다. 마치 종교인이 신의 계시에 의해서 자신의 삶을 지속하듯이, 인간은 환경, 즉 둘러-있음의-세계$^{Um-welt}$에 의해서 살아간다. 모든 존재는 자신을 둘러 있는 존재들로 말미암아 유기적 관계 속에서 생을 이어간다. 둘렀다^{Um}는 것은 자신의 시각과 이익에 따라 주변의 유기적 존재를 수단으로 할 수 있다는 것이 아니다. 둘러-있음은 자신의 생명을 위해 관계적 방식으로 자신의 고유의 자리에 있으면서 배려와 도움, 생존의 목적으로 있다는 것이다.

따라서 인간은 둘러-있음의-세계에 대한 의식의 개명開明이 절대적으로 필요하다. 자연의 존재 방식을 인정하고 자연 환경으로 인해서 우리의 삶이 가능하다는 인식, 즉 삶의 개현 혹은 계시로서의 자연 환경을 삶의 뿌리에서부터 의식해야 한다. 인간의 환경에 대한 안일함, 무딤, 나태

함, 무관심 등이 불러온 결과들은 자연을 그저 하나의 대상, 잠정적 존재로서 내가 존재하는 만큼, 내가 존재하는 한계 안에서만 존재하는 정도로 둘러-있음의-세계를 보고 있기 때문이다. 그러나 나를 향해, 서로를 위해 둘러 있던 생명 존재로서의 친구들인 자연은 소리도 지르지 못하고 고통·착취당하고 있다는 것을 기억해야 한다. 그것은 나의 순간순간의 행위가 자연에 부담을 주고 해하고 있지는 않은가를 근본부터 의심해 보는 환경의식을 가져야 함과 습관적 환경주의자가 되어야 함을 의미한다. 그래야만 둘러-있음의-세계를 해방시킬 수 있으며, 그 해방이 지배, 파괴, 변형되는 것으로부터 자유롭게 할 수 있을 것이다.

오늘날 유엔지속가능개발회의 '리우+20'의 화두는 '비만'이 되었다. 20년새 인류는 1인당 연간육류소비가 34kg에서 43kg으로 급증했고, 그로 인해 과체중이거나 비만인 사람이 교통수단을 이용할 때 이산화탄소를 더 많이 배출한다는 것이다. 게다가 그들의 과다한 열량 소비는 식량 공급을 불안하게 할 수 있다는 전망을 내놓았다. 수치와 통계의 변화가 알려주는 것이 때로는 인위적이고 작위적이더라도 생의 시간 속에서, 그것도 단시간 내에 기록 갱신을 하는 상황에서 자연 환경의 변화를 그냥 관망할 수만은 없다. 말가죽으로 시체를 싼다, 즉 군인은 전쟁터에서 죽을 각오로 임해야 한다는 '마혁과시' 馬革裹屍라는 말처럼, 지금 환경을 살리고 지켜야 하는 마음 자세가 마치 전쟁과도 같다. 그러므로 '안불망위' 安不忘危, 편할 때에도 위태로움을 잊지 않는다는 말이 있듯이, 언제 닥칠지 모르는 환경 위기와 환경적 죽음, 그리고 그 어려움이 닥치기 전에 개인과 국가는 당장 대비해야 하지 않겠는가.

아이는 미래의 노동력인가? 인격체인가?

인간이 생로병사를 스스로 좌지우지 할 수 있다고 믿는 것만큼 오만도 없을 것이다. 그 오만의 극치는 과학이나 의학을 통하여 실증적으로 나타나고 있는 바이지만, 그것을 하나의 정책적인 차원에서 접근하고 전략으로 이용하고 있는 정치 현실은 가진 자, 곧 기득권자에 의해서 주입된 이데올로기에 지나지 않는다. 똑같은 논리가 인간의 출산에도 적용된다. 인간의 태어-남 혹은 태어-나옴의 현상은 인위나 작위가 아니라 신비이자 비밀이다. 그럼에도 그것을 인간의 경제적 가치로 환원하여 수단으로서의 생명으로 인식하는 시대가 되고 말았다.

국제연합UN의 기준에 따르면 전체 인구 중 65세 이상이 7% 이상-14% 미만이면 고령화 사회aging society, 14% 이상-20% 미만이면 고령 사회aged society, 20% 이상이면 초고령 사회super-aged society로 분류한다. 우리나라는 전체 인구 중 65세 이상이 약 11%로 고령화 사회에 속한다. 정치인들과 경제 전문가들은 하나 같이 지금의 고령화 사회에 초점을 맞추고 저출산 문제를 다루고 있다. 고령화 사회가 되면 미래의 복지나 경제적 성장 등에 문제가 생길 수 있다는 게 이들의 견해이다.

그것을 해결하기 위해서는 무엇보다도 자녀 생산을 많이 함으로써 노동력을 확보하는 길밖에는 없다는 것이다. 물론 미래에 젊은 노동자들이 부족하여 국가 경쟁력이 약화되거나 경제적 부양 인구가 부담이 될 수 있다는 것에 대해서 심정적으로는 어느 정도 가늠할 수 있다. 그러나 그렇다고 해서 인간의 태어-남, 태어-나옴을 인위, 작위적으로 조절해 보겠다는 발상은 분명히 논의의 사유와 본질을 왜곡하고 있는 것이다. 더군다나 태어-남, 태어-나옴의 현상을 위해 여성을 기계적으로, 인간 제조기로 접근하고 있는 것 또한 있을 수 없는 일이 아닌가.

한마디로 말해서 여성은 아이 낳는 또 다른 생산 노동자가 아니다. 아이는 공장에서 만들어내는 생산품이나 미래의 산업역군이 아니다. 이와 같은 맥락에서 아직 태어나지 않은 아기 혹은 이미 태어난 아기는 하나의 인격적 존재, 인간으로서의 존엄한 인격체로서 인정받아야 할 존재이지 잠정적 노동자나 경제 행위를 통해서 이익을 발생시키는 노동자/노동력이 아니다. 우리나라를 비롯하여 이미 고령화 사회에 접어든 대부분의 국가들은 이런 시각으로 접근을 시도하고 있는 것이 사실이다. 인간은 경제적 가치, 경제적 척도, 경제적 행위자에 지나지 않는다는 인식이 매우 팽배해 있음을 알 수가 있다.

저출산에 대한 논의의 초점과 문제의식을 재설정할 필요가 여기에 있는 것이다. 국가의 아동 복지를 운운하면서 근시안적인 정책을 입안하는 시행착오를 겪는 것도 이러한 현상과 맞물려 있다. 그렇다고 해서 각 가정의 부부들의 잠자리마저 감시하는 정부가 되어서야 어디 말이 되겠는가. 시대가 거꾸로 가고 있는 것이 아닌가. 글쓴이는 우리나라뿐만 아니라 세계의 고령화 사회에 접어든 국가들이 좀 더 거시적인 안목과 전체적인 시각에서 이 문제를 바라봐야 한다고 본다. 이를테면 노인의 수적 증가에 대비한 아이의 출산장려와 같은 단순한 생각을 해서는 안 된다. 노인들이 많아졌다고 해서 경제적 행위를 통한 사회 전체의 자본력과 복지가 어려워질 거라 전망하고 그것을 대비하기 위해 아이를 많이 낳자는 단편적인 사고로 일관하지 말아야 한다. 그보다는 이러한 현상을 자연스러운 역사적 흐름으로 받아들이면서 노인들은 현재와 미래에 대한 고통을 같이 분담하자는 것이다. 더불어 노인이 되면 사회에서 퇴출되어야 할 폐물이라는 의식을 버려야 함과 동시에 고령의 노인이 되어서도 경제적 활동을 할 수 있는 기업의 환경과 여건, 사회적 풍토와 분위기가 조성되어야 할 것이다. 노인이 된다는 것은 시간의 흐름시간의 참에 따라 자연스럽게 일어나는 인간 현상일 뿐이다.

가장 중요한 것은 인구와 환경의 관계를 고려해야 한다. 전세계적으로 보면 지구의 인구는 이미 생태계가 감당하기 어려울 만큼의 포화 상태로 증가하였다. 이는 인간이 지구에 심각할 정도로 환경적 부담을 주기 때문에 자연이 정화되고 순환이 되는 한계를 넘어섰다는 얘기다. 따라서 지금의 인구보다 더 줄어야 자연과 인간은 상호상존, 상호상생, 상호생존 할 수 있다는 것을 깨달아야 한다. 이러한 지구 환경의 상황을 놓고 볼 때, 우리나라의 출산율을 높여야 한다는 발언과 정책은 인간의 삶의 터전인 자연의 생명을 완전히 무시한 것이나 다름이 없다. 아예 자연은 없고 인간만 있는 것이다. 그러므로 인간은 스스로 자연에게 부담을 주지 않으면서 후손을 낳아 양육하고 인격적 존재로 지속가능하게 살아갈 방법이 없겠는가, 그 정신과 의식을 고민해야 할 것이다. 명심하도록 하자. 한 사람의 생명이 태어-남은 그 아이가 우주의 기운을 품은 것이고, 우주의 마음이 깨어남이고, 우주의 애씀으로 가능한 것이기에 우주의 씨울로서 온 우주의 뜻을 펼치는 것이 마땅한 것임을.

10.5. 녹색실존의 본질과 기계문명의 신화

사물과 거리 두는 삶

우리는 사물-앞에-있음이다. 세계 내의 수많은 사물들로 둘러 싸여 있고 그것들과 관계를 맺고 산다. 사물과 관계를 맺는다는 것은 다만 사물이 갖고 있는 성격에 따라서 사용될 가능성으로 놓여 있다는 말이다. 사물은 인간과 같은 인격을 지니고 있는 것이 아니기 때문에 사물의 사물성으로만 가치가 있다. 만일 사물이 가지고 있는 고유한 사물성에 의한 사용가치를 발휘하지 못한다면 사물은 인간의 필요성으로부터 멀어지게 된다. 여러 사물들이 우리 앞에 놓여 있지만 다 사물이라고 말할 수 있는 것은 아니다. 그것이 우리에게 사물성으로 인식되고 사용되어질 때 그렇게 말할 수 있는 것이다. 그러므로 사물은 인간의 사유에 의해서 사물성으로 다가올 수 있다. 사물을 사용하기 위해서 인간은 사유를 하게 되는데, 만일 사물을 손에 잡기 위해서 의식하고 몸을 움직이는 행위가 없다면 사물은 우리-앞에-있음이 아니다. 이는 사유되지 않은 사물에게 의미를 부여할 수 없고, 인간의 능동적 행위를 통해서 사물과 관계를 맺지 않기 때문이며, 동시에 사물의 사물성은 인간이 사물을 향해 의식하고 몸을 움직일 때 비로소 드러나기 때문이다.

사물이 적어도 우리 앞에 있음으로 인식되기 위해서는 그 사물들이 우리와 함께 있어야 한다. 그러나 엄밀하게 말해서 사물들은 우리와 공존하고 있는 것이 아니라, 사물로서 우리의 손앞에 있을 뿐이다. 사물은 우리의 처분에 따라서 생명력을 갖게 된다. 사물이 인간과 마주 보고 있는 존재가 되려면 사물이 갖고 있는 그 본래의 생명력을 상실하면 안 된다. 사물의 사물성은 인간이 부여한 생명력에 있다. 그런데 오히려 인간이 사물의 사물성에 빠져-있음의 상태로 살아간다. 사물성에 빠져-있음은 사물에 생명력을 부여하면서 사용하고자 하는 것과는 반대로 사물에 기대는 것이고 달라붙어 있는 것이다. 빠져-있음과 달라붙어-있음은 다시 사물을-따름이라는 주객이 전도된 현상을 가져온다. 사물-앞에-있음은 인간이 사물의 사물성을 주체적으로 부여하여 자신의 의도된 방향으로 사용하는 주도적 태도를 일컫는 말이다. 역으로 사물을-따름은 사물에 달라붙어서 떨어지면 안 되는 위기의 상태인 것이다.

우리는 여기에서 인간의 자기로 말미암지 않은 수동적이고 몰주체적인 상황을 깨닫게 된다. 사물에 달라붙어-있음은 사물에게 자신의 의지를 맡기고 그 사물성에 이끌려 따라가는 것이다. 그러므로 달라붙어-있음은 곧 끌려-감이다. 사물의 입장에서 보면 잡아-끎이다. 사물은 인간을 자신의 자리로 잡아-끈다. 사물은 인간을 옴짝달싹하지 못하도록 잡고 있다. 그러면서 사물은 인간을 자신에게 향하게 함으로써 자기가 있는 자리로 끌어서 결국 인간을 사물로 만든다. 인간이 사물로 인해서 사물화되는 것이다.

일전에 사람을 실어 나르는 버스라는 사용가치를 지닌 사물에 의해서 아까운 운동선수들이 목숨을 잃었다. 사물성의 과신이 빚은 결과이다. 유치원 통학버스로 말미암아 어린이들이 죽은 사례 또한 같은 사태이다 버스라는 사물, 그리고 버스가 가진 사물성에 의해서 죽은 것이다. 그뿐만 아니라 버스라는 인간의 교통수단에 불과한 공간 안에 운전을 하는 인간 인격체를 혼란스럽게 만드는 또 하나의 사물로 인해서 큰 사고가 벌어졌던 것이다. 운전하는 인간은 버스라는 사물을 잘 다루어야 하는 책임성이 있었고, 그러기 위해서 버스라는 사물성이 지닌 특성에 따라서 조작을 했었어야 올바른 것이다. 그런데 그 사물성을 넘어서 동시에 다른 사물성DMB에 빠져 있었던 것이다.

자신의 의식과 감각을 일정한 사물에 빠뜨리게 하고, 그 사물의 사물성에 질질 끌려서 사람을 죽게 만들었다. 사물-앞에-있음에서 사물에-빠져-있음의 실존적 상황을 인식하지 못했다고 볼 수 있다. 사물에-빠져-있음은 잠깐의 쾌락으로 이끈다. 그 쾌락을 벗어날 수 없을 때 사물에 달라붙어-있음, 사물에-끌려-감이라는 실존적인 질병에 시달리게 된다. 현대인들은 지금 그러한 질병을 가지고 살아간다. 그럼에도 그 질병이 우리를 괴롭히고 있다는 것조차 인식하지 못하고 있다. 그 질병이 우리를 죽음이라는 한계 상황으로 몰고 갈 수 있다는 사실을 잘 알지 못하는 것 같다. 그러면 인간은 어찌해야 할까? 사물과 거리를 두어야 한다. 사물의 사물성을 정확하게 파악하고 그 본질이 가져다 줄 가능성에 대비할 때만 질병과 죽음에서 벗어날 수 있다. 다시 말해서 인간이 사물로부터 멀어질수록 자신은 자유로워질 수 있다. 자기로부터 말미암은 삶을 살아갈 수 있다. 더 나아가 사물을 자유롭게 해야 인간이 자유로워질 수가 있는 것이다.

속도에 굶주림과 시간의 의미 없음

"인간은 누구나 다 자연의 단 한번뿐인 귀중한 실험이다.
그런데 그런 인간을 현실적으로 대량 학살하고 있는 실정이 아닌가…
그 어느 사람의 일생이건 간에 그 모두가 자기 자신으로 가기 위한 하나의 노정이다.
그것은, 실지 가다 보면 넓고 큰 한길이 될지도 모르고, 좁고 가느다란 오솔길의 암시에 그치는 경우도 있을 것이다." Hermann Hesse, 1877-1962

빠름 혹은 빠르기의 정도에 익숙해져 버린 시대다. 빠름은 단순히 느림과 반대되는 개념이 아니라, 삶의 기계화가 되어가는 근대적 산물이다. 빠르지 않으면 안 되는 조급증에 시달리는 현대인의 심리는 본능이라 하기에는 기계적, 문명적 습관에 많이 젖어 있다는 것을 느끼게 된다. 우리의 욕구가 본능적으로 혹은 이성적 빠름에 노출되어 있기 때문에, 욕구를 넘어 욕망이 기계적 빠름에 순응한 것이다. 사람들은 무엇이든 빠른 것을 좋아한다. 빠름은 속도에 밀려 이성마저 수렁으로 빨려 들어가게 한다는 사실을 망각한 채 끊임없이 무장해제를 하고 자기를 놓아 버린다. 빠름은 기계적 현상이자 인위적, 조작적 시스템이다. 더 나아가 빠름은 경제적 가치이다. 빠름은 심리적 만족감과 노동의 효율성이다. 빠름은 학습 효과를 극대화시키는 데 중요한 척도가 된다.

빠름은 올바르냐 도덕적이냐 배려냐 하는 것들과는 전혀 관계가 없다. 때와 때 사이, 즉 시간의 틈 사이를 어떻게 하면 공백이 없게 할 것이냐에만 관심을 갖는다. 현대 자본주의 사회에서 때는 쉼, 짬, 느림이 있는 시간의 완성이나 시간의 충만은 필요 없다. 오로지 때와 때를 멈춤이 없이 지속적으로 메우고 활동해서 경제적 삶의 이윤을 창출해야 하기 때문이다. 자신의 시간자기만의 때도 빠름이라는 문명적 구조에 희생당할 수밖에 없다. 빠름을 유지시키고 빠름을 만들어내기 위해 환경적, 생명적, 관계적 손실이 얼마나 많았겠는가를 생각해 보라. 빠름이 좋다 하지만 그 빠름을 추구하는 욕망 때문에 한쪽에서는 느리게 살 권리, 생명과 함께 할 권리를 빼앗긴다. 그래서 빠름은 한편 잠정적 긍정이지만, 다른 한편 영원한 부정이다. 빠름은 긍정을 요구하지만 그 긍정은 단순한 긍정이 아니라 계속되는, 강요되는 순응적인 긍정이 된다. '아니오'라고 말하는 느림 혹은 생리적, 인간적 시간은 그 빠름의 시간 속에 영원히 묻혀 버리고 만다.

빠름은 우리의 몸시간이 아니다. 인간은 몸이라는 제한된 실체를 가지고 있다. 몸을 넘어서려는 인간의 정신은 지금껏 계속되어 왔고, 그 형이상학적 실체가 정신임을 확인하였지만 몸을 떠나서 실현된 적이 한 번도 없다. 유한한 몸, 한계가 있는 몸은 신체적 구조를 통해 세계와 조우하고 상호작용하면서 자신의 의식을 발현하였다. 거기에는 움직임, 즉 운동의 동적 상황에서조차도 자신의 몸세계를 떠나서, 혹은 벗어나서 이루어질 수 없는 명확한 한계를 가지고 있다. 인간은 자신의 몸을 세계와 자연스럽게 만나는 인격체로 삼으려 하기보다 몸을 기계화한다거나 몸을 대신할 기계나 매체로 몸 자체의 한계를 극복하면서 동시에 세계를 재편성하려고 한다.

지난번 삼성전자에서는 그래핀을 이용해서 빠른 데이터 처리를 하게 되었다고 하면서 차세대 반도체 시장에 대해 밝게 전망했다. 그래핀graphene 반도체는 컴퓨터에서 프로그램을 실행하고 복잡한 계산 작업을 할 때 오래 기다릴 필요 없이 순식간에 데이터 처리를 가능하게 해준다. 또한 한국철도기술연구원에서는 국내 개발로 시속 430km의 차세대 고속 열차 해무를 선보였다. 이른바 속도 경쟁에서 프랑스, 독일, 일본, 중국 등과 어깨를 나란히 하게 되었다는 것이다. 이런 보도를 접할 때마다 속도에 대한 근본적인 반성과 함께, 속도에 대해 집착하는 인간에 대해 사려하지 않을 수가 없다.

갈수록 점점 빠름을 선호하면서 그 빠름을 선善하다고 하는 인간의 인식은 어떤 때시간와 자리장소에 머물지 않고 주시하지 않음, 주의 깊게 보지 않음, 눈여겨보지 않음, 생각을 두지 않음이다. 둘러-있음의-세계 Um-welt에 관심을 가질 수 없을 정도로 속도는 우리를 끌고-감이요, 위험이자 들이닥침이다. 끌어오지 못하고 끌려가고 있다. 그로 인해 몸은 빠름의 도구에 의해 더 빠름을 요청한다. 몸은 바빠지며, 삶은 시간에 의해 조각나고, 생활세계는 가벼움에 빠진다. 삶을 효율성, 경제성으로만 평가, 인식하는 세계가 될 때 삶은 깊이 없는 형식에 지나지 않을 것이고, 수치화, 계량화될 것이다. 이런 상황에서 빠름이 다급함, 조급함, 황급함으로 치닫게 되어 삶이 경황없음으로 추락하지 않기를 바랄 뿐이다.

'시간'時間이 때와 때 사이를 의미하는 것은 삶의 속도와 빠름을 조절하는 걸침이 있다는 말이다. 그것을 상실한다면 삶의 일정한 '때', 중요한 '때', 쉬어야 할 '때', 가족과 함께 할 '때', 내 안을 성찰할 '때'를 영원히 갖지 못할 것이다. 모든 때를 경제적 가치로 환원해버리는 자본주의 세계에서는 더더욱 말이다.

'게임'은 더 이상 '놀이'가 아니다!

"자유는 존재의 가장 내적인 원동력이다. 그리고 자유롭지 못한 세계내의 존재의 과정이란 곧 '자유를 부정지양, aufheben하려고 위협하는 것에 대한 끊임없는 부정'이다"_헤르베르트 마르쿠제H. Marcuse, 1898-1979의 『이성과 혁명』중에서

　게임은 단순히 그래픽이나 이미지로 인식되는 하나의 프로그램이 아니라 언어화된 기계와 인간의 역동적 참여를 요구하는 기호 체계이다. 그래서 게임은 이미 메시지가 담겨 있는 스토리혹은 내용와 반복되는 형식을 통하여 작동하는 어떤 구조에 대한 습관적인 행위를 형성시킨다. 게임이 아무리 기계와 인간의 상호작용이라 하더라도 사물성과의 소통은 이미 계획된 패턴에 따라 반응을 하기 때문에—개별적 존재의 몸이 인간과 전체적으로 소통을 하는 반면에—게임은 몸의 말초적 소통만 가능할 뿐이다. 그에 따른 지각과 의식의 범위는 지극히 제한적이어서 세계를 읽어내는 몸의 행위는 취약할 수밖에 없다. 더군다나 제의적 엑스터시를 맛보기 위한 자기 파괴적 행위는 뇌세포를 일그러뜨리고 만다.
　게임은 삶의 신비로움의 상실에서 시작된다. 더 나아가서 게임을 간절히 원하는 것은 우리 사회가 긴장이 많다는 증거요, 불안하다는 증거다. 도피하고 싶다는 증거요, 생각하고 싶지 않다는 증거로서 그 탈출구를 인간이 아닌 사물성, 기계적 현상에서 찾으려고 한다. 청소년들을 비롯해서 일부 어른들이 컴퓨터 게임이든 도박 게임이든 특정한 게임에, 혹은 인터넷에 속해 있다는 것은 그것들 혹은 사물들과 함께 가는 것이다. 그로인해 청소년의 폭력성은 어른들의 내재된 폭력성의 표현을 학습하고 의도된 악습으로 이어지고 있는 것이다. 어쩌면 지금 일어나고 있는 사태는 인간 폭력성의 내재된 것들이 밖으로 드러난 외재적 현상, 또는

재현representation일 수도 있다. 인터넷 게임에 정신이 있다고 애니메이션 미학자, 매체 미학자들은 그리 말할지도 모른다. 그러나 게임 생태학을 보면 이미 폭력성은 미화될 수 없는 하나의 서사narrative 장소와 인간 의식의 장소를 점유해버렸다. 거기에 오이코스oikos, 즉 가정이 있으며 우주가 있다고 인식하는 것이다. 인간에 의한 기계나 가상에 의해서 인간 의식이 조정당하는 현상이라니 역설이다.

우리 사회는 게임이라는 메커니즘에 사회생태학, 교육생태학, 경제생태학적 구조가 들어있다고 해도 과언이 아니다. 그렇기 때문에 인간이 살아가는 방식을 넓은 범주로 보면 이제 게임은 하나의 놀이가 아니라 생존이다. 그 체제에 사유가 존재한다고 볼 수 있을까? 아니 사유는 정지되고 있다. 하이데거M. Heidegger, 1889-1976는 사유와 철학은 예술보다 우월하다고 했지만, 니체F. Nietzsche, 1844-1900는 이를 뒤집어 예술은 진리보다, 즉 진정한 사유의 존재보다 더 가치가 있다고 말했다. 게임으로 전도된 세계는 더 없이 아름답게 느껴지고, 그것이 진리의 현실reality이라 말할 것이다. 게다가 게임으로 인한 세계는 전도되었을 뿐만 아니라 전도된 가치에서 오는 혼란을 스스로 인지하지 못하고 그대로 자신을 세계에 노출시켜 그것을 현실로 인정받고 싶어 한다. 그들은 사유와 이성보다 감성적 예술의 상상력에서 오는 혼돈과 파편을 즐긴다. 그래서 그들의 고향은 게임이고, 게임은 거처며 집인 것이다.

지금 그들의 기억과 미래가 방랑을 한다. 그저 방랑일 뿐이다. 영원히 방랑하는 자는 방황의 장소도 찾지 못할 것이다. 방랑이 그들의 특권이지만 방황의 방식은 늘 제한적일 수밖에 없다. 사유와 행위, 곧 의식되어질 때 몸실천이 가능한 법이지만; 그것은 어디까지나 '올바르다'는 가치 기준이 담보될 때 의미가 있는 것이다. 하지만 너무 윤리적이지도, 논리적이지도 않은 여백이 필요하다. 그들도 자유를 갈구하는 인간이다. 어른들은 어른들대로, 청소년은 청소년대로 자유를 얻기 위해 자기 존재의 주체성을 보다 정확하게 인식할 수 있는 여유로운 눈을 가져야 한다. 과유불급過猶不及이라 했던가. 비록 불완전하지만, 전체로서의 인간인 그들은 지금 그 어디 중간쯤中道, via media을 찾는 과정 혹은 도상에 있는 존재자들이기 때문이다.

사회나 교육, 나아가 삶 자체가 위협받고 있다는 것을 인정하게 된다면, 어느 누구도 위협의 장소에 애착이 있을 리가 만무하다. 자신의 삶에 진실이 있을 리 없다. 무엇이 본래 자기 자신이 되는 것인지도 모른다. 그럴수록 사회는 모든 인간이 참된 인간성을 발휘하도록 새로운 인간으로, 새로운 희망의 세계로 이행敢行하도록 용기를 주어야 한다. 서로의 책임과 서로의 의무와 서로의 배려가 없는 미래 세대들은 좌절만 경험할 것이다. 헤르만 헤세Hermann Hesse, 1877-1962가 『데미안』에서 교훈하듯이, "태어나려고 하는 자는 하나의 세계를 파괴하지 않으면 안 된다." 모든 사람들이 자신의 세계를 박차고 새롭게 태어나려고 한다. 그들이 자신의 세계를 넘어설 수 있도록 도와주어야 한다. 줄탁동시啐啄同時라 했던가? 누가 안이고, 누가 밖이라고 말할 것도 없이 더불어 경계와 장벽障碍을 타파하려고 해야 하지 않겠는가.

스티브 잡스 효과? 그의 공과를 묻는다!

'정말' 스티브 잡스Steven Paul Jobs의 컴퓨터 진화-'혁명'이 아니라 '진화'일 뿐이다-와 핸드폰의 혁신이 인간의 진보를 낳은 것일까? 한 사람의 업적을 평가할 때는 공과功過나 심하게는 공죄功罪를 균형 있게 살펴야 한다. 역사 속의 한 인간은 반드시 훌륭한 일만 했다고 도, 그렇다고 잘잘못만 했다고도 말할 수 없기 때문이다. 그러나 공이 과보다 크다면 그 사람이 인류사에 남긴 족적에 대해 추존推尊하는 것이 마땅하지만, 과가

공보다 크다면 그 사람의 업적이 인류사에 있어서 큰 획을 그었다고 말할 수 없을 것이다.

칸트는 "의지가 수동적으로 강제될 수 있을 때에는 동물적 의지arbitrium brutum이다. 인간의 의지는 감성적 의지arbitrium sensitivum이지만, 동물적이 아니라 자유liberum이다"KrV., B 561-562라고 말한 적이 있는데, 그 의미가 무엇일까 생각해 볼일이다. 그런 측면에서, 스티브 잡스의 공은 리얼리티reality를 버추얼virtual과 일치시킨 것이라고 볼 수 있지만, 과는 인간의 몸과 생각을 수동적이면서 기계와 일치화해될 수 없는 낯선 존재자로 남아 있게 만들었다는 것이다. 사람들이 과학기술문명에 대한 발전을 '편리'便利라고 말할 때, '편리'는 '더러움'과 '날카로움'이 함께 공존하고 있다는 사실을 간과해서는 안 될 것이다. 물론 익숙하다, 친숙하다, 습관적이다, 몰두한다, 몰입한다, 예쁘다, 멋있다, 스마트하다 등등을 나타내는 술어가 스티브 잡스의 상품과 나와 일체가 되었다는 것을 뜻한다고 반론을 제기하는 사람도 있을 것이다. 그렇다고 해서 그 편의적·도구적인 존재가 '영원히' 나의 것, 혹은 관계의 상호주관적 매체란 말은 분명히 아니다. 언젠가 새로운 기억장치나 소통의 매체로서 인식의 주체를 교환해주어야 하니까 말이다. 이제는 사람들 사이에 세계가 있는 것이 아니라 상품 속에 세계가 있는 것이다. 단순히 메모리 칩, 정보의 속도를 의미하는 소통 수단을 혁명이라 한다면 삶의 여러 곳에서 침묵할 권리, 눈을 감을 권리, 손에 펜이나 종이책을 잡을 권리, 차창 밖을 응시할 권리, 타자의 말을 주의 깊게 들을 권리 등을 빼앗긴 인간의 삶은 무엇이런 말인가?

망상이 이성과 이웃하고 있다는 사실을 밝힌 현대 프랑스 철학자 미셸 푸코M. Foucault의 논리를 빌리자면, 인간은 광기를 가두는 대신 이 시대의 미친 욕망을 향한 이성은 이전 보다 더 통제할 수 없는 도착적 광기로 변질된 것은 아닐까? 미셸 푸코의 철학적 사유와 맞닿아 있는 아감벤Giorgio Agamben의 생각을 들어보자.

"이 나라는 휴대전화편하게 '핸드폰'으로 불린다가 철두철미하게 개인의 몸짓이나 행동을 재주조하는 곳이다. 이곳에 살면서 나는 사람들 사이의 관계를 더욱 추상적인 것으로 만든 이 장치에게 참을 수 없는 증오를 품게 됐다. 어떻게 하면 핸드폰을 부수거나 정지시킬 수 있을지, 그리고 그것을 사용하는 자들을 숙청까지는 아니더라도 어떻게 처벌·감금할 수 있을지 수차례 생각하고 있는 내 자신을 보고 놀랐던 적도 있지만, 그런 식으로 문제가 잘 해결될 것이라고 생각하지는 않는다."329)

이러한 비판적 감정을 불러일으키는 매체와 행위를 혁명이라고만 말할 수 있을까? 인간의식의 진보는 더딘 반면에 과학과 기술의 진보만이 혁명이라고 말하는 그 배경에는 경제적 가치를 낳은 한 사람의 놀라운 아이디어와 경영전략으로 인해서 자본시장의 극대화를 이루었기 때문이 아닌가? 그런 의미에서 글쓴이는 스티브 잡스에게 천재라는 수식어를 붙이고 싶지 않다. 천재란, 칸트에 따르면, 자연의 법칙을 자신의 작품에 규칙으로 부여하는 사람인데, 그것은 정신과 감성, 그리고 인식의 능력들구상력Einbildungskraft과 오성Verstand을 발휘할 때 사용하는 개념이자 찬사이기 때문이다.

스티브 잡스가 애플사를 창립하고 컴퓨터와 핸드폰의 놀라운 진화를 가지고 온 것은 부인할 수 없다. 그러나 지금이라도 다시 한 번 그것이 인류사에 있어서 인간의 이성과 정신의 계몽에 긍정적 기여 인가 아니면 그보다 못한 부정적인 기여 인가를 꼼꼼히 따져볼 필요가 있다. 게다가 그가 만든 컴퓨터는 진화의 진화를 거듭하면서 버전이 다른 컴퓨터의 모

---

329) Giorgio Agamben, 양창렬 옮김, 『장치란 무엇인가? 장치학을 위한 서론』, 난장, 2010, 36쪽.

습을 띨수록 과거에 생산된 노후화된 제품들은 쓸모가 없으니 쓰레기로 가야 하는 것은 당연한 귀결이다. 핸드폰 역시 마찬가지 과정을 겪는다. 물론 스티브 잡스가 생산한 전자제품만 그런 것은 아니다. 그가 기획하고 생산한 전자 제품 이외에도 세계에는 많은 사람들이 전자 제품을 만들고 그만큼 정말 골치 아픈 쓰레기를 양산하는 것이니 말이다.

그렇기 때문에 그가 기획하고 생산하는 모든 제품 뒤에 지구촌 전체를 생각하는 환경, 교육, 인간, 이성, 관계, 소외 등을 고려했더라면 하는 아쉬움이 남는다. 신학자 한스 큉이 말한 것처럼, "세계 내에 무엇보다 인간이 실재다… 엄청난 기술적 진보를 이룩했지만, 동시에 전대미문의 환경파괴, 인구폭발, 물 부족, 에이즈 등에도 책임을 져야 할 존재가 인간이다."330) 흔히 과학자나 기술자들은 바로 그러한 아킬레스건을 가지고 있다. 자신들이 발견·발명하고, 생산해내는 것들이 향후 어떠한 윤리적인 결과들을 초래할 것인가를 가늠하는 경우가 거의 없다는 것이다.

인구에 회자되는 그의 어록은 우리에게 시사해 주는 바가 큰 것도 사실이다. 다만 글쓴이가 말하고자 하는 것은 이 사회가 스티브 잡스에 대한 긍정적인 측면만 부각시키고 그 이면에 있는 부정적 현상에 대해서는 어느 누구도 말하지 않는 그 본질을 짚어 보자는 것이다. 그가 세상을 바꾸었다고는 하나 정작 바꾸었어야 하는 것은 결국 인간 의식, 이성의 진보가 되어야 한다고 글쓴이는 생각한다. 그럼에도 이성은 잠자고, 육체는 무한 감각을 좇는 우리는 도대체 누구란 말인가? 그것을 혁명이라는 장치, 전략 속에 감춰진 또 다른 퇴보, 퇴행이라면 지나친 비약일까? 글쓴이는 지금 이 순간에도 여기저기서 통화하는 목소리와 부지런히 손을 놀려가며 화면 검색을 하는 사람들 틈 속에서 호주머니 속 핸드폰을 만지작거린다.

---

330) H. Küng, 서명옥 옮김, 『한스 큉, 과학을 말하다』 분도출판사, 2011, 57쪽.